博士论文
出版项目

"萨尔《普遍史》"与
欧洲近代史学思想变迁

George Sale's *Universal History* and the Transformation of Historical Thought in Modern Europe

张一博　著

中国社会科学出版社

图书在版编目（CIP）数据

"萨尔《普遍史》"与欧洲近代史学思想变迁／张一博著.—北京：
中国社会科学出版社，2024.3
ISBN 978 – 7 – 5227 – 3675 – 4

Ⅰ.①萨⋯　Ⅱ.①张⋯　Ⅲ.①史学思想—欧洲—近代　Ⅳ.①K095

中国国家版本馆 CIP 数据核字（2024）第 110737 号

出 版 人	赵剑英
责任编辑	范晨星
责任校对	李　莉
责任印制	王　超

出　　版	中国社会科学出版社
社　　址	北京鼓楼西大街甲 158 号
邮　　编	100720
网　　址	http://www.csspw.cn
发 行 部	010 – 84083685
门 市 部	010 – 84029450
经　　销	新华书店及其他书店

印　　刷	北京君升印刷有限公司
装　　订	廊坊市广阳区广增装订厂
版　　次	2024 年 3 月第 1 版
印　　次	2024 年 3 月第 1 次印刷

开　　本	710×1000　1/16
印　　张	17.5
字　　数	251 千字
定　　价	95.00 元

出　版　说　明

　　为进一步加大对哲学社会科学领域青年人才扶持力度，促进优秀青年学者更快更好成长，国家社科基金 2019 年起设立博士论文出版项目，重点资助学术基础扎实、具有创新意识和发展潜力的青年学者。每年评选一次。2022 年经组织申报、专家评审、社会公示，评选出第四批博士论文项目。按照"统一标识、统一封面、统一版式、统一标准"的总体要求，现予出版，以飨读者。

全国哲学社会科学工作办公室

2023 年

序

王晴佳

　　摆在你们面前的是张一博博士的处女作：《"萨尔〈普遍史〉"与欧洲近代史学思想变迁》。承作者美意，邀请我为此书写一序言。上个月他将整本书稿寄下，而我正好忙于一篇东西的写作，无暇顾及，直到今天才有机会动笔，颇有歉意。

　　但我上个月写作的论文，其内容与此书处理的主题，也有着颇为密切的关系。以色列学者阿维策尔·塔克尔（Aviezer Tucker）和捷克学者大卫·切宁（David Černín）主编《"大历史"的哲学手册》（*Handbook：The Philosophy of "Big History"*）一书，邀请我以"全球史"（Global History）为题，为该书写一章。作为一个新兴的史学流派，全球史的研究方兴未艾，已蔚然成为当今国际史学界的一个"热点"。为了写作那篇"全球史"，我参考了许多相关的论著，其中也包括张一博博士之前发表的英文论文，特别是他研究以萨尔的"普遍史"为代表的世界史书写传统如何在 18 世纪由盛而衰的过程，也是此书第五章的大致内容。①

　　此篇序言的写作，也将围绕世界史的书写及其演变，从史学史的角度做一些评论，稍微披露一点我所写"全球史"一章的内容。

---

　　① Zhang Yibo, "The Decline of a Tradition：The Changing Fate of Sale's Universal History and the Transformation of Modern European Historiography", *Chinese Studies in History*, Vol. 53, No. 2, 2020, pp. 107 –121.

其实，世界史的书写和史学史的分析，也是张一博博士此书处理的主要内容。如同作者所言，史学史的研究与历史书写相比，是相对晚近的事情。更准确地说，系统的史学史研究，也即探讨和分析历史著作的成败得失，一般而言是在历史书写形成一定的传统之后才出现的。譬如中国古代"前四史"的出现和史学传统的形成，让刘勰和刘知幾分别对这一传统做出了批评和评论，被后世视作中国史学史的开端。而如张一博博士所指出的那样，欧洲的史学史肇始于近代早期，因为彼时欧洲的历史书写，已经经历了比较重大的变迁。依我管见，如果说西方史学史的研究在那时起步，那么这一进展与之前出现的两大历史书写传统的融合有关。自古希腊开始，号称西方"史学之父"的希罗多德对历史上的人和事加以"探究"（inquiry），由此而形成"历史"的本意，而这一探究，又以叙述的体裁加以表现，逐步演化成一个传统。但西罗马帝国灭亡之后，这一传统有所中断，为另一个传统所取代。后一个传统就是基督教对世界历史的整体看法。基督教虽然源自犹太教，历史悠久，但其真正的兴起则在西罗马帝国濒临衰亡之世，因此面临一个如何整合以往和自身历史的问题。圣奥古斯丁的《上帝之城》便应运而生，试图勾勒一个世界历史的整体蓝图，对之前的"蛮族"历史和基督教会所自谓的"神圣"历史，做出一个整体的解释。与古希腊史家所开创的史学传统相比，这一基督史学的传统更具世界眼光，其时空的维度都可谓前所未有，于是而有了"普遍史"（universal history）的称呼。相对而言，希罗多德的《历史》描述了他所知的世界，空间上突破了希腊诸岛的范围，古罗马史家李维的《通史》的"通"则主要体现在时间上，其书追溯自古以来罗马人的历史和文化。基督史学则常常从上帝"创世"开始讲述历史，这一做法在欧洲中世纪成为历史书写的大宗，比如都尔主教格里高利的《法兰克人史》，其原名为《历史十书》，内容从创世纪开始，一直叙述到法兰克人。

　　除了这一孕育于宗教文化的世界史书写传统，世俗权力的兴衰也对历史书写产生了明显的影响。以中国史学的开端而言，周代的

"衰"让孔子急于改造前代"史"的文化，改订《春秋》，乃至发出了"知我罪我，其惟《春秋》"的感叹。而司马谈、司马迁父子的《史记》撰写，则又与汉代的"兴"相关。这一"兴"抑或东汉的复兴，也促成了班固写就《汉书》。相似的例子也见于西方。罗马人对地中海世界的征服，促使希腊史家波利比乌斯写出《通史》，为罗马人的骤然兴起举手击掌、赞不绝口。而中世纪基督史家佛莱辛的奥托写作的《双城记》，则表现了对他所处时代教权和皇权纷争的深度忧虑。前者可谓盛世修史，后者则是衰世哀史。但尽管出发点不同，两位史家都为的是探索和了解世界历史演变的性质和特点。

上面的简述，或许有助于读者了解张一博博士此书的主要内容。乔治·萨尔主持写作的《普遍史》，共有 65 卷之多，花费了近半个世纪完成，堪称世界史写作之最。而这一皇皇巨著的写就，渊源于并亦反映了上述西方世界史写作的两大传统。像以往的世界史抑或普遍史一样，萨尔的《普遍史》从上帝创世开始，一直写到近代，时间上颇具规模。但此书的编撰，其目的与基督史学的传统颇为不同，而是与那时世俗力量的变化密切相关。自文艺复兴以来，基督教会之前在欧洲社会至高无上、无微不至的权力逐渐受到削弱，以宗教改革的发生为最。17 世纪科学革命的产生，更是改造了欧洲人的世界观，而这一改造，也似乎必然地引起了历史观的变革。维科在 18 世纪初之写作《新科学》，试图总结分析人类历史的演化规律，为后人视作对历史进行哲学思辨和分析、也即历史哲学的开始。在维科之后，有着相似意图的欧洲哲人络绎不绝，伏尔泰、孔多塞、康德、赫尔德和黑格尔这些欧洲思想史上如雷贯耳的名字均在列。的确，萨尔的《普遍史》编撰，始于 18 世纪中期，正是欧洲启蒙运动风起云涌的时代，而启蒙运动的一个重要目的，就是让人们诉诸理性，从教会的精神桎梏下挣脱出来，从而解放思想，理解人类的命运。

萨尔的《普遍史》因此是启蒙思想影响下的一个产物，但其框架构思，既承袭和反映了之前基督教父如圣奥古斯丁所勾勒的世界史、也即普遍史的传统，又寻求在新的知识背景下有所突破。这一新的知识背景就是张一博博士在此书的起始所讲述的新航路开辟所带来的世界观、历史观的巨大变化。如他所言，这一变化是促使萨尔及其同僚着手编撰《普遍史》的初衷和动力。从很大程度上来说，萨尔《普遍史》之整合西方史学的两大世界史书写的传统，促成了他们最初的成功。从出版史的角度，张一博博士对此做了细致的爬梳，提供了很具体的描述。

但如同此书的标题所示，张一博博士的写作并不仅仅想描述萨尔一书的成功，而是想以此作为一个案例，探讨历史研究和书写自近代早期以来的变迁。上面提到孔子修订《春秋》后"知我罪我"的感叹，萨尔的《普遍史》结合了之前的两大世界史书写传统，是其在出版之初即得到充分关注的一个原因，但同时也因此在之后受人诟病。启蒙运动的进一步发展，让人更为走出宗教神学的束缚，萨尔《普遍史》所残留的旧传统痕迹，从书名、内容到方法，均引起了严重的不满。张一博博士在此书的后半部对之做了十分详尽的分析，揭示近代职业史学兴起并非凭空产生，而是经历了一个过程，其中充满曲折、迂回和反复。自然，张一博博士对此过程的描述，或许并不一定让所有人都认可或满意，但他对这一课题的处理，却是他深入思考之后的一点心得。如果此举能因此激发读者的兴趣，则愚以为是此书的最大贡献。我们学习史学史，其目的既是为了总结以往的史学成就，更为有益的一个目的或许是，通过这一总结而启发新知，认识历史书写的多元性，不为陈规所限，而是大胆创新、寻求突破。

行文至此，应该为读者简单介绍一下我们的作者张一博博士。他是山东阳谷人，本科就读于山东师范大学历史系，毕业之际考入北京大学历史系，以史学史和史学理论为方向，硕、博连读，于2021年获得博士学位，随即入职中国社会科学院历史理论研究所，现为助理研究员。张一博博士好学深思，兴趣广泛，在求学期间，系统阅读了中外史学史方面的名著，熟练掌握了德语和英语，并发表了多篇论文。他在北大求学期间的优异表现，让他获得了包括校长奖学金之内的奖赏。他的博士学位论文也被评为优秀论文。由于疫情的猖獗，我作为他主要的导师，曾经三年未能回国。但可喜的是，我与他之间的联系，借助现代的科技，并无明显的中断，仍然十分频繁，让我对他博论的写作及之后改写成书的整个过程均十分了解。现在此书即将付梓，使我由衷为他感到高兴。但我相信并期待，这仅是张一博博士学术生涯的一个开始。如果他父母为他取名"一博"，希望他获得一个博士，那么我则期待他能再接再厉，从"一"到"博"，以这"一"本书的出版为起点，在将来写出更多、更好和更"博"的作品，为史学史领域的发展，添砖加瓦，做出自己独特的贡献。

　　是为序。

王晴佳

2024 年 3 月 13 日撰于美国费城东南郊霁光阁

摘　　要

　　随着新航路开辟，探险者和传教士将大量异域知识带到欧洲，基于《圣经》的世界历史书写传统遭受冲击。如何整合异域知识构建新的世界历史，成为16—18世纪史家所关切的问题。其中，百科全书式的世界历史书写成为一股重要潮流，18世纪英国学者集体创作的不同于传统中世纪"普遍史"的多卷本《普遍史》(*Universal History*)便是这一潮流的代表。该书由当时的东方学家乔治·萨尔(George Sale)组织一批业余史学家编纂而成。该书各卷不仅叙述了西方，还叙述了非西方的各个国家，欧洲只被视为多种文明中的一种。该书面面俱到，不仅涵盖世界各地的历史、地理、风俗、政制、艺术、建筑和性格，而且将这些知识纳入一个知识框架之中。例如，"萨尔《普遍史》"的编者们将中国上古历史与《圣经》叙事相比附，以协调中国上古史与圣经编年的矛盾，通过对中国的描绘塑造了一个与西方所不同的他者。在处理美洲人起源问题时，编者们吸收了近代早期美洲人起源研究，将美洲人起源纳入世界历史框架之中。编者们还用一种科学的态度借助新的科学发展考察圣经记载中的细节，将其精确化。

　　该书出版之后一度洛阳纸贵，在知识界，人们争相阅读该书，这部《普遍史》也曾受到许多社会名流的称赞。但19世纪以后，该书招致学界的批评和攻击，同时期出现了整合世界历史的新尝试，其中一派以哥廷根学派的世界历史书写为代表，另一派则是以施莱格尔等人为代表，在历史哲学中构建宏大叙事，在这一背景下"萨尔《普遍史》"被边缘化。但这种整合历史的尝试也招致另一困境，即如何协调整合历史与史料批判之间的张力。在这一背景下，兰克和施洛塞尔基于不同的立场和方法，彼此互相攻讦争辩，塑造新的世界史叙事，呈现出史学职业化下多元化的竞争性历史书写。

　　"萨尔《普遍史》"可以看作近代欧洲思想转型和史学转型的一个缩影，通过研究"萨尔《普遍史》"可以看到在异域知识和新科学知识的冲击下，欧洲知识分子希望用传统知识框架去理解这些知识，协调新知识与旧知识框架，将新知识纳入世界史框架之中。在这一过程中，新知与旧识相互抵牾融合最终形成一种新的世界图景。"萨尔《普遍史》"的命运浮沉并非孤例，从中可折射出近代史学职业化背景下，学术风气的变迁和历史意识的转型。

关键词：萨尔《普遍史》；学术风气；异域知识；史学转型

Abstract

Since theso-called "Age of Discovery," European explorers and missionaries brought a great deal of foreign knowledge back to Europe, which challenged the Bible-based world history. How to integrate non-Occidental knowledge into a new pattern of world history had become interesting to historians at that time. As a result, a large number of encyclopedic literatures of world history mushroomed in Europe, of which the multi-volume *Universal History* compiled by a group of British amateurish historians, led by Orientalist George Sale (1697 – 1736), was a notable example. The volumes of the book described not only the West but also non-Western countries and regions. In this history, Europe was seen as one among many civilizations. This comprehensive book not only described the various aspects of world's various civilizations, including history, geography, customs, traditions, politics, art, architecture, and cultural personality traits, but also made great efforts to incorporate them into a broad framework. For example, in order to harmonize ancient Chinese history with the biblical chronology, the contributors made an analogy between ancient Chinese history and the narrative in the Bible; in their writings of China, they invented an "other" to contrast it with Western civilization. To deal with the origin of the Americans, they cited latest scholarly studies and integrated them into the framework of world-history writing. Lastly, the *Universal History* also verified many details in the Bible using newly emerged scientific methods.

When first published in England, the *Universal History* had enjoyed a great reputation among the Republic of Letters. However, in the nineteenth century, it became harshly criticized in the emerging academic community. Simultaneously, two new attempts to rewrite world history emerged in Europe, one was represented by the Göttingen School and the other by those who worked on the philosophy of history, focusing on the construction of a new grand narrative behind world history. In this academic milieu, Sale's *Universal History*, once a popular book, became marginalized. However, the new approaches to writing world history also encountered a new dilemma, namely, how to reconcile the tension between the integration of various histories of the world and the need to apply criticism to historical sources (*Quellenkritik*). To deal with this dilemma, Leopard von Ranke and Friedrich Christoph Schlosser, argued with each other about the different approaches to write a new world history. By analyzing the world history works of Ranke and Schlosser, this work discusses the different choices made by different historians who shared the basic values of professionalization, so as to present a multiplicity of competitive history writing accompanied by the professionalization of historical study.

In sum, the *Universal History* is a microcosm of the transformation of modern Europe thought and historiography. This study investigates how European scholars used the traditional intellectual framework to reconcile new knowledge about the unknown parts of the world while developing a scientific approach to historiography, and how their endeavor was reflected in world-history writing. The vicissitudinous fate of the *Universal History* reflected the change of academic milieu and the transformation of historical consciousness against the backdrop of the professionalization of history into academic discipline in modern Europe.

Key words: *Sale's Universal History*, Academic Milieu, Exotic Knowledge, Transformation of Historiography

目　　录

Contents

表 目 录

List of Tables

导　　论

一　问题的提出

英国著名史家克里斯托弗·贝利（Christopher Bayly）曾言："尽管他们许多人自己还没有意识到这一点，现在所有史学家其实都是世界史学家。"[1]，虽然贝利此言的核心在前一句，但是也可以从侧面反映"世界史"在历史学中的重要位置。谈及世界史，首先浮现人们脑海的似乎是现在风头正劲的全球史，或者具有教科书性质的各类世界通史。若进一步思考"世界史"的前身，人们或许会想到历史上存在的三种类型的世界史，一种为古典时代的"世界史"，如希罗多德的《历史》、司马迁的《史记》，这类著作描绘了他们已知世界的历史，且带有显著的"华夷之辩"亦或区分本民族和异族的倾向;[2] 一种为中世纪的"普遍史"（Universal History），该类著

---

① C. A. Bayly, *The Birth of the Modern World*, *1780 – 1914*, Oxford: Blackwell, 2004, p. 469.

② 关于《历史》与《史记》中的自我与他者的塑造，可参见 François Hartog, *The Mirror of Herodotus*: *The Representation of the Other in the Writing of History*, trans. by Janet Lloyd, Berkeley and Los Angeles: University of California Press, 1988; Yang Huang, "Perceiving the Nomadic Other, A Note on Herodotus' Scythians and Sima Qian's Xiongnu", in Andreas Heil, Matthias Korn und Jochen Sauer, Hrsg., *Noctes Sinenses*, *Festschrift für Fritz-Heiner Mutschler zum 65. Geburtstag*, Heidelberg: Universitätsverlag Winter, 2011, S. 196 – 200.

作具有强烈的宗教意涵,其目的是在历史中展现"上帝意志"。在新航路开辟之后,另一种近代早期的"普遍史"或"世界史"应运而生,试图把新航路开辟后大量异域知识与西欧本土知识资源进行整合。这类世界史描绘了已知世界的历史,且涵盖面极为丰富,而且与前两者不同之处在于以平等态度看待各文明。① 在当时这类世界史著作不断出现、篇幅长短不一,其中尤其以 18 世纪在英国出版的 65 卷本的《普遍史:从创世至今》(*An Universal History from Earliest Account of Time to the Present*, *Compiled from Original Authors and Illustrated with Maps*, *Cuts*, *Notes*, *Chronological and Other Tables*) 最具代表性,该书是当时时间较早、真正意义上的世界史。但据笔者所知,除张乃和曾对该书进行过较为详细的介绍外,在中国学界鲜有学者系统研究这部著作,② 在西方史学史谱系中这部书也处于边缘,即使有人提及该书,也多以批评为主,认为该书虽面面俱到,但大而无当。如赫伯特·巴特菲尔德(Herbert Butterfield,1900 – 1979)认为,"虽然这部书被翻译成多种语言,但却是一部主题涣散、杂乱无章的汇编,当它在欧洲大陆出版时,需要更多的注释和修订"。③ 当

---

① 德裔美国学者格奥尔格·伊格尔斯曾强调这部《普遍史》的平等观和全球意识,他指出这部书将欧洲视为众多文明中的一种,而非用一种欧洲中心论的视角看待历史。可参见 Georg Iggers, Q. Edward Wang, and Supriya Mukherjee, *A Global History of Modern Historiography*, London:Routledge, 2017, p. 7;Georg Iggers, "Reflections on the Historiography of the Twentieth Century from the Perspective of the Twenty-first Century", *Historein*, Vol. 16, Jun. , 2017, p. 154.

② 张乃和曾介绍过该书的出版过程和编纂特征,并认为该书的世俗化倾向为科学的世界史形成奠定了基础。王晴佳、李隆国所著《外国史学史》一书曾提及这部英国史家集体写作的普遍史,将其视为全球史的前身。中国台湾学者黄进兴在其论文《从普遍史到世界史和全球史》中也曾提到这部书,但都只是简要提及,并未做系统研究。可参见张乃和《近代英国首部集体编纂的世界史初探》,《世界历史》2015 年第 5 期;王晴佳、李隆国《外国史学史》,北京大学出版社 2017 年版,第 403 页;黄进兴《从普遍史到世界史和全球史:以兰克史学为分析始点》,《北京大学学报》(哲学社会科学版)2017 年第 2 期,第 55 页。

③ Herbert Butterfield, *Man on His Past*:*The Study of the History of Historical Scholarship*, Cambridge:Cambridge University Press, 1955, p. 47.

代全球史学者塞巴斯蒂安·康拉德（Sebastian Conrad）则评价道"此书的编纂恢宏，甚至可以说是芜杂：尽可能多地囊括历史上和当代的社会，仿佛是把他们扔进一个铅字盒里"①。

但是，若我们回到该书出版的时代——18世纪，则会看到另一幅场景。该书出版后迅速被翻译成荷兰语、法语、德语、意大利语，并行销欧洲大陆许多地区，在当时具有重要影响力。② 不少名流对该书也赞不绝口，如阅读过古代部分的美国建国元勋托马斯·杰斐逊（Thomas Jefferson，1743 – 1826）认为该书"内容广博、忠于史实，语言平实易懂"③，遂把该书推荐给乔治·华盛顿·路易斯（George Washington Lewis，1757 – 1821），将其作为弗吉尼亚大学历史课程的读物。更早一些，法国启蒙思想家伏尔泰等人也曾在著作中引用该书。④ 每个时代都有自己的史学史，不同时代的史家对史学作品的评价的差异可以反映不同时期的历史意识和学术风气。通过比较各个时期对该书的批评与赞美，会发现两者关注的焦点都是"内容广博"。为何同一部作品在不同时期会有如此不同的境遇？之前引以为豪的优势为何会变成备受攻击的劣势？这一转变的背后又反映什么样的时代背景和学术风气？为回答这一问题，本书将以"萨尔《普遍史》"为中心去讨论该书的生成与传播。探究在近代早期异域知识如何被整合进世界历史书写框架之中，这种整合方式反映了什么样的史学传统，进而探讨这种史学传统为什么在后世史学史中被边缘化，并希望借由"萨尔《普遍史》"得以窥探在异域知识的冲击下，传统世界观如何被修正，进而形成了新的世界图景。

---

① ［德］S. 康拉德：《全球史导论》，陈浩译，商务印书馆2018年版，第30页。

② 关于该书的版本出版和翻译情况可参见 Guido Abbattista, "The English Universal History: Publishing, Authorship and Historiography in an European Project (1736 – 1790)", *Storia della Storiografia*, Vol. 39, 2001, pp. 100 – 101.

③ E. Millicent Sowerby, *Catalogue of the Library of Thomas Jefferson*, Vol. 1, The Library of Congress, 1952, p. 59.

④ Guido Abbattista, "The Business of Paternoster Row: Towards a Publishing History of The Universal History (1736 –65)", *Publishing History*, Vol. 17, 1985, p. 28.

二　学术史回顾与反思

"近代早期"是一个历久弥新的经典命题，素来不乏学者研究，与此相关的近代早期史学研究也备受前贤时彦所关注，相关论著堪称宏富。因此笔者展开学术史回溯时，以个人目力所见，难免挂一漏万，且牵扯线索之多，所涉领域之广也非笔者所能驾驭，难以对近代早期的研究面面俱到。由于本书主要以"萨尔《普遍史》"为中心，运用史学史和思想史的研究方法，探讨近代早期世界历史书写转型及其背后的思想变迁，因此在学术史回顾中，笔者将采用以问题为导向的回溯方式，主要围绕"萨尔《普遍史》"的相关研究与近代早期思想和史学转型这两个问题展开讨论。笔者试图在史学史研究的脉络下，梳理过去学者的研究路径，并考察有关这一问题研究方法的变化背后所折射出的史学范式的转移。

20 世纪 80 年代之前，关于英国这部普遍史的研究多散见于两类著作中，一类是史学史通史，如爱德华·富艾特（Eduard Fueter，1876 - 1928）、巴特菲尔德都曾提及此书，但只是简单介绍，[1] 之后学者虽也有提及，但基本都是将其视为一部商业导向的集体工程，并未受到人们的重点关注。[2] 另一类是关于普遍史的研究，虽然早在20 世纪 20 年代弗兰茨·伯克瑙 - 波拉克（Franz Borkenau-Pollak，

---

　　① 爱德华·富艾特评价该书是"旧瓶装新酒"，将异域知识纳入传统普遍史叙事结构之中，而巴特菲尔德在其著作《人心的过去》（*Man on His Past*）中将这部著作视为哥廷根学派批判的对象，可参见 Eduard Fueter, *Geschichte der neueren Historiographie*, München und Berlin: Druck und Verlag von R. Oldenbourg, 1911, S. 322 - 323; Herbert Butterfield, *Man on His Past: The Study of the History of Historical Scholarship*, Cambridge University Press, 1955, pp. 44 - 50.

　　② Donald R. Kelley, *Fortunes of History: Historical Inquiry from Herder to Huizinga*, New Haven: Yale University Press, 2003, pp. 16 - 17; Georg Iggers, Q. Edward Wang and Supriya Mukherjee, *A Global History of Modern Historiography*, p. 7.

1900 – 1957）以该书编者为研究对象撰写博士论文，着重关注他们的生平及其在这部作品创作中所扮演的角色，强调这部著作具有资料汇编的特征，但由于伯克瑙 – 波拉克的博士论文并未出版，因此在学界未能产生很大影响。① 1960 年阿德博尔特·克拉姆特（Adalbert Klempt）出版《普遍史观念的世俗化》一书，关注在宗教改革、新航路开辟的冲击下德法地区的普遍史如何突破传统《圣经》叙述框架，转向世俗化的世界历史，在该书中，克拉姆特提及英国《普遍史》，认为该书沿袭德裔史家格奥尔格·霍尔纽斯（Georgius Hornius，1620 – 1670）的撰史思想，将新大陆、远东等地区的历史纳入统一的框架之中。②

　　20 世纪 80 年代后，后现代思潮打破了传统史学史研究的宏大叙事，史学史研究的方法、材料和视野都发生了变化，呈现出“去中心化”“去权威化”“去经典化”的倾向，这一趋向在关于“萨尔《普遍史》”的研究中也有所表现。③ 传统史学史多关注那些史学巨擘的经典作品，因此“萨尔《普遍史》”作为一部非专业化史学作品，在传统史学史谱系中处于边缘位置，即使对此有所涉及，也多是作为专业化史学的靶子去描绘。受后现代思潮影响，“萨尔《普遍史》”这部边缘著作开始重新受到学者们的关注，对它的研究也从早期的简要提及转向更为深入的探讨，并从方法、材料上都有所突破，呈现出多维度、广视野、跨学科的倾向。对此笔者将从以下三个层面来回顾近年来关于“萨尔《普遍史》”的一些研究。

　　受书籍史和出版史的影响，史学史不仅关注历史著作中的思想，而且开始关注历史著作的生成过程，其中大部头著作的出版史备受

---

① Franz Borkenau-Pollak, "An Universal History of the World from the Earliest Account of Times etc. 1736fU" Ph. D. diss., Universität Leipzig, 1924.

② Adalbert Klempt, *Die Säkularisierung der universalhistorischen Auffassung：Zum Wandel des Geschichtsdenkens im 16. und 17. Jahrhundert*, Göttingen：Musterschmidt Verlag, 1960.

③ 关于近年来史学史研究中的“去权威化”“去中心化”“去经典化”，可参见张一博《方法·材料·视野：当代西方史学史研究的新趋向》，《史学理论研究》2019年第 4 期。

学者关注，这部皇皇巨著也开始进入研究者的视野中，一些学者开始分析这部集体工程的生成与传播。意大利学者圭多·阿巴蒂斯塔（Guido Abbattista）将研究视角转移到出版商和读者的身上。根据残存的一些通信记录和订阅者名单并结合当时的时代背景，阿巴蒂斯塔勾勒了这部集体工程的出版过程，并对订阅者的阶层、居住地等内容进行量化分析。作者指出该书主要的读者群为银行家、商人等中等阶层。但遗憾的是，由于材料所限，作者并未详细讨论在该书出版过程中作者、读者和出版商三者如何进行互动。①

受跨国史②的影响，许多史学史研究者关注史学作品的跨国流动，在当时"萨尔《普遍史》"不仅在英国出版，而且在整个西欧地区均有广泛读者，并被翻译成多国语言畅销欧洲。因此有学者从跨国史的维度去研究这部著作在欧洲的传播。如阿巴蒂斯塔在另一篇文章中较为简略地考察了该书在欧洲的翻译和出版，指出该作品是一项欧洲项目，并且讨论了当时的自然神论、宗教宽容、启蒙运动和政治自由主义等时代思潮对"萨尔《普遍史》"的影响。③ 荷兰

---

① Guido Abbattista, "The Business of Paternoster Row: Towards A Publishing History of The Universal History (1736 –65)", pp. 5 – 50.

② 跨国史起源于对以民族国家为中心的传统史学的批判，一些学者关注历史上的跨国现象。对这一问题的反思最早来自美国史研究者，后来一些欧洲学者也倡导跨国史，主张德国史、法国史"欧洲化"，从欧洲视角探讨法国大革命等重大历史事件。近年来，一些国内学者也开始关注跨国史，如王立新、刘文明等学者都曾撰文讨论这一研究路径。参见王立新《在国家之外发现历史：美国史研究的国际化与跨国史的兴起》，《历史研究》2014 年第 1 期；《跨国史的兴起与 20 世纪世界史的重新书写》，《世界历史》2016 年第 2 期；何涛《跨民族史：全球史在德国史学界的回应》，《首都师范大学学报》（社会科学版）2008 年第 6 期；刘文明《跨国史：概念、方法和研究实践》，《贵州社会科学》2018 年第 8 期。

③ 早在1985 年那篇论文中，阿巴蒂斯塔便已经涉及该书在欧洲的翻译，而在2001 年发表在《史学史》的文章中，阿巴蒂斯塔则更为详尽地研究了该书在欧洲大陆的翻译和出版，参见 Guido Abbattista, "The Business of Paternoster Row: Towards A Publishing History of The Universal History (1736 –65)", pp. 21 – 22; Guido Abbattista, "The English Universal History: Publishing, Authorship and Historiography in an European Project (1736 –1790)", *Storia della Storiografia*, Vol. 39, 2001, pp. 100 – 105.

学者约翰·范·德·赞德（Johan van der Zande）则将目光放在了近代英德史学交流上，分析了英国普遍史如何影响哥廷根学派代表人物奥古斯特·路德维希·施洛策尔（August Ludwig Schlözer，1735 - 1809）对世界历史的理解。① 之前学者虽然也引入了跨国史的视角，但只是或单纯考察该书的翻译过程，或采用史学史传统文本分析的路径研究该书对其他学者的影响。受现代翻译理论影响，翻译不仅仅被视为一种知识传播的方式，而且也被看作一种知识的生产，史学作品的接受史成为学界研究的热点。其中德国学者马库斯·康拉德（Marcus Conrad）从接受史的角度，考察了"萨尔《普遍史》"在德意志地区的翻译与传播。康拉德认为，"萨尔《普遍史》"在德意志的翻译并不是一种单纯翻译，而是一种再创造。与阿巴蒂斯塔因缺乏材料而无法从读者与作者互动的角度去系统分析"萨尔《普遍史》"的生成所不同，在德国哈勒档案馆和哥廷根大学档案馆存有大量当时出版商与翻译者之间的书信，以及读者来信等材料，因此康拉德采用这些材料系统讨论了哈勒的出版商和翻译者、读者之间的互动，以及这种互动如何影响这部书在德意志的翻译和出版。② 另一种维度则是从比较史的视野考察该书与同时代其他世界史著作有何不同。塔玛拉·格里格斯（Tamara Griggs）比较了近代早期的三部世界史著作，其中便包括"萨尔《普遍史》"。格里格斯认为"萨尔《普遍史》"与其他两部世界史相比，宗教立场更为折中，内部充满了不一致性，这一特征与"萨尔《普遍史》"是一部面向市场的商业性书籍有关，它的世

① Johan van der Zande, "August Ludwig Schlözer and the English Universal History", in Stefan Berger, Peter Lambert und Peter Schumann, Hrsg. , *Historikerdialoge：Geschichte, Mythos und Gedächtnis deutsch-britischen kulturellen Austausch 1750 - 2000*, Göttingen：Vandenhoeck & Ruprecht, 2003, S. 135 - 156.

② Marcus Conrad, *Geschichte（n）und Geschäft：Die Publikation der "Allgemeinen Welthistorie", im Verlag Gebauer in Halle（1744 - 1814）*, Wiesbaden：Harrassowitz Verlag, 2010.

俗化是由出版商和大众趣味所推动。①

　　除了从书籍史的路径出发，探讨"萨尔《普遍史》"的生成以外，对"萨尔《普遍史》"内容的分析在当下研究中仍然是主流。不过不同于之前学者将"萨尔《普遍史》"视为整体的研究，近些年来许多学者开始关注该书中的具体内容，如关于中国、欧洲的描述，通过对"萨尔《普遍史》"具体而微的研究，人们开始反思该书中潜在的西方中心论倾向。德国学者安德烈亚斯·皮谷拉（Andreas Pigulla）分析了"萨尔《普遍史》"、加特勒和施洛策尔世界史中的中国形象。② 蒂姆·贝伦（Tim Antonius Lambertus Beelen）在其硕士论文中则分析了"萨尔《普遍史》"的近现代史部分，认为"萨尔《普遍史》"深受苏格兰启蒙影响，将商业和文明视为近现代史的主题，在这一论述中普遍史的普遍性不是去面面俱到地描绘各种文明，而是勾勒欧洲文明向世界的扩散。③ 虽然皮谷拉、贝伦的研究使得人们对"萨尔《普遍史》"有了更具体的认识，但是他们都将"萨尔《普遍史》"视为一部静止的文本，忽视了这是一部历时近半个世纪结合市场需求应时而变的商业作品，因此在"萨尔《普遍史》"内部既有连续也有断裂。值得注意的是，虽然在"萨尔《普遍史》"中，古代史与近现代史的篇幅布局存在差异，但这并不只是像贝伦所言是启蒙运动的产物，而且也是近代早期百科全书式历史书写传统的延续。"萨尔《普遍史》"与启蒙时期及其之后的世界历史也存在很大差异，很难将其划归

---

　　① Tamara Griggs, "Universal History from Counter-Reformation to Enlightenment", *Modern Intellectual History*, Vol. 4, No. 2, Aug. 2007, pp. 219 – 247.

　　② Andreas Pigulla, "Zur Chinarezeption in der Europäischen Aufklärungshistiographie", *Bochumer Jahrbuch zur Ostasianforschung*, Bd. 10, Bochum: Studienverlag Dr. Norbert Brockmeyer, 1987.

　　③ Tim Antonius Lambertus Beelen, *The Case of the Missing Universal: The British Universal History (1736 – 1766) and the Evolution of Universal History*, M. A. thesis, North Carolina State University, 2020.

到启蒙史学之中。[①]

　　近些年史学史研究的材料也得到了极大的扩充，学者们开始研究之前受忽略的图像。[②] 在"萨尔《普遍史》"中，之前被视为仅是正文补充且不具有独立意义的插图被学者重新认识，一些学者开始挖掘这些插图背后所承载的思想史内涵。加拿大学者安妮 - 玛丽·林克（Anne-Marie Link）认为"萨尔《普遍史》"中的插图不只是装饰，而且有助于推动读者对历史的理解。她通过分析英文版和德文版中的插图，指出"萨尔《普遍史》"中的图像应用反映了时人的史料观和历史观，并进一步讨论了这些具有艺术性的插图如何给读者营造一种历史事件的在场感。[③] 安德烈·阿罗约（André de Melo Araujo）关注德译本中插图比重的变化，阿罗约认为插图比重的降低反映了德意志启蒙后期世界历史思想和编辑市场的转型。[④]

---

　　① 关于近代早期百科全书历史书写传统可参见 Erich Hassinger, *Empirisch-rationaler Historismus*: *Seine Ausbildung in der Literatur Westeuropas von Guicciardini bis Saint-Evremond*, Freiburg: Rombach Verlag, 1994; Anthony Grafton, *Bring Out Your Dead*: *The Past as Revelation*, Cambridge: Harvard University Press, 2001.

　　② 早在 20 世纪二三十年代图像学已经应用于艺术史研究领域，阿比·瓦尔堡（Aby Warburg）、埃尔文·潘诺夫斯基（Erwin Panofsky）和埃德加·温德（Edgar Wind）等学者都对此有所涉足。其中尤以潘诺夫斯基的研究最具代表性。在其著作《哥特式建筑和经院哲学》（*Gothic Architecture and Scholasticism*）中，潘诺夫斯基研究了中世纪经院哲学和建筑学体系之间异体同形的关系，挖掘图像背后的时代精神。受其启发，一些学者开始探讨图像背后的文化意涵，但这些研究大多集中在艺术史领域。80 年代以来，受新文化史影响，一些历史学家开始将图像作为史料去研究，如彼得·伯克（Peter Burke）关注近代早期的图像应用，发掘背后的思想史内涵。近年来史学史研究也受这一研究路径影响，开始关注史学作品中的图像所承载的历史意识。参见 Peter Burke, *Eyewitnessing*: *The Uses of Images as Historical Evidence*, London: Reaktion Books, 2001; "Images as Evidence in Seventeenth-Century Europe", *Journal of the History of Ideas*, Vol. 64, No. 2, Apr., 2003, pp. 273 – 296; Kathrin Maurer, *Visualizing the Past*: *The Power of the Image in German Historicism*, Berlin: De Gruyter, 2013.

　　③ Anne-Marie Link, "Engraved Images, the Visualization of the Past, and Eighteenth-Century Universal History", *Lumen*, Vol. 25, 2006, pp. 175 – 195.

　　④ André de Melo Araujo, "Translated Images: The Universal History and its European Translations in the Eighteenth-Century", *Historia da Historiografia*, No. 26, 2018, pp. 69 – 100.

　　上述所列 20 世纪 80 年代以来的研究或是从文本出发,考察"萨尔《普遍史》"中的有关内容,亦或是从"萨尔《普遍史》"切入来考察近代早期的书籍出版。这些研究有助于我们更好地认识"萨尔《普遍史》"以及近代早期的世界史书写转型,并且这些论著也或多或少的对传统专业化史学框架下的近代史学史研究提出了挑战,为我们更好地认识近代早期历史书写的多元图景提供了新的视角。本书在吸收借鉴既有研究的基础上,希望将"萨尔《普遍史》"放入当时的学术背景下去考察,不仅关注它的文本内容,而且追溯它的知识来源。

　　本书的另一研究取径是通过"萨尔《普遍史》"观察近代早期欧洲思想转型和史学变迁,因此关于近代欧洲思想史和史学史的一系列研究,特别是关于近代欧洲思想危机以及人文主义和历史主义学术传统的讨论对笔者的研究颇为有益。由于上述领域一直是欧洲思想史和史学史研究的核心问题,相关论著可谓汗牛充栋。因此笔者将回顾的重点放在近代欧洲思想危机和近代历史意识形成的相关研究之中。

　　西方在近代早期发生了精神和知识上的巨大突破,学界关于这一问题的研究已经非常充分。早在 20 世纪中叶法国思想家保罗·阿扎尔(Paul Hazard,1878 – 1944)便提出"欧洲思想的危机"(La crise de la conscience européenne,又可译为"欧洲意识的危机")这一命题,即 18 世纪是欧洲思想剧烈转型的时期,这一转型与 1680—1715 年的欧洲思想危机密切相关,在短短 35 年中欧洲思想界爆发了一场全面性危机,现代性的新思想得以涌现,这一切都可以追溯到文艺复兴时期。在书中阿扎尔简要提及了异域知识对欧洲思想界的影响,如博絮埃(Jacques-Benigne Bossuet,1627 – 1704)如何面对中国古史处理编年等。[①]

---

　　① Paul Hazard, *La Crise de la conscience européene*, Paris: Boivin et Cie, 1935,中译本:[法]保罗·阿扎尔:《欧洲思想的危机(1680—1715)》,方颂华译,商务印书馆 2019 年版。

　　自阿扎尔后，许多学者开始关注欧洲思想转型，并从内部萌生和外部诱发两个维度展开研究。内部萌生论支持内源性现代化，认为欧洲思想转型是一个内部历史生成的结果，在文艺复兴、宗教改革、科学革命①的推动下欧洲思想取得巨大突破，并最终在启蒙运动时期达到顶峰。② 这一观点的背后蕴含着一种以现代化为宏大叙事的

---

　　① 关于科学革命的研究不仅是思想史研究的重点，也是科学史研究所关心的话题。传统科学史叙事通常认为科学是发源于古希腊，中世纪受到抑制，后随着科学革命而复兴，最后19世纪专业化过程后科学取得最终胜利。在这一叙事下"科学革命"成为欧洲近代思想变革的推动因素，也是欧洲得以走上现代化的重要动因。在这一路径下，一些学者开始关注科学革命得以西欧爆发的原因，并形成了两种观点。一种寻找文艺复兴与科学革命的关系，认为古典科学传统、新柏拉图主义、犹太神秘主义对哥白尼、开普勒等科学家具有重要影响。另一种则是讨论宗教与科学的关系。在早年科学通常被视为宗教的对立面，把近代科学的兴起看做是科学思想从宗教束缚中解放出来。20世纪中叶后这种简单的二元对立已经没有了市场，许多学者开始反思宗教与科学的关系。一些学者延续马克斯·韦伯的命题，关注宗教特别是清教与近代科学兴起的偶合性。关于科学革命与欧洲思想变革的关系可参见 Herbert Butterfield, *The Origins of Modern Science 1300 – 1800*, London: The Free Press, 1965; Alfred Rupert Hall, *The Revolution in Science*, *1500 – 1750*, London: Longman, 1962. 对于探讨科学革命从文艺复兴中汲取资源的研究可参见 T. S. Kuhn, *The Copernican Revolution*, Cambridge: Harvard University Press, 1957; P. L. Rose, *The Italian Renaissance of Mathematics: Studies on Humanists and Mathematicians from Petrach to Galileo*, Geneva: Droz, 1975; J. H. Randall, *The School of Padua and the Emergence of Modern Science*, Padua: Editrice antenore, 1961; F. A. Yates, *Giordano Bruno and the Hermetic Tradition*, Chicago: The University of Chicago Press, 1964. 关于早期宗教与科学的对立可参见 Andrew D. White, *History of the Warfare of Science with Theology in Christendom*, New York: D. Appleton, 1896. 关于宗教与科学革命的偶合关系则可参见 R. S. Westfall, *Science and Religion in Seventeenth-Century England*, New Haven: Yale University Press, 1958; R. Hooykaas, *Religion and the Rise of Modern Science*, Edinburgh: Scottish Academic Press, 1973; R. K. Merton, *Science, Technology and Society in Seventeeth-Century England*, New York: Harper & Row, 1970; Peter Harrison, *The Bible, Protestantism and the Rise of Natural Science*, Cambridge: Cambridge University Press, 1998. （中译本：彼得·哈里森：《圣经、新教与自然科学的兴起》，张卜天译，商务印书馆2019年版）。"科学革命"在科学史研究中素来受学者所关注，关于科学革命的系统研究综述可参见 H. Floris Cohen, *The Scientific Revolution: A Historiographical Inquiry*, Chicago: The University of Chicago Press, 1994.

　　② 文艺复兴、科学革命和启蒙运动通常被视为近代欧洲思想的三次革命，有关它们的研究极为丰厚，尤其以启蒙运动研究最具代表性，在广度和深度上都（接下页）

目的论倾向，即启蒙运动是现代化进程的重要阶段，之前的历史都

（接上页）有极大进步，并形成了历史学家的实证研究和哲学家的概念分析两种路径，笔者无意于系统梳理启蒙研究的学术史，只是列举其中最具代表性的一些著作，以期对启蒙研究做一整体性认识。早在 20 世纪 30 年代德国哲学家恩斯特·卡西尔（Ernst Cassirer）便著有《启蒙哲学》一书，强调启蒙运动摆脱了 17 世纪形而上学的抽象演绎，代之以分析还原和理智重建的方法。由于当时欧洲正值法西斯主义盛行，因此该书也具有独特的时代价值，即捍卫自由民主的启蒙价值观。同年美国史家卡尔·贝克尔（Carl Becker）出版《18 世纪哲学家的天城》一书，与卡西尔将启蒙视为现代价值的开端所不同，贝克尔认为启蒙运动并不是与中世纪的断裂，而是一种延续，用理性的乌托邦取代宗教的乌托邦。出于对极权主义的反思，一些学者开始关注启蒙的另一面，即启蒙所带来的异化，在启蒙思想中寻找极权主义的思想来源，如霍克海姆和阿多诺的《启蒙辩证法》、塔尔蒙的《极权主义民主的起源》便是这一观点的代表。在现代化理论的影响下美国学者彼得·盖伊（Peter Gay）在其著作《启蒙运动》中重申卡西尔对启蒙运动的理解，将启蒙运动与现代化相勾连。与《启蒙哲学》的哲学史传统所不同，彼得·盖伊将启蒙运动置于西方思想史和社会史背景中，考察启蒙哲人如何以古典的理性和批判精神为武器来批判基督教传统，并最终形成现代理性精神。《启蒙运动》一书一经出版便引起学界很大争论，毁誉参半。受后现代思潮的影响，启蒙运动研究从"单数的启蒙运动"转向"复数的启蒙运动"，关注欧洲诸国不同的启蒙特征，如对苏格兰启蒙、德意志启蒙、北美殖民地启蒙的研究，或者关注启蒙思想的下沉、大众启蒙运动等问题，如达恩顿等人的研究便是这一代表。近年来乔纳森·伊斯拉尔（Jonathan Israel）系统总结了近年来启蒙运动的研究成果，并出版有关启蒙运动的三卷本丛书，伊斯拉尔继承了盖伊的启蒙运动是现代化的重要环节这一观点，认为启蒙运动是西方自中世纪以来最重要的思想、社会和文化转型，是塑造现代性的最大动力。而且他将启蒙运动放在更为广阔的视角下去考察，不仅在研究领域上有所扩大，不再是单纯的思想史研究，而且还将女权、他者形象等现代议题纳入其中。参见 Ernst Cassirer, *Die Philosophie der Aufklärung*, Tübingen：Mohr Verlag, 1932（中译本：［德］E. 卡西勒：《启蒙哲学》，顾伟铭、杨光仲、郑楚宣译，山东人民出版社 1988 年版）；Carl Becker, *The Heavenly City of the Eighteenth-Century Philosophers*, New Haven：Yale University Press, 1932（中译本：［美］卡尔·贝克尔：《十八世纪哲学家的天城》，何兆武译，北京大学出版社 2013 年版）；Max Horkheimer und Theodor W. Adorno, *Dialektik der Aufklärung. Philosophische Fragmente*, Amsterdam：Querido Verlag, 1947（中译本：［德］马克斯·霍克海默、西奥多·阿道尔诺：《启蒙辩证法》，渠敬东、曹卫东译，上海人民出版社 2006 年版）；J. L. Talmon, *The Origins of Totalitarian Democracy*, Britain：Secker & Warburg, 1960（中译本：［以］J. F. 塔尔蒙：《极权主义民主的起源》，孙传钊译，长春：吉林人民出版社 2004 年版）；Peter Gay, *The Enlightenment：An Interpretation, The Rise of Modern Paganism*, New York：Alfred A Knopf, 1966；Peter Gay, *The Enlightenment：An Interpretation, The Science of Freedom*, New York：W. W. Norton &（接下页）

是为启蒙运动做思想铺垫，进而从历史中勾勒出一条文艺复兴、宗教
改革、科学革命、启蒙运动的线性发展脉络。近年来这一宏大叙事受
到学者们的批判，一些学者开始质疑理性与非理性、启蒙与反启蒙、
科学与宗教的二元对立倾向，关注欧洲思想转型内部的张力。①

　　与强调近代欧洲思想转型是一个内部历史发展的结果不同，外

（接上页）Campany，1977（中译本：［美］彼得·盖伊：《启蒙时代：现代异教精神的
兴起》，刘北成译，上海人民出版社 2014 年版；［美］彼得·盖伊：《启蒙时代：自
由的科学》，王皖强译，上海人民出版社 2016 年版）；Jonathan Israel, *Radical Enlight-
enment，Philosophy and the Making of Modernity 1650 – 1750*, Oxford：Oxford University
Press，2001；Jonathan Israel, *Enlightenment Contested，Philosophy，Modernity，and the E-
mancipation of Man 1670 – 1752*, Oxford：Oxford University Press，2006；Jonathan Israel,
Democratic Enlightenment，Philosophy，Revolution，and Human Rights 1750 – 1790, Ox-
ford：Oxford University Press，2011. 关于启蒙运动的相关研究综述可参见庞冠群《后现
代之后重审法国启蒙运动》，《上海师范大学学报》（哲学社会科学版）2019 年第 1 期；
徐前进《启蒙全球史的起源与方法：兼论哲学家的启蒙和历史学家的启蒙》，《世界历史
评论》2019 年第 4 期。

①　传统研究虽然关注宗教与近代科学的关系，但多是从宗教特别是新教中寻找近
代科学的因素，近些年来一些学者开始将宗教和科学视为同源，讨论近代宗教与科学
如何从内心自省变为外部的一种形式，展现近代早期自然神学与自然科学间的复杂关
系。如彼得·哈里森的研究便是对这一问题的回应。参见 Peter Harrison, *The Territories
of Science and Religion*, Chicago：The University of Chicago Press，2015（［澳］彼得·哈里
森：《科学与宗教的领地》，张卜天译，商务印书馆 2016 年版）。在启蒙研究中许多学
者也开始关注一些曾经不被关注的启蒙运动的黑暗面，如启蒙与殖民主义、启蒙与他
者、启蒙与奴隶制等问题，以此展现启蒙运动内部的复杂性，如 Daniel Carey and Lynn
Festa eds. , *Postcolonial Enlightenment：Eighteenth-Century Colonialism and Postcolonial Theo-
ry*, Oxford and New York：Oxford University Press，2009；David Allen Harvey, *The French
Enlightenment and its Others：The Mandrin，the Savage，and the Invention of the Human Sci-
ence*, New York：Palgrave Macmillan，2012；Louis Sala-Molins, *Les Misères des Lumières：sous
la raison. l'outrage*, Paris：Homnisphères，1992（*Dark Side of the Light：Slavery and the
French Enlightenment*, trans. John Conteh-Morgen，Minneapolis：University of Minnesota
Press）；Andrew S. Curran, *The Anatomy of Blackness：Science and Slavery in an Age of En-
lightenment*, Baltimore：The John Hopkin University Press，2011。值得注意的是，乔纳
森·伊斯拉尔在其关于启蒙运动的综合性论著中也吸纳了这些最新的研究成果，加入
了关于奴隶制、异域描绘、女性解放等内容。

部诱发论则更多关注近代欧洲思想转型的外部因素，尤其是异域知识对欧洲传统世界观的冲击。关于这一问题的研究，大致可以分为以下几个层面，第一个层面是异域知识对西方古代史的冲击，这类研究主要分析了中国上古史所引发对《圣经》编年的质疑如何推动欧洲思想变迁，如维吉尔·毕诺（Virgile Pinot）、安田朴（René Etiemble）和范克雷（Edwin J. Van Kley）等学者都系统地阐述了这一问题。① 中国学者吴莉苇也参与这一讨论中，她从历史文献学的角度考证了近代欧洲传教士所采用的中国史书底本，并进一步考察欧洲学者如何将中国纳入新世界史书写之中。② 第二个层面是关注异域知识如何被纳入欧洲知识体系之中。这类研究主要关注欧洲近代知识体系的构建，近代早期欧洲人如何借助古典资源理解新发现的世界，将其纳入传统知识框架中，而后内外环境发生变化，传统文本如何被去魅化，实现知识转型。如瓦尔特·米尼奥罗（Walter D. Mignolo）、安东尼·格拉夫顿（Anthnoy Grafton）等学者对此都作出过相关论述。③ 第三个层面则是受后殖民影响下的"他者研究"。爱德华·萨义德在《东方学》中剖析了西方知识传统中"自我"与"他者"的建构，受此影响一些思想史家开始关注近代早期知识分子

---

① ［法］毕诺：《中国对法国哲学思想形成的影响》，耿昇译，商务印书馆 2000 年版；［法］安田朴：《中国文化西传欧洲史》，耿昇译，商务印书馆 2000 年版；Edwin J. Van Kley, "Europe's 'Discovery' of China and the Writing of World History", *The American Historical Review*, Vol. 79, No. 2, Apr. , 1971, pp. 358 – 385; Rhoad Rappaport, *When Geologists were Historians, 1665 – 1750*, Ithaca: Cornell University Press, 1997.

② 吴莉苇：《当诺亚方舟遭遇伏羲神农：启蒙时代欧洲的中国上古史论争》，中国人民大学出版社 2005 年版。

③ Walter D. Mignolo, *The Darker Side of the Renaissance: Literacy, Territoriality and Colonization*, Ann Arbor: The University of Michigan Press, 1995; Anthony Grafton, *New World, Ancient Texts: The Power of Tradition and the Shock of Discovery*, Cambridge: The Belknap Press of Harvard University Press, 1995; Jorge Cañizares-Esguerra, *How to Write the History of the New World: Histories, Epistemologies, and Identities in the Eighteenth-Century Atlantic World*, Stanford: Stanford University Press, 2001; Joyce Appleby, *Shores of Knowledge: New World Discovery and the Scientific Imagination*, New York: W. W. Norton & Company, 2013.

塑造"他者"的过程，讨论近代他者形象的流变与近代西方自我认同的关系。如英国学者 P. J. 马歇尔（P. J. Marshall）和格林多·威廉姆斯（Glyndwr Williams）讨论了19世纪初英国对异域的认识，在书中作者把异域文化分为两种，一种为亚洲的高等文明，一种为美洲、非洲和太平洋等简单文化，并讨论了英国知识分子如何应对这两类异域知识，以此来塑造新的世界观念。① 德国学者于尔根·奥斯特哈默（Jürgen Osterhammel）考察了近代早期西方对亚洲的认识，不同于萨义德关注19世纪知识与权力的共谋以及东方与西方的对立，奥斯特哈默将目光放在近代早期，即东方主义之前的历史，关注18世纪东西方心态转变和国家权力消长的背景下亚洲的"去魅化"（又译为"去魔化"），即在这一过程中欧洲中心主义兴起，亚洲从一种被欧洲敬仰的对象变为一个"他者"。②

　　近代早期史学转型是史学史研究的重要的领域，有关这一论题的研究已经非常深厚，其中不乏重要学者参与其中，如阿纳尔多·莫米利亚诺（Arnaldo Momigliano，1908 – 1987）、约瑟夫·列维（Joseph Levine，1933 – 2008）、唐纳德·凯利（Donald Kelly）和格拉夫顿等人都从不同维度对近代早期史学转型进行过研究。③ 其中

---

① P. J. Marshall and Glyndwr Williams, *The Great Map of Mankind*: *Perceptions of New Worlds in the Age of Enlightenment*, Cambridge: Harvard University Press, 1982.

② Jürgen Osterhammel, *Die Entzauberung Asiens*: *Europa und die asiatischen Reiche im 18. Jahrhundert*, München: C. H. Beck, 1998. （中译本：［德］于尔根·奥斯特哈默：《亚洲的去魔化：18世纪欧洲与亚洲帝国》，刘兴华译，社科文献出版社2016年版）

③ 关于近代早期史学转型可参见 George H. Nadel, "Philosophy of History before Historicism", *History and Theory*, Vol. 3, No. 3, 1964, pp. 291 – 315; Arnaldo Momigliano, *The Classical Foundations of Modern Historiography*, Berkeley: University of California Press, 1990; *Essay in Ancient and Modern Historiography*, Chicago: University of Chicago Press, 2012; Joseph Levine, *Humanism and History*: *Origins of Modern English Historiography*, Ithaca: Cornell University Press, 1987; *The Battle of the Books*: *History and Literature in the Augustan Age*, Ithaca: Cornell University Press, 1991; Donald Kelley, *Foundation of Modern Historical Scholarship*: *Language*, *Law*, *and History in the French Renaissance*, New York: Columbia University Press, 1970; Anthony Grafton, *Joseph Scaliger*: *A Study in the* （接下页）

近代世界史书写也是学者关注的重点，对此学者多关注书写的转型，即世界史书写的"世俗化"。早在 1960 年克拉姆特便提出"普遍史世俗化"这一命题，即近代早期的普遍史书写摆脱神意观的影响，关注世俗的历史。基于对近代早期普遍史作品的研究，克拉姆特认为普遍史世俗化是指普遍史中神学的末世论观念的消解，以及世俗的世界历史观念的形成。根据这一定义，克拉姆特从时间、空间和对普遍性的理解三个维度讨论了近代早期普遍史书写转型。[①]德国概念史家莱茵哈特·科塞勒克（Reinhart Koselleck，1923－2006）从词源学的角度梳理了"普遍史"和"世界史"在近代的使用，并且指出 18—19 世纪是"普遍史"向"世界史"过渡的时期，这一时期世界史作为一个主导性学科被概念化，并取代了传统的

（接上页）*History of Classical Scholarship*, *Textual Criticism and Exegesis*, Vol. I, Oxford：Clarendon Press, 1983；*Joseph Scaliger*：*A Study in the History of Classical Scholarship*, *Historical Chronology*, Vol. II, Oxford：Clarendon Press, 1994；*What Was History?*：*The Art of History in Early Modern Europe*, Cambridge：Cambridge University Press, 2006；Gianna Pomata and Nancy G. Siraisi, eds., *Historia*：*Empiricism and Erudition in Early Modern Europe*, Cambridge：The MIT Press, 2005. 近年来在中文学界一些学者也开始关注近代早期史学，如吴树博《近代早期欧洲历史观念的内涵及其形态转变》，《世界历史》2016 年第 2 期；王晴佳《西方史学如何完成其近代转型？——四个方面的考察》，《北京大学学报》（哲学社会科学版）2016 年第 4 期；徐波《传统事例史的兴衰与近代早期西方史学的转变》，《史学史研究》2019 年第 1 期。

①　Adalbert Klempt, *Die Säkularisierung der universalhistorischen Auffassung*：*Zum Wandel des Geschichtsdenkens im 16. und 17. Jahrhundert*, Göttingen：Musterschmidt Verlag, 1960。1966 年，在亚历山大·兰达（Alexander Randa）的组织下，一批研究普遍史的学者们汇聚萨尔兹堡围绕"普遍史书写的历史"这一问题举办了一个学术会议。在会上克拉姆特做了题为"16—18 世纪新教的普遍史书写"的报告，该报告是克拉姆特博士论文的精简版。在互动环节许多学者就报告和克拉姆特的《普遍史观念的世俗化》一书展开讨论，讨论围绕近代早期普遍史世俗化的思想基础、早期西班牙历史书写的影响、天主教与新教对普遍史书写的交互影响以及兰克和早期新教神学的关系等问题展开激烈讨论。参见 Alexander Randa（Hrsg.）, *Mensch und Weltgeschichte*, *Zur Geschichte der Universalgeschichtsschreibung*, Salzburg：Universitätsverlag Anton Puster, 1969, S. 205－236.

普遍史。① 这一观点为许多学者所继承，从宗教的普遍史到世俗的世界史成为近代世界史书写的主要脉络。如德国学者阿尔诺·塞弗特（Arno Seifert）认为启蒙时期普遍史从神圣的历史转向哲学的历史。②

在这一脉络下，学者们的讨论多集中于两个层面，一方面是讨论普遍史世俗化中的一些具体表现，如德国古代史学家艾克哈德·迈耶－茨威夫霍弗（Eckhard Meyer-Zwiffelhoffer）研究了近代早期普遍史中的古代史书写，将这一问题放在史学科学化的背景下，讨论了自文艺复兴以来直至19世纪初哥廷根学派时期普遍史书写中有关古代史的内容，并指出在新大陆的发现所带来的知识冲击了传统的普遍史书写基础，即四大帝国模式被取代。③ 另一方面则是关注于这一脉络中的转折点，其中人文主义史学传统和以哥廷根学派为代表的德意志启蒙时期的世界史备受学者重视。④ 有关人文主义史学传统

---

① 科塞勒克在给"历史"所写的词条中提到"历史"成为基本型概念的三个阶段，第一阶段为从自然志到自然史，第二阶段为"神圣历史"融入普遍史发展之中，第三阶段为世界历史取代传统普遍史，并被作为概念固定下来。虽然科塞勒克认为世界历史书写经历了从普遍史到世界史的转变，但是他也指出这两个概念在18世纪是通用的。参见 Otto Brunner, Werner Conze und Reinhart Koselleck, Hrsg., *Geschichtliche Grundbegriffe, Historisches Lexikon zur politisch-sozialen Sprache in Deutschland*, Bd. 2, Stuttgart: Ernst Klett Verlag, 1975, S. 678, S. 686－691.

② Arno Seifert, "Von der heiligen zur philosophischen Geschichte, Die Rationalisierung der universalhistorischen Erkenntnis im Zeitalter der Aufklärung", *Archiv für Kulturgeschichte*, Vol. 68, Issue 1, Jun., 1986, S. 81－117. 值得注意的是，在德国学界一直存在一种观点，认为近代的普遍史世俗化并非与基督教彻底断裂，而是将救赎史融入到世界史书写中，参见 Karl Löwith, *Weltgeschichte und Heilsgeschehen. Die theologischen Voraussetzungen der Geschichtsphilosophie*, Stuttgart: Kohlhammer, 1953（中译本：[德] 卡尔·洛维特：《世界历史与救赎历史》，李秋零译，商务印书馆2016年版）; Walter Jaeschke, *Die Suche nach den eschatologischen Wurzeln der Geschichtsphilosophie, Eine historische Kritik der Säkularisierungsthese*, München: Kaiser, 1976.

③ Eckhard Meyer-Zwiffelhoffer, "Alte Geschichte in der Universalgeschichtsschreibung der Frühen Neuzeit", *Saeculum*, Vol. 46, Issue 2, Dec., 1995, S. 249－273.

④ 关于人文主义史学传统转向启蒙史学可参见霍斯特·布兰克（Horst Walter Blanke）与迪尔特·弗莱彻（Dirk Fleischer）为《德意志启蒙史学理论文献集》所写的导言。参见 Horst Walter Blanke und Dirk Fleischer (Hrsg.), *Theoretiker der deutschen Aufklärungshistorie*, Bd. 1, Stuttgart: frommann-holzboog, 1990, S. 19－102。

下的世界史书写，研究并不是很充分，只是在一些讨论人文主义史学的著作中会提到这种形式，即百科全书式的历史书写。如格拉夫顿、凯利等学者便认为这种百科全书式的世界史是将异域知识整合进世界历史的新尝试。① 关于哥廷根学派的世界史书写关注相对较多，学者们多将其放在史学专业化的背景下去分析，讨论加特勒、施洛策尔如何背离人文主义史学传统，转向一种新的世界历史书写，即从面面俱到转向整合历史。如米歇尔·哈布斯梅尔（Michael Harbsmeier）和德国史学史家乌尔里希·穆拉克（Ulrich Muhlack）便提出在当时存在两种整合历史的形式，一种是历史哲学所构建的宏大叙事，另一种则是学院派的努力。② 阿罗约则系统研究了1756—1815年哥廷根学派的世界史书写，并且考察了当时所开设的与普遍史相关的课程。阿罗约认为哥廷根学派的世界史书写出现在德意志晚期启蒙史学向历史主义史学的转型期，不同于后期历史哲学式的世界史，当时的普遍史仍然采用平等的视角看待世界。③ 马丁·格尔（Martin Gierl）将关注点放在加特勒身上，讨论了加特勒的世界历史观。格尔认为加特勒与施洛策尔一样主张整合世界历史，但是他们对如何书写世界历史的认识有所差异，施洛策尔主张将世界史放在文化史的范畴下去理解，而加特勒则主张世界史应该将自然史也纳

---

① Anthony Grafton, *Bring Out Your Dead: The Past as Revelation*, Cambridge: Harvard University Press, 2001; Donald R. Kelley, "History and the Encyclopedia", in Donald R. Kelley, Richard H. Popkin, eds., *The Shapes of Knowledge from the Renaissance to the Enlightenment*, Springer, 1991.

② Michael Harbsmeier, "World Histories Before Domestication, The Writing of Universal Histories, Histories of Mankind and World Histories in Late Eighteenth Century Germany", *Culture and History*, Vol. 5, 1989, pp. 93 – 131; Ulrich Muhlack, *Geschichtswissenschaft im Humanismus und in der Aufklärung: die Vergangenheit des Historismus*, München: C. H. Beck, 1991.

③ André de Melo Araujo, *Weltgeschichte in Göttingen: Eine Studie über das spätaufklärerische universalhistorische Denken*, *1756 – 1815*, Bielefeld: transcript Verlag, 2012.

入其中。①

对于这部书背后的时代背景，即近代历史意识转型这一问题的研究则已非常充分，其中以德国史家莱因哈特·科塞勒克和法国史家弗朗索瓦·阿尔托格（François Hartog）的研究最具代表性，科塞勒克聚焦于 1750—1850 年历史概念形成的"鞍形期"（Sattelzeit），关注过去与现在的断裂如何影响历史意识的变化，而阿尔托格则更进一步提出"历史性的体制"（regimes of historicity）这一概念，聚焦于古代历史性体制如何向现代历史性体制的转变。②

通过回顾学术史可见，前辈学者对"近代西方思想转型和史学转型"这一问题进行了全面深入的研究，似乎已"题无剩义"，难以进一步挖掘。不过，距最初的研究也已经有半个多世纪之久，借助于史学观念的更新和新材料的发现，对这一经典问题的解释框架也可以在材料和视野上加以补充，从新的维度进行阐发。目前，思想史研究呈现出"两个动"的趋向：其一为关注思想背后的行动力，对于近代欧洲思想转型，传统学者们多关注经典人物的经典作品，如霍布斯、洛克、伏尔泰等人是学者关心的重点，研究方法上也多是进行文本分析。当下思想史更多关心思想背后的意图，关注思想产生的语境和思想文本背后的动机。史学史研究也开始关注这一点，开始关注史学家书写的动机，不仅关心作品写了什么，而且关心作品为谁而写。以"萨尔《普遍史》"为例，"萨尔《普遍史》"书写与当时英国的大众阅读风潮密切相关，这部书的预设读者是中等阶层，他们订阅该书希望能够了解世界。这一读者群的形成也影响了"萨尔《普遍史》"的编纂。这部书在德意志地区的传播也与商业目

① Martin Gierl, *Geschichte als präzisierte Wissenschaft*, *Johann Christoph Gatterer und die Historiographie des 18. Jahrhunders om ganzen Unfang*, Stuttgart-Bad Cannstatt: frommann holzboog, 2012.

② Reinhart Koselleck, *Vergangene Zukunft*: *Zur Semantik geschichtlicher Zeiten*, Frankfurt am Main: Suhrkamp, 1995; François Hartog, *Regimes of Historicity*: *Presentism and Experiences of Time*, trans. Saskia Brown, New York: Columbia University Press, 2015.

的密切相关。如何从读者与作者、出版商的互动中去展现近代早期历史书写的生成，是本书将要讨论的一个重点。

其二则是关注思想的"流动"，这一流动不仅包括跨国性的传播，而且也包括思想的下沉。传统思想史多关注一国内部的高层思想，对于思想的跨国性和那些次级思想关注较少。当下的思想史研究开始关注"降一格的思想文本"，不仅关注高峰，而且关注这些高峰思想被接受的过程。"萨尔《普遍史》"作为一项欧洲项目，它的跨国性自不必说。这部书作为一部百科全书式的历史著作，也是思想从上向下流动的中介，在这部著作中讨论了当时盛行的一些思潮，如笛卡尔主义、斯卡利杰的《圣经》批判、牛顿的宇宙论等一系列内容。考察这些思想如何被纳入历史书写之中，以及普通人如何去阅读、讨论这些思想是本书将要思考的一个问题。

三　史料价值和研究方法述略

近代早期是一个多元化的时期，在史料上也呈现出多元化的色彩。一方面体裁多样，不仅有"萨尔《普遍史》"这样的恢宏巨制，而且也有一些篇幅较小的世界史教义问答手册。另一方面观点多样，在当时不仅有突破传统《圣经》叙事的百科全书式的普遍史，而且也有一些仍然延续中世纪世界史书写模式，以"四大帝国"和"六大时代"为中心的传统普遍史和更具思辨性的历史哲学类世界史。本书主要以"萨尔《普遍史》"为中心，但也会兼顾使用其他类型的世界史著作，力图呈现一个纷繁多元的近代早期世界史书写图景。

本书所依赖的史料主要有以下几类：首先是近代早期的世界史著作，其中主要包括"萨尔《普遍史》"及其德译本，以及当时及后世通行的其他世界史作品。其次是"萨尔《普遍史》"的知识来源，即"萨尔《普遍史》"所引用的著作和同时期的相关研究。"辨

章学术，考镜源流"① 是中国学术研究传统，在西方也有所谓的
"史源研究"（Quellenkunde），由此可见中西双方在"史源追溯"上
心理攸同。传统史源学更多注重考稽史实，明辨真伪，然而在今天
的学术背景下，史料不再完全透明，追溯史源不只为勘定正误，而
且也是为描绘文本生成的动态过程。我们不应将"萨尔《普遍史》"
视为一个静止孤立的文本，而是将其看作处于具体历史语境中应市
场需求而不断变化的动态作品。因此注重同时期的作品和"萨尔
《普遍史》"所引用的作品有助于我们关注"萨尔《普遍史》"形成
过程中的复杂动态的图景。最后是当时历史学家们联系交往的书信
和回忆录、传记等内容，以及刊登在报纸和史学史著作中一些有关
时人对当时世界史书写的评价。除上述文字史料外，笔者也将关注
"萨尔《普遍史》"中的一些插图，以阐释插图中所承载的历史
意识。

　　由于本书研究的中心为"萨尔《普遍史》"，因此笔者将在下文
中简要介绍"萨尔《普遍史》"。通过考察"萨尔《普遍史》"的体
例和架构，可见这部书的几大特征。这部书并非一人完成，而是一
项耗时近 30 年的集体工程，其中在里面居于主导地位的有乔治·萨
尔（George Sale, 1697 – 1736）、约翰·斯文顿（John Swinton, 1703 –
1777）、约翰·坎贝尔（John Campbell, 1708 – 1775）、乔治·撒马
纳扎（George Psalmanazar, 1679 – 1763）、阿奇博尔德·鲍尔（Ar-
chibald Bower, 1686 – 1766）等人，他们按照文明区域分别负责其中
的一部分，如上古史、古代东方、犹太历史、古希腊罗马史、土耳
其、蒙古、中国、印度、近现代等内容。② 其中东方学家萨尔担任主
编，在这部著作的编纂中扮演重要角色，后世通常将萨尔视为这部
书的灵魂人物。从这些作者的身份来看，也可以看出这部著作的多
样性，其中既有东方学家，如萨尔，他首次将《古兰经》翻译成英

---

① 余嘉锡：《目录学发微·古书通例》，中华书局 2017 年版，第 7 页。
② Eduard Fueter, *Geschichte der neueren Historiographie*, S. 323.

文；也有耶稣会士，如鲍尔；亦有因谎称自己来自中国台湾，多次改宗，在学界备受争议的撒马纳扎①。这一点与中世纪的历史编写模式不同，中世纪多为修士个人或以修道院的名义进行编写；这种形式与当时流行的一些世界史著作也有所不同，如早于该部著作的沃尔特·雷利爵士（Sir Walter Raleigh, 1552 – 1618）的《世界史》（*The Histories of the World*）或者法国雅克·贝尼尼·博絮埃的《普遍史论稿》（*Discours sur l'histoire universelle*）均由一人完成。

另外从内容上看，这部著作也独具特色。根据题目便可知该书的涵盖内容，即从"上帝创世"直到当下，该书与中世纪普遍史著作在开端上无异，都是从"上帝创世"开始讲起，之后根据《圣经》记载对上古时代展开叙述，但是与中世纪普遍史不同，"萨尔《普遍史》"在涉及范围上进一步扩大，不仅包括《圣经》中记载的一些民族和西方世界，而且阿拉伯、非洲、新大陆、亚洲这些地区在该书中也占据重要位置，如中国等之前被忽视的地区也被囊括其中。② 这部书也突破了传统的"四大帝国"叙事模式，虽然在书中编者仍然会提及四大帝国，如在波斯部分的开端，编者便指出"波斯是四大帝国（four great empires）中的第二个帝国"，但是编者在此并非强调波斯的普遍性，而是强调波斯的专制王权。③ 在此，"四大帝国"已不是世界历史的核心，每个民族在该书中都能找到自己

————————

① 乔治·撒马纳扎曾谎称自己寓居法国、来自中国台湾，并出版《福尔摩沙变形记》（*An Historical and Geographical Description of Formosa, an Island Subject to the Emperor of Japan*）一书，书中撒马纳扎捏造出一个西方人想象中的台湾，详细描述了台湾的地理、宗教、风俗、政治、历史等，后来被学者指出这部书中的内容是撒马纳扎虚构的。可参见乔治·撒马纳扎《福尔摩沙变形记》，薛绚译，大块文化出版股份有限公司2005年版。

② 在初版中并没有涉及有关中国的内容，1750年该书第七卷增加一补充版，其中详细论述了中国历史，*Additions to the Universal History, in Seven Volumes in Folio*, London, 1750, pp. 215 – 240。

③ *An Universal History from the Earliest Account of Time to the Present: Compiled from Original Authors and Illustrated with Maps, Cuts, Notes, Chronological and Other Tables*, Vol. 2, Dublin, 1737, p. 57.

的位置。萨尔主编的这部书不仅在内容上涵括丰富，而且在体例上也主张面面俱到。该书不同于之前的世界史论著，它不仅讲述世界诸民族的历史，而且对诸民族的地理、风土、习俗、政制、艺术、建筑、性格也有很多描述。在每一章开篇，编者会首先对该民族的地理环境做一个详细的介绍，其次则会介绍该民族的习俗、法律，甚至是建筑、艺术等内容，最后才涉及该民族的编年史。虽然由于史料多寡不一，对不同民族的论述也长短不一，但大体都采用了这样一种模式。

对于萨尔主编的这套《普遍史》，不少学者都关注到它背后所蕴含的平等观念，即在内容上事无巨细，对每个历史上曾经存在的民族都做出了详尽描述。① 这种平等观，不仅体现在该书的主要框架上，而且从史料的选择来看，萨尔主编这套书与之前的著作相比，在论述上突破了西方中心或者基督教中心思想。它不仅采用了《圣经》和古典作家的记载，而且还吸收了大量来自阿拉伯世界的知识和时人的旅行记录等内容。以埃及历史为例，在序言中编者就指出："如果我们采用曾经没有注意到的东方作家所提供给我们的埃及王表，可以看出希腊和拉丁作家留下的埃及诸王王表有所删改，这也便是为何我们要注意东方史家记载的那些名字和他们的事迹，并让读者们去评判它们真实与否。"② 关于埃及的历史，萨尔多引用希罗多德、斯特拉波等古典作家，以及曼涅托（Manethon）的记载，但是当讲完埃及历史后，编者笔锋一转，根据东方史家们的记载，讲述了一个不同于古典史家版本的埃及历史谱系。③ 与中世纪史书中丑

①　Georg Iggers, Q. Edward Wang, and Supriya Mukherjee, *A Global History of Modern Historiography*, p. 7.

②　*An Universal History from the Earliest Account of Time to the Present: Compiled from Original Authors and Illustrated with Maps, Cuts, Notes, Chronological and Other Tables*, Vol. 1, Dublin, 1736, p. viii.

③　*An Universal History from the Earliest Account of Time to the Present: Compiled from Original Authors and Illustrated with Maps, Cuts, Notes, Chronological and Other Tables*, Vol. 1, pp. 279 – 282.

化、贬低阿拉伯历史不同，① 在萨尔这部普遍史中，阿拉伯的历史被置于突出位置，甚至将穆罕默德的诞生视为近代史的开端，而且采用了许多阿拉伯史家的记载，在近代史开篇的"致读者"中，编者便批判了之前欧洲史家对阿拉伯历史的忽视，希望利用阿拉伯史书的记载去撰写一部迄今最为全面的阿拉伯历史。②

通过上述描述可知，萨尔主编的这套《普遍史》不仅突破了基于《圣经》的传统普遍史书写模式，对每个民族都采取一种平等的态度，而且在史料的选择上也体现了其多元性。这部普遍史在内容上也与传统普遍史有所不同，它不再只是局限于政治史，而是涉及地理、政制、经济、思想、宗教、文化、建筑等各个方面，因此很多学者都将其视为一部百科全书式的历史著作。

通过上述对"萨尔《普遍史》"的基本概括，可以看出，该部著作既不同于中世纪的传统普遍史，也异于后来以西方为中心的世界史。它处于人文主义传统与启蒙史学之间，是两者的一种混杂，对该书的研究可以使我们更清晰认识近代早期史学的复杂图景。

在研究路径上，本书主要依据史学史和思想史的研究方法，从近代思想转型和史学转型的背景下考察"萨尔《普遍史》"的文本内容。与此同时，借助书籍史的研究方法，兼顾考察编者与读者、出版商之间的互动。在叙事手法上，本书力图采用一种综合性的叙事方法，以时间为序，以问题意识为导向，希图每一章回答一个问题，最终这些问题将汇聚成本书的主旨，即对科学与宗教、职业史

---

① "萨尔《普遍史》"仍具有一定的基督教中心色彩，对伊斯兰教教义持批判态度，如他们认为穆罕默德是虚假的先知和立法者。可参见 *The Modern Part of an Universal History, from the Earliest Account of Time*, Vol. 1, London, 1759, p. i。关于中世纪欧洲的伊斯兰形象可参见 Richard William Southern, *Western Views of Islam in the Middle Ages*, Cambridge: Harvard University Press, 1962; David R. Blanks and Michael Frassetto, eds., *Western Views of Islam in Medieval and Early Modern Europe*, New York: St. Martin's Press, 1999.

② *The Modern Part of an Universal History, from the Earliest Account of Time*, Vol. 1, pp. i – viii.

学与非职业史学这两对二元对立的概念提出进一步思考。

四　研究旨趣

在前人的著述中，无论的从内部因素出发还是关注外部诱因的作用，大多把 17—19 世纪视为欧洲近代思想转型，即欧洲现代性形成的关键时期。这一时期不仅是思想史上的关键时期，也是欧洲近代史学转型的重要阶段。笔者认为应该将"萨尔《普遍史》"放在近代欧洲思想转型和史学转型的大背景中讨论。一方面随着新航路开辟，大量异域知识传入欧洲，对欧洲思想界产生了冲击，在这一冲击下欧洲世界史书写的形式和结构都发生了变化，如何将异域知识纳入世界历史框架成为当时史学家所思考的问题，在这一背景下出现了百科全书式的世界历史书写，但随着史学专业化的展开，这种百科全书式的书写方式遭受批判，并被新的世界历史所取代，在史学史中被边缘化。另一方面本书希望以"萨尔《普遍史》"为个案来探究近代世界观的形成，即在近代早期异域知识的冲击下，欧洲知识分子希望用传统知识框架去理解这些异域知识，但是随着一些新问题的出现，传统的知识并不能解决这些新问题，每次的小修小补最终导致传统世界观的崩塌。但这种崩塌并不像阿扎尔所描绘的那样是一场转瞬之间便改天换地的革命，而是一种长时段的不断调试融合的过程，即旧框架不断调试，新知与旧识融合成一种新的世界图景。[1]

本书侧重"萨尔《普遍史》"的主要内容、知识来源和同时期

---

① 关于这一问题，安东尼·格拉夫顿在 2011 年美国历史学会主席演讲时曾提到，传统欧洲史家多关注 17—18 世纪的剧烈变动，却忽视了一些小气候，如在进入全球化时代采用旧的技术手段实现新目标，传统材料回潮等内容。参见 Anthony Grafton, "The Republic of Letters in the American Colonies: Francis Daniel Pastorius Makes a Notebook", *American Historical Review*, Vol. 117, No. 1, Feb., 2012, pp. 1 – 39。

的世界史著作，试图系统地阐述近代思想和史学转型的多元图景。基于这一目标，本书主要分为三大部分，第一部分为"萨尔《普遍史》"的出版背景，第二部分为"萨尔《普遍史》"的文本分析，主要侧重"萨尔《普遍史》"中的中国、美洲人起源、近代与古代东方四大部分。由于本书主旨为展现新知识如何冲击旧知识框架，又如何与旧知识相互融合的过程，因此主要选择了这四部分。其原因为，本书所讲述的旧框架是基于《圣经》的知识框架，在世界史书写中表现为"诺亚谱系"①，如伊斯兰文明等内容早已被纳入这一框架之中，因此本书并未设单章讨论"萨尔《普遍史》"中的伊斯兰文明。第三部分为"萨尔《普遍史》"在德意志地区的接受史，分析该书衰落的原因和新历史观念形成之间的关系，并且讨论了史学专业化形成过程中不同派别之间的论争，通过这些论争展现一个多元的史学专业化图景。

兹简要地说明各章节的内容和研究目标如下：

导论，主要说明研究现状、论文的问题意识、史料和方法以及论文的主要框架。

第一章主要探讨普遍史书写的传统以及"萨尔《普遍史》"的出版过程。首先将概述自古典至近代早期的普遍史书写传统，以及在近代早期所出现的一种百科全书式历史书写形式。其次将讨论18世纪英国集体创作的多卷本《普遍史》的出版过程，并将集中于人员构成，每卷的主要内容，编者、出版商和读者之间的互动几个方面展开讨论。值得注意的是，18世纪正是大众图书馆兴起的时代，该书的编纂也处于这一潮流之中，本章也将从知识生产与消费的角度分析预设读者如何影响其历史书写，在书写过程中读者与作者又如何进行互动。

---

① 《圣经·旧约》记载，大洪水之后，只有诺亚一家得以幸存，世界由诺亚的三个子孙闪、含和雅弗继承，世界上的居民都是他们的后代，这也成为中世纪世界历史书写的一个理论基础。笔者将在后面的篇章中进一步讨论"诺亚谱系"，此处不再赘述。

第二章主要讨论"萨尔《普遍史》"中的中国叙述。本章旨在结合"萨尔《普遍史》"中有关中国的具体论述以及该书当时的出版背景分析"萨尔《普遍史》"的中国部分。一方面将其放在中国上古史论争的大背景和"萨尔《普遍史》"出版的小环境下，关注"萨尔《普遍史》"如何协调中国古史和圣经编年，将中国历史纳入世界史框架中；另一方面则基于"萨尔《普遍史》"中对中国的具体描绘，分析这部被世人称赞为具有平等观念的普遍史背后所隐藏的西方中心论色彩。

第三章论述"萨尔《普遍史》"中的美洲人起源。本章将梳理近代早期美洲人起源研究，将这一问题放在史学史脉络中，以"萨尔《普遍史》"为中心，探讨这些研究成果如何为当时的历史书写所吸收，进一步分析美洲人起源如何被纳入世界历史框架中。最后通过比较启蒙运动前后对美洲人起源的研究方法，折射近代学科方法的建立和历史意识的转型。

第四章主要讨论"萨尔《普遍史》"中的近代史和古代东方。本章以"萨尔《普遍史》"中的论述为例，讨论科学革命如何影响了近代早期世界历史的书写。本章结合近代史和古代东方两部分，讨论在科学革命的影响下，人们如何认识西方的崛起，以及科学革命作为一种弥散性的文化运动如何塑造新的思维方式，这种思维方式又如何与传统《圣经》世界观相调适。

第五章将视角放在德意志地区，讨论"萨尔《普遍史》"在德意志地区的翻译和出版，并关注当时德意志地区史学家尤其是哥廷根学派对该书的评价。以此为基础讨论 19 世纪初所兴起的整合历史的新尝试及其背后的史料等级制的形成。本章希望通过史实、史观与史料三个维度分析"萨尔《普遍史》"为代表的百科全书式世界历史书写的衰落以及这一现象所反映的近代史学观念的变迁。

第六章关注史学专业化后的世界史书写。本章主要讨论在普遍史书写面临整合历史与史料批判的困境下，以兰克为代表的柏林学派和以施洛塞尔为代表的海德堡学派是如何协调普遍史书写的张力，并基于不同的立场和方法，彼此互相攻讦争辩，塑造新的世界史叙事。本意还希望通过对兰克和施洛塞尔的世界史著作的分析，讨论在共享史学专业化的基本价值基础上，不同历史学家的不同选择，以此呈现史学专业化下多元化的竞争性历史书写。

结论将通过总结上述各章的内容，进一步思考如何去突破科学与宗教、近代史学和前近现代史学的二元对立。"走向专业化史学"作为一种具有统摄性的解释框架，在反映近代史学的发展脉络的同时，也将近代复杂多元的历史书写图景简化为从非专业史学走向专业史学的线性发展。这一框架的背后反映了专业史学与非专业史学的二元对立。本章希望能够重新思考当打破这种二元对立后，我们将如何去认识近代早期的历史书写。

第 一 章

"萨尔《普遍史》"的出版史

一 普遍史的书写传统

　　虽然有人将希罗多德的《历史》、波利比乌斯的《通史》视为普遍史，即描绘当时已知世界的历史，但是真正意义上的普遍史在西方的出现仍要追溯到基督教史学时期。自基督教兴起，希腊化世界书写传统与基督教观念相结合，许多基督徒试图从基督教的角度重新书写人类历史，其中"四大帝国"（quattuor summa imperia）和"六大时代"（sex aetates mundi）成为基督教普遍史的基本框架，如阿非利加那（Sextus Julius Africanus，约160–约240）在《年代志》（*Chronography*）以"上帝创世"为基础推演世界历史，认为耶稣在第6000年降生。甚至有些人认为人类历史经历六个阶段，最终历史将终结于世界末日，这成为今后普遍史"圣史"部分的基础。而普遍史书写中的"俗史"部分则以"四大帝国"为中心，即根据但以理的预言，认为人类历史将经历四大帝国的统治①，对于四大帝国在

_____

　　① 根据《圣经·但以理书》记载，巴比伦王尼布甲尼撒曾梦到一个巨像，头是精金的，胸膛和臂膀是银的，肚腹和腰是铜的，腿是铁的，脚是半泥半铁，一只非人手凿出来的石头打在这像的半泥半铁的脚上，把脚砸碎，金银铜铁泥都一并碎裂，打碎这像的石头变成一座大山，充满天下。以色列先知但以理为尼布甲尼撒（接下页）

早期说法不一，但基本上都认可四大帝国是世界史发展的核心，这一理论奠定了"俗史"的书写框架。

直到中世纪，学者们多沿用此框架，从创世开始写到当下，古代史叙述多沿用《圣经》故事和古希腊神话，当下历史则采用圣俗并立的方式，即教会的历史和世俗的历史，这成为普遍史书写的两大中心。如伊西多尔（Isidore of Serville，560－639）将历史划分为六个阶段：创世到大洪水，大洪水到亚伯拉罕，亚伯拉罕到大卫王，大卫王到巴比伦之囚，巴比伦之囚到耶稣降生，耶稣降生到当代。[1] 英格兰学者比德（Bede of Wearmouth-Jarrow，672－735）详细推演了世界上的六个时代。而关于使用"四大帝国"的框架书写世界世俗历史，弗赖辛的奥托（Otto of Freising）所著《双城史》（*Chronica sive Historia de duabus civitatibus*，又称《编年史》）最具代表性。在书中奥托沿用四大帝国理论书写世界历史，采用一种东西对立的方式书写，将巴比伦视为崛起于东方的第一个帝国，而罗马则是崛起于西方的最后一个帝国，波斯、希腊处于两者之间。[2] 在奥托的书写框架中非洲等地没有位置，只有当这些其他民族在与四大帝国有联系时，才会被作者一笔带过。虽然在中世纪晚期存在一些突破传统书写框架的尝试，但那只是为适应社会现状，将新的内容纳入原有的普遍史书写框架之中的内部调适，未能打破传统基于《圣经》的普遍史书写框架。[3]

（接上页）解释，金银铜铁各指世界历史上依次出现的四个伟大帝国，巨像的碎裂和大山则代表四个帝国毁灭之后，神的王国降临。（《旧约·但以理书 2：37－45》）

[1] 汪丽红：《〈双城史〉和弗赖辛主教奥托的历史哲学》，《史学理论研究》2020年第 5 期。

[2] Otto, Bishop of Freising, *The Two Cities: A Chronicle of Universal History to the Year 1146 A. D.*, trans. Charles Christopher Mierow, New York: Columbia University Press, 2002, p. 167.

[3] 关于中世纪晚期普遍史的变化，可参见 Rolf Sprandel, "World Historiography in the Late Middle Age", in Deborah Mauskopf Deliyannis, ed., *Historiography in the Middle Age*, Leiden: Brill, 2003, pp. 157－179.

六大时代和四大帝国的书写框架一直延续到近代早期。据研究，直至 16 世纪在世界历史书写中依然延续六大时代的框架①，而四大帝国框架也延续至 16 世纪②，如博丹（Jean Bodin，1530 – 1596）曾专门批判四大帝国，也可从侧面说明在当时四大帝国框架仍然有市场。③ 虽然这一书写框架延续到 16 世纪，但在当时已经出现了一些批评的声音。文艺复兴和新航路的开辟所带来的"人的发现"和"世界的发现"极大地冲击了欧洲传统的世界观，这一冲击在当时的学术界表现为如何安放新知识，由于新世界的发现、古典文献的发现和印刷书籍的激增使得欧洲在文艺复兴时期出现了一种史无前例的信息爆炸，康帕内拉（Tommaso Campanella，1568 – 1639）曾言："我们这个时代近 100 年中所创造的历史比之前 4000 年所创造的历史还要多，近 100 年所出版的书籍比之前 5000 年所出版的书籍还要多。"④ 传统的知识框架已经无法容纳这些新知识，如何将它们整合进新的知识框架中，成为当时学者们共同思考的问题。⑤ 这一思考在世界历史书写中也有所反映，当时的一些学者试图摆脱传统六大时代和四大帝国叙事框架，采用一种面面俱到的形式来书写世界历史。

在古典史学中便已经存在一种采取面面俱到的方式描绘各民族

① Uwe Neddermeyer, *Das Mittelalter in der deutschen Historiographie vom 15. bis zum 18. Jahrhundert*, *Geschichtsgliederung und Epochenverständnis in der frühen Neuzeit*, Köln：Böhlau Verlag, 1988, S. 13.

② 虽然后来四大帝国框架在世界史书写中被抛弃，但是四大帝国框架背后的帝国转移理念却成为西方史学中一个重要因素。关于帝国转移理念可参见 Werner Goez, *Translatio Imperii*, *Ein Beitrag zur Geschichte des Geschichtsdenkens und der politischen Theorien im Mittelalter und in der frühen* Neuzeit, Tübingen：J. C. B. Mohr, 1958。

③ ［法］博丹：《易于认识历史的方法》，朱琦译，华东师范大学出版社 2020 年版，第 342—355 页。

④ Michiel van Groesen, *The Representations of the Overseas World in the De Bry Collection of Vayages*（*1590 – 1634*），Leiden：Brill, 2008, p. 30.

⑤ 关于近代早期新知识对传统框架的冲击以及如何整合新知识可参见 Anthony Grafton, *New World, Ancient Texts：the Power of Tradition and the Shock of Discovery*, Cambridge：Harvard University Press, 1992；Ann M. Blair, *Too Much to Know：Managing Scholarly Information before the Modern Age*, New Haven：Yale University Press, 2010。

的历史著作，如希罗多德在《历史》中描述了埃及人、斯基泰人等异族的风俗、历史、政制等诸多方面。在中世纪也存在一种被称为"世界图志"（imago mundi）的著作类型，这种著作主要配以说明世界图像，展现了中世纪时人眼中的世界图景。一些学者将其视为中世纪普遍史的一种类型。其中以 12 世纪本笃会修士霍尼鲁斯·奥古斯图尼斯（Honorius Angustodunensis）的著作最具代表性，他将历史、地理和天文学的知识通过一种世界历史的形式汇编到一起。[1] 虽然这种书写类型早已存在，但是他们描绘的范围仍然只是他们已知的世界，所使用的材料也多为西方作家的记载。我们所谓的"真正意义上的世界历史"，或者说采用更加多元的材料书写世界历史则是文艺复兴和新航路开辟之后的事情。

正如前文提到的，文艺复兴被视为一次大规模的知识整合，一方面人们发现了许多古典作家的作品，另一方面，一些来自伊斯兰世界的知识也进入欧洲人文主义学者的视野。与文艺复兴同时期的新航路开辟则把大量来自东方、新大陆的异域知识带到了西欧。如何了解异域知识，并将这些知识与传统中世纪知识相整合，构建一个新的世界图景，成为当时知识界的一大主题。[2] 在这一背景下，出现了一些百科全书式描绘世界的著作。这类著作可以分为两类，一类是百科全书式的游记汇编，另一类是百科全书式的世界历史。

---

① Anna-Dorothee v. den Brincken, "Die lateinische Weltchronistik", in Alexander Randa, Hrsg., *Mensch und Weltgeschichte*, *Zur Geschichte der Universalgeschichtsschreibung*, S. 56 – 57.

② 在 16 世纪欧洲出现了出现了一大批"世界概观"（consmography）书籍，企图将新大陆的知识整合进新的世界图景之中，如萨巴斯蒂安·弗兰克（Sebastian Franck）的 *Weltbuch*: *Spiegel und Bildniß des gantzen Erdbodens in vier Bücher*, *nemlich in Asiam*, *Africam*, *Europam und Americam gestellt*（1534）以及萨巴斯蒂安·明斯特（Sebastian Münster）的 *Cosmographia Universalis*（1553）等，可参见 Michael Harbsmeier, "World Histories Before Domestication, The Writing of Universal Histories, Histories of Mankind and World Histories in Late Eighteenth Century Germany", *Culture and History*, Vol. 5, 1989, pp. 97 – 98; Michiel van Groesen, *The Representations of the Overseas World in the De Bry Collection of Vayages*（1590 – 1634）, pp. 41 – 42.

16—17 世纪被称为"好奇心的时代"（Age of Curiosity），人们渴求了解异域知识，在当时涌现出大量描绘异域知识的相关著作。①其中尤以描绘异域的游记最为流行，游记不同于当时其他的知识汇编，他们大多用民族语言书写，早期的游记多是意大利、西班牙和葡萄牙学者所做，后来出现了一些英语、法语和荷兰语的游记。除了上文提到的世界概览，还出现了一些大型的游记汇编。如乔万尼·拉姆索（Giovan Battista Ramusio, 1485 – 1557）编辑的《航行与旅行》（*Delle Navigationi et viaggi*），其中不仅收录了古典时期的游记，而且包括有关远东、非洲、美洲的游记。继拉姆索之后在欧洲相继出版了大批各种类型的游记汇编，其中尤其以理查德·哈克鲁伊特（Richard Hakluyt, 约 1552 – 1616）主编的《英国主要航海、航行和地理发现》（*The Principall Navigations, Voiages and Discoveries of the English Nation*）和德·布里家族（De Bry）出版的游记汇编最为知名。前者收集了大量的游记、外交记录书信和航海日志，所涉范围包括远东、北欧、非洲、东印度和美洲等地区。后者详细讨论了世界各地的植物、动物、原住民、宗教等诸多方面，并且配以精美的插图。②除此以外，1625—1649 年爱思唯尔出版的以《共和国》为名的 34 卷系列丛书在当时也颇为流行，其中不仅涉及西方诸国的历史、地理、风俗等，而且包含非欧洲文明，如中国、印度、非洲、日本等地的历史、地理、风俗、信仰、气候等内容。③虽然这些书籍已经关注到异域知识，但是并未将其整合到一个知识框架之中，直到格奥尔格·霍尔纽斯（Georgius Hornius, 1620 – 1670）那里，才真

---

① 关于近代早期异域知识的收集可参见 Marjorie Swann, *Curiosities and Texts*: *The Culture of Collecting in Early Modern England*, Philadelphia: University of Pennsylvania Press, 2001; Michiel van Groesen, *The Representations of the Overseas World in the De Bry Collection of Vayages* (*1590 – 1634*)。

② Michiel van Groesen, *The Representations of the Overseas World in the De Bry Collection of Vayages* (*1590 – 1634*).

③ David W. Davies, *The World of the Elseviers, 1580 – 1712*, The Hague, 1954, pp. 61 – 62.

正把异域知识纳入世界历史之中，并且以一种万花筒式的百科全书形式呈现。

霍尔纽斯①曾出版有《普遍史综论》（*Brevis et perspicua introductio in historiam universalem*）、《诺亚方舟》（*Arca Noae*）等著作，这些著作系统阐发了霍尔纽斯全球视角的世界历史观。1655 年霍尔纽斯出版《普遍史综论》一书，在书中他不再采用传统以四大帝国为核心的世界历史书写模式，而是以西罗马帝国灭亡为界将世界分为"旧历史"（historia vetus）和"新历史"（historia nova），中国、新大陆等地区的历史都被纳入普遍史书写之中。在其书写框架之中，旧历史包括《圣经》和古典作家笔下的亚洲、非洲和欧洲，如亚洲的亚述、波斯、印度，非洲的埃及，欧洲的希腊、罗马。新历史则除了亚欧非外，也将美洲纳入其中。②《普遍史综论》是霍尔纽斯从全球视角书写普遍史的一次尝试，但是该书只是一本小册子，并未能全面阐述他的思想，1666 年出版的《诺亚方舟》更能体现霍尔纽斯如何将传统观念与新知识整合到世界历史之中。

《诺亚方舟》全称为"诺亚方舟或自创世至今的诸帝国与王国史"（*Arca Noae sive historia imperiorum et regnorum a condito orbe ad nostra tempora*），该书同样分为两部分，即古代历史（historia antiqua）与当代历史（historia recentior）。在古代历史部分，霍尔纽斯主要依据《圣经》记载，延续了传统的"诺亚谱系"，将世界划分

---

① 格奥尔格·霍尔纽斯出生于上普法尔茨（Oberpfalz）一个新教牧师家庭，1635 年前往纽伦堡读书，两年后在阿尔托夫学院（Academie Altorf）研习神学和医学。后前往格罗宁根（Groningen）求学，一年后前往莱顿（Leiden）并于 1648 年在莱顿大学获得神学博士学位，之后辗转各地，曾在奥德河畔法兰克福（Frankfurt a. d. Oder）任教，教授神学。后又在哈德威克（Harderiv）任历史、地理与政治教授，最终前往莱顿大学教授历史。关于霍尔纽斯的生平可参见 https：//www. deutsche - biographie. de/sfz33817. html#adbcontent，2019 年 7 月 10 日查询。

② Adalbert Klempt, *Die Säkularisierung der universalhistorischen Auffassung：Zum Wandel des Geschichtsdenkens im 16. und 17. Jahrhundert*, S. 115 – 116.

为三部分，即闪、含和雅弗的土地。而在当代历史中，霍尔纽斯则从地理位置上划分世界，东方（Orientalis）、西方（Occidentalis）和南方（Australis），东方包括传统的亚欧非三地，即"旧大陆"（orbis vetus），西方指美洲，即"新大陆"（orbis novus），南方则是未被发现的地区（incognita）。①《诺亚方舟》不仅在书写范围上具有全球性，在内容上也是无所不包，风俗、地理、宗教、文学、艺术等内容都涵盖其中。霍尔纽斯的"历史"并非单纯记载史事，而是沿用了古典时代的历史之意，即对一切事物的研究。因此德国学者埃里希·哈辛格（Erich Hassinger）将其归类到 17 世纪中叶的百科全书中，美国学者格拉夫顿将霍尔纽斯视为 17 世纪的一位"博学鸿儒"（polyhistor）。②

若将这些著作放在当时的学术背景下去考察，会发现这在当时是一种普遍现象，反映出博学鸿儒时代的学术风气，格拉夫顿将其总结为"人文主义和百科主义"（humanism and encyclopedism）③。在 17—18 世纪存在各种类型的百科全书式著作，除了百科全书式的世界史外还有各类专题式的百科全书，如主题描绘异域知识的书籍以及将异域知识纳入传统《圣经》框架的《圣经》百科全书等。主题描绘异域的书籍中最知名的是由法国耶稣会士杜赫德（Jean Bapitiste Du Halde, 1674–1743）根据来华传教士书信、报告和译自中文的文稿编辑而成的《中华帝国全志》（Description géographique, historique, chronologique, politique et physique de l'empire de la Chine et de la Tartarie chinoise），该书涵盖中国的各个方面，如历史、地理、政治、

---

① Adalbert Klempt, *Die Säkularisierung der universalhistorischen Auffassung: Zum Wandel des Geschichtsdenkens im 16. und 17. Jahrhundert*, S. 116–118.

② Erich Hassinger, *Empirisch-rationaler Historismus: Seine Ausbildung in der Literatur Westeuropas von Guicciardini bis Saint-Evremond*, S. 133–134; Anthony Grafton, *Bring Out Your Dead: The Past as Revelation*, p. 175.

③ Anthony Grafton, *Bring Out Your Dead: The Past as Revelation*, p. 175.

宗教、经济等内容。① 当时的另一种百科全书式著作便是《圣经》百科全书，如约翰·舒赫泽（Johann Scheuchzer，1672－1733）的《铜版圣经》（*Copper Bible*）以《圣经》为框架将新发现的大量知识纳入其中，该书涵盖了宇宙学、历史、钱币学、解剖学、地质学、生物学、昆虫学、建筑、人类学、几何学等诸多内容。② 这些百科全书式的著作已经不同于中世纪传统的百科全书。中世纪的百科全书虽然也是一种整合知识的方式，但是他们的基础是经学，目的在于更好地理解《圣经》，如伊西多尔的《词源》（*Etymologiae*）便是其中的一例。而近代早期的这类百科全书作为一种整合知识的方式，其目的是为了更好地获取新知识，虽然也有一些以《圣经》为框架的百科全书，但是这类书籍的重点并非解释圣经文本，只是由于《圣经》是欧洲人最重要的知识来源，所以选择将《圣经》作为一种普遍的知识框架，把这些新知识统合进这一框架中。③

这一人文主义博学鸿儒的学术风气影响了当时许多学者对历史的认识，其中 18 世纪风靡欧洲的"萨尔《普遍史》"也是这一风气的代表。"萨尔《普遍史》"中不仅大量引用这些百科全书式的著作，而且其书写框架也沿用了新旧历史分野，古代史沿用《圣经》记载和古典作家的作品，近现代史部分则把新大陆、中国、印度等地纳入其中。在叙述范围上也是无所不包，包含地理、政制、宗教、习俗等诸多内容。"萨尔《普遍史》"风靡一时，它所包含的广博的内容也成为当时一代人了解异域的重要知识来源。那么，这部出版历时半个世纪之久的皇皇巨著是如何生成的，有哪些人推动了这部书的问世，他们采用什么样的方法去编著该书，又有哪些人去阅读

---

① 关于《中华帝国全志》的相关研究，可参见［法］蓝莉《请中国作证：杜赫德的〈中华帝国全志〉》，许明龙译，商务印书馆 2015 年版。

② Jonathan Sheehan，"From Philology to Fossils：The Biblical Encyclopedia in Early Modern Europe"，*Journal of the History of Ideas*，Vol. 64，No. 1，Jan. 2003，pp. 41－60.

③ Jonathan Sheehan，"From Philology to Fossils：The Biblical Encyclopedia in Early Modern Europe"，*Journal of the History of Ideas*，pp. 59－60.

了这本书? 笔者将根据现有的传记、回忆录、当时的报刊、残留书信等内容钩沉这部巨著的出版史。

二 "萨尔《普遍史》"内容和作者概述

"萨尔《普遍史》"素来以内容广博著称,它不同于传统的世界史,也不同于我们今天理解的世界史著作。首先是它在内容上突破了传统的"四大帝国"书写框架,将其他非西方的历史纳入其中;其次它并非一人完成,而是耗时近半个世纪的集体工程。笔者将首先介绍"萨尔《普遍史》"的主要内容和相关作者,并讨论每一章中作者所扮演的角色。

1729 年 10 月在《每月编年》(*Monthly Chronicle*) 中刊登了一份普遍史的研究大纲的出版信息,其中提到该书由 8 位出版商联合出版。[①] 随后的几家报纸也陆续报道了这一新闻[②],如在《每日邮报》(*Daily Post*)、《每日杂志》(*Daily Journal*) 中都刊登了普遍史研究大纲的出版信息。1729 年出版的这份大纲可以说是"萨尔《普遍史》"的雏形,在这份大纲的开始便提到该书不同于当时流行的雷利爵士和霍威尔的世界史,它比先前的著作所含括内容更广,将小国和非西方国家的历史纳入世界史之中。"这一设计将贯彻,每个民族

---

① 这一信息被放在新书名单栏目之中,其中提到的 8 位出版商分别是 R. Gosling, G. Strahan, B. Motte, J. Batley, E. Symon, S. Birt, T. Astley 以及 J. Crokatt, *Monthly Chronicle*, Vol. 2 (Oct. 1729), p. 225. 笔者从 Seventeenth and Eighteenth Century Burney Newspapers Collection 下载。

② 根据笔者在 Gale Primary Sources, Burney Newspapers Collection 检索得知在 1729 年共有四家媒体报道了普遍史大纲出版的这一消息,其中除了《每月编年》外,还包括 *The Daily Post* (Friday, November 14, 1729; Monday, November 17, 1729), *The Daily Journal* (Monday, November 17, 1729), *Country Journal or the Craftsman* (Saturday, November 29, 1729), 其中 *The Daily Post* 和 *The Daily Journal* 只是在广告栏刊登了这则信息, 而 *Country Journal or the Craftsman* 则全文刊载了这一出版大纲。

的历史在该书中都有位置，那些小民族的历史应该从大国历史的束缚中解放出来。"① 在随后的内容计划中，出版商将该书分为 8 卷，第一卷为亚历山大东征前的亚洲历史（其中包括创世、大洪水，埃及历史，犹太人征服前的迦南、亚扪、摩押的历史，非力士、腓尼基和古叙利亚的历史，巴比伦之囚前的犹太人历史，亚述、巴比伦、米底以及从居鲁士到亚历山大征服前的波斯历史，斯基泰人、特洛伊和利安人的历史），第二卷为从亚历山大东征到穆罕默德时期的希腊与亚洲的历史（其中包括希腊诸城邦史，如雅典、斯巴达、小亚诸邦、马其顿的历史，亚历山大东征以及希腊化时期的诸国历史犹太、波斯等亚洲国家的历史），第三卷为罗马历史（这一卷主要包括罗马及其被征服地的历史，从罗马建城一直写到君士坦丁堡陷落），第四卷为穆罕默德及其信徒的历史，值得注意的是，这一卷不仅包括阿拉伯、伊朗、土耳其和蒙古的历史，而且还将中国和日本历史纳入其中。第五卷为西欧和北欧诸民族的历史，主要讨论了西班牙、高卢、不列颠以及其他蛮族如匈人、汪达尔人、法兰克人和东哥特人的历史。随后几卷进入近代史部分。第六卷为近代南欧的诸王国和国家的历史，包含了西班牙、葡萄牙、法国和意大利诸邦的历史。第七卷为近代北欧诸王国和国家的历史，德意志帝国、英国、荷兰、丹麦、瑞典、波兰和挪威都被纳入其中。最后一卷为非洲和美洲的历史，讨论了北非的历史和墨西哥、秘鲁的历史以及欧洲人在非洲和美洲的殖民。② 通过这份大纲可以看出，该书试图去突破传统的以西方为中心的书写框架，将非西方的历史纳入世界史框架之中。值得注意的是，该书最初计划只是一部 8 卷本的世界史，并未想到会

---

① "Proposals for Printing an Universal History, From the Earliest Account of Time, to the Present", *Country Journal or the Craftsman* (Saturday, November 29, 1729)，笔者从 Seventeenth and Eighteenth Century Burney Newspapers Collection 下载。

② "A Plan of the Universal History", *Country Journal or the Craftsman* (Saturday, November 29, 1729)，笔者从 Seventeenth and Eighteenth Century Burney Newspapers Collection 下载。

成为一部出版历时半个世纪之久共计65卷①的皇皇巨著。

在17世纪末至19世纪初伦敦流行一种预定书，即根据读者预先要求的书名出版，这些书印出来以后会附有预订人的名单。②"萨尔《普遍史》"也属于这一类书，它在各大报纸上刊登出版计划和相关信息便是为了吸引人们订阅。该书当时分册订阅③，每二十册为一部分，共计3先令6便士。④该书的出版计划刊出之后引起了一些读者的兴趣开始订阅该书。1730年2月⑤第一册开始发行，9月发行第二册，12月第三册问世，随后直到1731年8月出版第四册。虽然该书计划每月出版一册，两年完成第一卷，但是实际进度却远远慢于预期，最后直到1735年才将这一卷的全部内容出版集结。随后又相继出版了其他几卷，直至1740年出版了计划中的5卷，后来又在1742年12月增添了第六卷，1744年11月增添了第七卷。古代史部分基本完成，总计七卷。⑥

从最初的出版过程可见，该书的出版并非一帆风顺。首先，实际的效率低于预期，在具体操作过程也不同于最初的8卷本，仅古代史部分就占了7卷的篇幅。其次，该书古代史部分为对开本，制作精良，售价不菲，对于当时人来说一部定价为14几尼的书籍⑦是一笔不小的开支。因此在都柏林出现了盗版，都柏林的盗版采用8

---

① 此处的65卷是指该书的八开本共65卷。

② 关于预定书的相关研究可参见［美］罗伯特·达恩顿《拉莫莱特之吻：有关文化史的思考》，萧知纬译，华东师范大学出版社2011年版，第129—161页。

③ 这里所指的册，并非我们说的卷，而是 sheet，当时每一卷分为12册，每月一册。参见 Daniel Woolf, *Reading History in Early Modern England*, Cambridge: Cambridge University Press, 2000, p. 285.

④ "Proposals for Printing an Universal History, From the Earliest Account of Time, to the Present", *Country Journal or the Craftsman*, Saturday, November 29, 1729.

⑤ 实际发行是在3月，参见 Guido Abbattista, "The Business of Paternoster Row: Towards A Publishing History of the Universal History", p. 12.

⑥ Guido Abbattista, "The Business of Paternoster Row: Towards A Publishing History of the Universal History", p. 12.

⑦ Guido Abbattista, "The Business of Paternoster Row: Towards A Publishing History of the Universal History", p. 17.

开本，价格低廉，很快占领了部分市场，威胁到出版商的利益。基于这些原因，出版商和编者们整改该书，以应对挑战。

面对盗版，出版商和编者们做出三项举措。1739年出版商获得了皇家许可证保证自己的版权，而且改对开本为8开本，这样价格较之原来更为便宜①，编者们还出版了第七卷的补充版，在其中增加了一些能够吸引读者的新内容，如美洲人起源、中国古史真实性等学界热议的话题。②

1746年出版商和编者们又出版了新的研究大纲，与之前大纲相比内容更为详细，具体到了每一小节所描绘的内容。新版大纲在内容上较之前版也有所改动，首先是增添了一些新的内容，

作者们计划将那些在对开本中被忽视的内容增添到新版中，所增添内容如次：

1. 意大利诸民族中最著名的伊特鲁里亚民族的历史，以及有关地理、风俗、宗教、语言和艺术的相关记载。翁布里亚人、萨宾人及其他意大利诸族的记载。

2. 有关色诺芬远征的记载

3. 古代印度、中国、鞑靼的历史

4. 美洲人起源的假说③

除此之外，新版大纲还修正了第一版中的一些错误，比如关于编年上存在的一些问题。④ 1752年编者们准备再版该书，出版了新

---

① Guido Abbattista, "The Business of Paternoster Row: Towards A Publishing History of the Universal History", p. 17.

② 关于这部分的讨论，笔者将在下文专门讨论中国和美洲部分展开，此处不再赘述。

③ *Proposals for Printing by Subscription, in Twenty Volumes Octavo, An Universal History, From the Earliest Account of Time*, London, 1746, p. 6.

④ *Proposals for Printing by Subscription, in Twenty Volumes Octavo, An Universal History, From the Earliest Account of Time*, p. 7.

的普遍史古代卷大纲，与之前的大纲相比，这一次更改幅度不大。在创世论部分增添了一些当时学者关于创世的假说，[1] 删除了关于卡帕达齐亚（Cappadocian）和毛里塔尼亚（Mauritania）古物、政制、宗教和习俗的描述。[2] 在一些具体用词上也有变化，如谈到偶像崇拜和巫术的兴起时，改 witchcraft 为 arts reputed magical [3]，论及拜占庭帝国灭亡时，改罗马帝国为希腊帝国。[4] 1752 年编者和出版商[5]准备

---

[1] *Proposals for Republishing the Ancient Part of the Universal History*; *In Twenty-one Volumes*: *To Be Followed*, *without Interruption*, *by the Modern Part*: *Which Will Perfect the Work*, *and Render It a Complete Body of History*, *From the Earliest Account of Time*, *to the Present*, London, 1752, p. 5.

[2] 参见 *Proposals for Printing by Subscription*, *in Twenty Volumes Octavo*, *An Universal History*, *From the Earliest Account of Time*, pp. 11, 12; *Proposals for Republishing the Ancient Part of the Universal History*; *In Twenty-one Volumes*: *To be Followed*, *without Interruption*, *by the Modern Part*: *Which Will Perfect the Work*, *and Render It a Complete Body of History*, *From the Earliest Account of Time*, *to the Present*, pp. 7, 9。

[3] 参见 *Proposals for Printing by Subscription*, *in Twenty Volumes Octavo*, *An Universal History*, *From the Earliest Account of Time*, p. 9; *Proposals for Republishing the Ancient Part of the Universal History*; *In Twenty-one Volumes*: *To Be Followed*, *without Interruption*, *by the Modern Part*: *Which Will Perfect the Work*, *and Render It a Complete Body of History*, *From the Earliest Account of Time*, *to the Present*, p. 6。

[4] *Proposals for Republishing the Ancient Part of the Universal History*; *In Twenty-one Volumes*: *To Be Followed*, *without Interruption*, *by the Modern Part*: *Which Will Perfect the Work*, *and Render It a Complete Body of History*, *From the Earliest Account of Time*, *to the Present*, p. 8; *Proposals for Printing by Subscription*, *in Twenty Volumes Octavo*, *An Universal History*, *From the Earliest Account of Time*, p. 12.

[5] 通过对比两版大纲也可以看到出版商的变化，1746 年版大纲中有三个出版商分别为 T. Osborne, A. Miller 和 J. Osborne, 在 1752 年大纲中则变为五个出版商，其中 J. Osborne 退出了这一出版项目，T. Longman Ch. Hitch, L. Hawes 和 S. Bladen 参与该项目中。参见 *Proposals for Printing by Subscription*, *in Twenty Volumes Octavo*, *An Universal History*, *From the Earliest Account of Time*, p. 2; *Proposals for Republishing the Ancient Part of the Universal History*; *In Twenty-one Volumes*: *To be Followed*, *without Interruption*, *by the Modern Part*: *Which Will Perfect the Work*, *and Render It a Complete Body of History*, *From the Earliest Account of Time*, *to the Present*, p. 8; *Proposals for Printing by Subscription*, *in Twenty Volumes Octavo*, *An Universal History*, *From the Earliest Account of Time*, p. 15。

于1753年2月重版古代卷，每一卷定价不多于 5 先令。①

与此同时，编者和出版商们也开始筹备接续古代卷部分出版近现代卷。在 1752 年的新版古代卷大纲中，编者们提到将计划出版近现代卷，并且列举了近现代卷的主要内容，所涉内容不仅包括西方历史，还包括亚洲、非洲、美洲等地区的历史，但西方历史仍占近一半以上。② 6 年后，编者们和出版商又出版了近代史研究大纲。在新版近代史研究大纲中，编者们详细列举了古代史和近代史部分所讲述内容。与 1752 年版相比在具体用词和表述上做了一些改动③。在新版大纲中编者们还讨论了书写普遍史的一些理念，比如如何在普遍史中展现西方的崛起。④ 自 1759 年开始出版近现代卷部分，当时有三种类型的出售方式可供读者选择，一类为八卷本的八开本，售价为 2 英镑；另一类是三卷本的对开本，售价 4 镑 4 先令；还有一类单卷本，每卷售价 5 先令，每月交付一卷。⑤

自 1729 年以来这几版大纲几经修改最终确定了普遍史的基本内容框架，每卷内容如表 1－1 所示：

---

① *Proposals for Republishing the Ancient Part of the Universal History*；*In Twenty-one Volumes：To Be Followed，without Interruption，by the Modern Part：Which Will Perfect the Work，and Render It a Complete Body of History，From the Earliest Account of Time，to the Present*，p. 15.

② *Proposals for Republishing the Ancient Part of the Universal History*；*In Twenty-one Volumes：To Be Followed，without Interruption，by the Modern Part：Which Will Perfect the Work，and Render It a Complete Body of History，From the Earliest Account of Time，to the Present*，pp. 10－14.

③ 在埃及史部分，新版大纲删除了关于奥利西斯和伊西斯的讨论，参见 *Proposals for Republishing the Ancient Part of the Universal History*；*In Twenty-one Volumes：To Be Followed，without Interruption，by the Modern Part：Which Will Perfect the Work，and Render It a Complete Body of History，From the Earliest Account of Time，to the Present*，p. 5；*Proposals for Publishing the Modern Part of the Universal History*，p. 4.

④ 关于"萨尔《普遍史》"的理念，笔者将在下面涉及普遍史中的西方时着重讨论，此处不再赘述。

⑤ *Proposals for Publishing the Modern Part of the Universal History*，p. 2.

表1-1 "萨尔《普遍史》"各卷内容

古代史	
第一卷	创世论、大洪水之前的历史、大洪水、大洪水之后的历史（诺亚-亚伯拉罕）、早期政府的起源、埃及历史、叙利亚历史、犹太历史（亚伯拉罕到巴比伦之囚）、历史学家对所罗门神殿的描述、亚述历史、巴比伦历史
第二卷	米底历史、波斯历史、凯尔特人历史、斯基泰历史、小亚诸国历史、特洛伊历史、英雄时代的历史（阿尔戈、阿迪卡、阿卡迪亚、塞萨利、多利斯、雅典、斯巴达诸邦）
第三卷	西西里岛、罗德岛、克里特岛、塞浦路斯岛、萨摩斯岛诸国历史，普洛庞提斯诸岛历史，克里特海诸岛历史，马其顿历史（直至亚历山大大帝时期），马其顿帝国的分裂（马其顿、塞琉古、托勒密的历史），亚美尼亚历史，小亚诸王国历史，本都历史，卡帕达齐亚历史，帕加马、色雷斯、古伊比鲁斯、科林斯诸邦历史
第四卷	犹太历史（从巴比伦之囚返回犹太到耶路撒冷陷落）、帕提亚历史、罗马历史（从罗马建城到迦太基灭亡）
第五卷	罗马历史（从格拉古改革、苏拉独裁到卡里古拉）
第六卷	罗马历史（从图密善到君士坦丁堡陷落）
第七卷	迦太基历史（从第二次布匿战争到迦太基灭亡）、诺曼底历史、利比亚历史、埃塞俄比亚历史（至公元960年）、阿拉伯早期历史（至穆罕默德时期）、古西班牙历史（至迦太基、罗马统治时期）、古高卢历史（至罗马征服高卢）、古日耳曼历史（至日耳曼人进入罗马）、古不列颠历史（至盎格鲁-萨克逊人入侵不列颠）、东欧北欧诸民族历史、东哥特历史
第七卷补录本	伊特鲁里亚历史，翁布里亚人和萨宾人及其他古意大利诸族历史，底比斯历史续篇，色诺芬远征，突厥、鞑靼、蒙古历史，印度历史，中国历史，美洲人起源研究，阿拉伯人起源研究
近现代卷	
第一卷、第二卷、第三卷	阿拉伯历史（穆罕默德诞生至鞑靼入侵巴格达）
第四卷	突厥历史、塞尔柱人历史、蒙古历史、成吉思汗帝国的建立、成吉思汗在蒙古的后裔
第五卷	成吉思汗后裔在鞑靼和中国的统治、成吉思汗后裔在克里米亚、大小布哈拉、波斯的统治，波斯历史（从阿巴斯大帝到阿巴斯二世）

续表

近现代卷	
第六卷	波斯历史（从萨菲二世到侯赛因），霍尔木兹阿拉伯诸王、土库曼历史（白羊王朝和黑羊王朝），乌兹别克历史，印度斯坦历史（印度斯坦诸国、帖木儿的后裔的征服），印度半岛诸国历史，德干诸国历史，马都拉、卡纳塔诸国历史，印度的宗教
第七卷	印度东部历史
第八卷	中国历史、朝鲜历史、日本历史
第九卷	西方在东方的殖民与贸易（荷兰、丹麦在东印度的殖民，法国在印度的殖民，英国在东印度、澳大利亚的殖民，瑞典在东印度的殖民）、奥斯曼帝国的历史（奥斯曼土耳其起源至穆罕默德二世的统治）
第十卷	奥斯曼帝国历史（巴济耶德二世统治至穆斯塔法二世统治）、犹太历史（耶路撒冷陷落至上世纪末〔17 世纪〕）
第十一卷	丹麦、法国在东印度的殖民、东印度公司的历史、澳大利亚的历史
第十二卷	非洲诸国历史（非洲诸岛历史、埃塞俄比亚及其邻国的历史、桑给巴尔海岸诸国历史、霍腾督诸民族历史及好望角的发现与荷兰在非洲的殖民）
第十三卷	非洲诸国历史（西非海岸诸民族历史、西埃塞俄比亚历史、安哥拉王国历史、卢安果王国历史、贝宁历史、黄金海岸历史）
第十四卷	非洲诸国历史（非洲概览、西方在非洲的殖民、汪达尔王国、近代埃及史、非洲诸岛历史）
第十五卷	非洲诸国历史（阿比西尼亚帝国史，达喀里、阿德尔、塞拉诸王国史，米林达王国史，莫桑比克王国史，索法拉王国史，穆塔帕帝国史）
第十六卷	西班牙历史
第十七卷	非洲诸国历史（黄金海岸的历史、象牙海岸的历史、谷物海岸的历史、塞拉利昂历史、内陆国家历史）
第十八卷	非洲诸国历史（巴巴里近代史概述、特莱姆森王国史、摩洛哥王国史、阿尔及尔历史、突尼斯历史、的黎波里历史、巴尔卡历史）
第十九卷	冰岛历史、马耳他历史、西哥特人在西班牙的历史、莱昂王国历史
第二十卷	法国史（自克洛维至亨利三世）
第二十一卷	阿拉贡历史、西班牙君主国的历史（自费迪南与伊莎贝拉结合至查理五世）
第二十二卷	意大利史（自查理曼至康斯坦茨大公会议）
第二十三卷	意大利史（至18世纪初）、威尼斯共和国历史
第二十四卷	法国史（自查理七世至1643年）
第二十五卷	那不勒斯史

续表

近现代卷	
第二十六卷	教宗国史
第二十七卷	威尼斯共和国史（至 1573 年）
第二十八卷	那不勒斯史（自 774 至 1722 年）、热那亚史（至 1684 年）
第二十九卷	德意志帝国史（从康拉德选侯到 1713 年）
第三十卷	德意志帝国史（宗教改革史、德意志诸邦历史）
第三十一卷	荷兰共和国历史（至 1697 年）
第三十二卷	丹麦历史（至弗里德里克五世）
第三十三卷	瑞典历史（至 1743 年）
第三十四卷	波兰历史（至 1737 年）、立陶宛历史、普鲁士历史（至 1531 年）
第三十五卷	俄国史（至 1743 年）
第三十六卷	佛罗伦萨史
第三十七卷	博洛尼亚、帕尔马、普拉森提亚、日内瓦、米兰、曼图亚、萨伏伊历史
第三十八卷	美洲史（西班牙殖民美洲）
第三十九卷、第四十卷、第四十一卷	美洲史（西班牙殖民美洲史、印加史、阿兹特克史、加拿大史、北美十三州史）
第四十二卷	匈牙利史，帝国城市、选帝侯史，西班牙、法国、英国史
第四十三卷	世界史综论

　　这样一部含括世界各地历史的百科全书并非出自一人之手，而是集体智慧的结晶。该书的编者由当时一些知名学者组成，每人负责编写一部分。根据 1784 年 12 月《绅士杂志》上刊登的一封信件可知，该书的古代史部分主要由乔治·萨尔、约翰·坎贝尔、乔治·撒马纳扎、阿奇博尔德·鲍尔、乔治·谢尔沃克编著。其中萨尔负责第一卷，撒马纳扎负责第二卷，撒马纳扎、鲍尔、谢尔沃克和坎贝尔负责第三卷，第四卷也有撒马纳扎三人负责，第五卷由鲍尔负责，第六、七卷由鲍尔和斯文顿两人负责。① 具体到每一章节，分工如表 1 - 2 所示。②

---

① *The Gentleman's Magazine and Historical Chronicle*, Vol. 54, London, 1784, p. 891.
② *The Gentleman's Magazine and Historical Chronicle*, Vol. 54, London, 1784, p. 892.

表1-2　　　　　　　　　"萨尔《普遍史》"古代史部分作者分工

作者	内容
乔治·萨尔	创世论及古代东方①
约翰·斯文顿	迦太基史，诺曼底史，毛里塔尼亚史，日耳曼史，盖图利史，昔兰尼加史，下利比亚史，北部利比亚史，突厥、鞑靼、蒙古史，印度史，中国史，美洲人起源研究，阿拉伯人起源研究
乔治·谢尔沃克	亚伯拉罕的诞生
乔治·撒马纳扎	犹太、高卢、西班牙史，色诺芬远征
约翰·坎贝尔	波斯史、拜占庭史②
阿奇博尔德·鲍尔	罗马史

近现代卷部分则主要由坎贝尔、斯摩莱特和撒马纳扎主持编纂。③

————————

①　关于创世论部分的书写，有所争议，当时有学者认为是约翰·坎贝尔所做，但是1787年《绅士杂志》刊登的这份信件则证明是乔治·萨尔所著，这一观点被伯克瑙所采纳。参见 *The Gentleman's Magazine and Historical Chronicle*, Vol. 54, p. 892; *Biographia Britannica: or, the Lives of the most Eminent Persons Who Have Flourished in Great Britain and Ireland*, Vol. 3, London, 1778, p. 212; Franz Borkenau-Pollak, "An Universal History of the World from the Earliest Account of Times etc. 1736ff", S. 11; Francis Espinasse, rev. M. J. Mercer, "Campell, John", in H. C. G. Matthew and Brian Harrison, eds., *Oxford Dictionary of National Biography*, Vol. 9, Oxford: Oxford University Press, 2004, p. 822。

②　此处用的是君士坦丁帝国（Constantinopolitan Empire），参见 *The Gentleman's Magazine and Historical Chronicle*, Vol. 54, p. 892。

③　关于该书的近现代卷部分，学者一般认为由坎贝尔主导，他主要负责法国史、葡萄牙史、荷兰史、西班牙史、瑞典史和丹麦史，其余英国史、德意志帝国史、波兰史、意大利史和非洲史由斯摩莱特负责。据撒马纳扎回忆自己也参与了近代史非西方部分的编纂，关于撒马纳扎在近代史尤其是中国史编纂中所扮演的角色，笔者将在下文涉及中国史时详细论述，此处不再赘述。参见 *Biographia Britannica: or, the Lives of the most Eminent Persons Who Have Flourished in Great Britain and Ireland*, Vol. 3, p. 212; Francis Espinasse, rev. M. J. Mercer, "Campell, John", in H. C. G. Matthew and Brian Harrison, eds., *Oxford Dictionary of National Biography*, Oxford: Oxford University Press, p. 822; Louis L. Martz, "Tobias Smollett and the Universal History", *Modern Language Notes*, Vol. 56, No. 1, Jan., 1941, pp. 1-14; *The Modern Part of an Universal History, From the Earliest Account of Time*, Vol. 8, p. 60; *Memoirs of * * * *, Commonly known by the Name of GEORGE PSALMANAZAR A Reputed Native of FORMOSA*, London: 1764, p. 339。该回忆录下载自 Eighteenth Century Collection Online。

通过考察编者们的学术背景可以发现，该书编者并不全是学者，他们背景多元，研究领域与兴趣也不尽相同。在编者群体中起主导地位的是当时著名的东方学家乔治·萨尔，萨尔因翻译《古兰经》而闻名，通晓阿拉伯语①，因此萨尔不仅编写了第一卷的部分内容，关于伊斯兰的历史也是出自他手（由于该书由萨尔主导，因此本书统称该书为"萨尔《普遍史》"）。② 乔治·撒马纳扎早年曾在耶稣会士主办的学校学习古典语言，精通希伯来语，因此他主要负责犹太史部分内容。③ 约翰·斯文顿也是当时著名的东方学家，通晓阿拉伯语等东方语言，并曾在《哲学通讯》上发表关于帕提亚、萨莫奈和腓尼基铭文的论文，他主要承担了东方历史的编纂。④ 阿奇博尔德·鲍尔曾加入耶稣会，早年在罗马学习神学，并曾著有《教宗史》一书，他主要负责古罗马史部分。⑤ 约翰·坎贝尔关注于欧洲当代史和美洲历史，曾在格拉斯哥求学，并且是苏格兰启蒙文人圈的一员，在该书中主要负责近代史部分，并且坎贝尔还将当时著名的英国史学者托比亚斯·斯摩莱特招入麾下，负责部分欧洲史和非洲史内容。⑥ 正

---

① 萨尔曾跟随两个阿拉伯基督徒学习阿拉伯语，参见 Arnound Vrolijk, "Sale, George", in H. C. G. Matthew and Brian Harrison, eds. , *Oxford Dictionary of National Biography*, Vol. 48, Oxford: Oxford University Press, 2004, p. 685。

② Franz Borkenau-Pollak, "An Universal History of the World from the Earliest Account of Times etc. 1736ff", S. 135.

③ 根据撒马纳扎回忆可知他曾经在耶稣会士开办的学校学习古典语言，后来通过对读拉丁文本和希伯来文本的《创世记》学习希伯来语。参见 *The Modern Part of an Universal History*, *From the Earliest Account of Time*, Vol. 8, p. 60; *Memoirs of * * * * *, Commonly known by the Name of GEORGE PSALMANAZAR A Reputed Native of FORMOSA*。

④ E. I. Carlyle and rev. Rictor Norton, "Swinton, John", in H. C. G. Matthew and Brian Harrison, eds. , *Oxford Dictionary of National Biography*, Vol. 53, Oxford: Oxford University Press, 2004, pp. 516–517.

⑤ Geoffrey Holt, "Bower, Archibald", in H. C. G. Matthew and Brian Harrison, eds. , *Oxford Dictionary of National Biography*, Vol. 6, Oxford: Oxford University Press, 2004, pp. 913–915.

⑥ 根据斯摩莱特1759年4月4日给出版商理查德森的信件可知，坎贝尔将近现代卷的部分内容交给了他。参见 Edward S. Noyes, ed. , *The Letters of Tobias Smollett, M. D. *, Cambridge: Harvard University Press, 1926, pp. 59–60。

因编者们背景、研究领域多元，才能各自发挥所长，众手修成这部面面俱到、包罗万象的百科全书式世界历史。

三　出版商、编者和读者的互动

在最初的大纲附言中提到："也许有必要让公众知道，从事这项工作的先生们，他们没有人曾经涉足过历史书籍出版这一领域，甚至也不关心当下的历史书。他们希望能够短时间内出版该书，并且希望在此期间能够在各个方面完成这项艰巨的任务，以此能得到学术界的认可。"① 这一附言以出版商的口吻写作，从中可以看出该书的一大特征，即该书的最初计划并非是由历史学者提出，而是由出版商推动。但是，该书出版的目的却是希望能得到学界的认可。在近代早期这类出版方式并不罕见，出版商从幕后走向台前，在图书的出版过程中发挥了重要作用。除出版商外，读者的意见也至关重要。作为一部面向市场的商业性著作，"萨尔《普遍史》"拥有固定的读者群，这批读者的兴趣影响了普遍史的修订，而且他们也参与具体的出版过程之中。本节将讨论在该书的出版过程中出版商、编者和读者三方如何互动，最终完成了该书的出版。

提到出版商，读者们或许会想到现在的出版模式，每本书都有固定的出版社，出版社和作者签订合同购买版权。但是，在17—18世纪的欧洲，却存在另一种类型的出版形式，书籍并非由单一出版社出版，几个出版商自认股权合资出版，所得利润根据股权分红，"萨尔《普遍史》"便采用这样一种出版模式。在这一过程中，有的出版商退出项目，有的出版商加入其中，通过出版商的变化也可以窥探该书当时的销售情况。最开始共有 8 位出版商参与这一项目中，他们是罗伯特·高斯林（Robert Gosling）、本杰明·莫特（Benjamin

---

① *The Daily Post*, Friday, November 14, 1729.

Motte)、詹姆斯·克罗卡特（James Crokatt）、萨缪尔·伯特（Samu-el Birt）、杰里米亚·巴特利（Jeremiah Batley）、托马斯·阿斯特雷（Thomas Astley）、乔治·斯特拉汉（George Strahan）和爱德华·塞蒙（Edward Symon）[①]，其中克洛卡特在这一项目中居主导地位。[②]但是，后来在该书出版之前一些出版商出于各种原因退出了这一项目，1730 年 5 月有 5 位出版商参与这一项目，除了先前参与其中的巴特利、克罗卡特和塞蒙外，托马斯·奥斯伯讷（Thomas Osborne）和托马斯·佩恩（Thomas Payne）也参与这一项目之中。后来该书正式出版时，只出现了托马斯·奥斯伯讷的名字，并加入了詹姆斯·奥斯伯讷和安德鲁·米勒（Andrew Millar）。在新版古代史[③]中，萨缪尔·理查德森（Samuel Richardson）也加入出版项目中。相较于古代史部分，近现代卷部分出版商的变化并没有那么复杂。除了古代史部分的四位出版商外，托马斯·朗文（Thomas Longman）、约翰·利维顿（John Rivington）也参与其中。

由于"萨尔《普遍史》"是多名出版商联合出版，且在出版过程中人员发生多次变动，因此也涉及股权的认购和分配的变化。认购股权主要可以分为两类，一类是直接购买股份，如 1740 年 9 月，安德鲁·米勒花费 100 镑购买该书 1/6 的股权。另一类是从别人手中购买股份，如塞蒙去世后，1741 年托马斯·奥斯伯讷认购了他的股份。[④]

---

① 关于当时的这些出版商的生平可参见 Henry R. Plomer, *A Dictionary of the Printers and Booksellers*, *Who Were at Work in England*, *Scotland and Ireland from 1668 to 1725*, Oxford：Oxford University Press, 1922。

② *Memoirs of * * * **, *Commonly known by the Name of GEORGE PSALMANAZAR A Reputed Native of FORMOSA*, p. 291.

③ "萨尔《普遍史》"出版不久，在爱尔兰便出现了盗版。为应对盗版，编者和出版商们将该书再版，并改对开本为 8 开本。

④ 这类现象在"萨尔《普遍史》"出版过程中比比皆是，如理查德森后来以 262 英镑 10 便士的价格出售自己近现代史的一半的股份给利维顿，朗文后来也认购了 1/3 的股份。参见 Guido Abbattista, "The Business of Paternoster Row：Towards A Publishing History of The Universal History（1736–65）", pp. 16, 20。

在每一卷中不同出版商认购的股份也有所不同，以新版古代史第一卷为例，版权米勒占1/3，托马斯·奥斯伯讷占1/3，詹姆斯·奥斯伯讷和萨缪尔·理查德森各占1/6。①

"萨尔《普遍史》"由出版商设计选题，组织相关学者编纂。在这一过程中，出版商并不只是承担提供资金、组织出版、负责销售这些外围工作，而是直接介入该书内容的编纂过程，甚至出现出版商和编者出于不同的目的就具体内容的编写产生分歧。在该书出版的初期，便曾出现一次这样的斗争。在"萨尔《普遍史》"的第一卷中，我们可以看到编者将创世的时间定在基督诞生前的4305年，大洪水发生的时间则被视为基督诞生前2997年。② 但是，在近现代史部分涉及大洪水时，时间却变成了基督诞生前2114年。③ 前者采用的是撒玛利亚编年，而后者则采用了当时通行的乌瑟尔主教（James Ussher，1581－1656）编年。为何会出现同一部书采用不同的编年？这一现象反映了在出版商和编者看似友好关系背后的冲突与争斗。

该书的第一卷的创世论部分为萨尔所做，萨尔并未采用当时通行的乌瑟尔编年，而是采用了撒玛利亚编年，除此之外他还在《圣经》解释上过于激进，这些做法在当时引起了极大争议，不仅神学界，连编者团体中的其他成员也对这一做法表示不满。比如撒马纳扎在回忆录中曾提到，自己的一个好友瑞丁先生④曾对这部书赞赏有

---

① Guido Abbattista, "The Business of Paternoster Row: Towards a Publishing History of The Universal History (1736－65)", p. 17.

② *An Universal History from the Earliest Account of Time to the Present: Compiled from Original Authors and Illustrated with Maps, Cuts, Notes, Chronological and Other Tables*, Vol. 1, p. 53, 114.

③ *The Modern Part of an Universal History, From the Earliest Account of Time*, Vol. 8, p. 362.

④ 由于瑞丁曾允许撒马纳扎借阅自己的私人藏书，为表示感谢，该书出版后撒马纳扎便赠予了瑞丁。参见 *Memoirs of ＊＊＊＊, Commonly known by the Name of GEORGE PSALMANAZAR A Reputed Native of FORMOSA*, pp. 304－305。

加，但只对没有采用乌瑟尔编年这一点表示不满。瑞丁的评价并非孤例，该书的第一卷出版后，也引起了许多读者的不满，进而影响了销量。对此出版商与萨尔之间爆发了一场不愉快的争论，甚至导致出版延误。后来，迫于压力，编者们在后面改用乌瑟尔编年。撒马纳扎在给瑞丁的回应中也提到了这件事情："我告诉他（瑞丁）我完全同意你的观点，并为萨尔先生的这一做法表示歉意，但在我着手进行这项工作之前书已经出版了，至少是第一版现在已经无法召回，但是读者们可以自己去算出两个编年的差异。我有理由相信，如果这部书再版，我们将调换成乌瑟尔主教的编年，我们也正是这样做的。"①

"萨尔《普遍史》"作为一部面向市场的商业性著作，作品销量是出版商首先考虑的因素，从撒玛利亚编年改为乌瑟尔编年虽然是由出版商最后与编者协商解决，但背后却反映了读者的阅读取向。读者，也是"萨尔《普遍史》"出版过程中的重要一环。1967 年法国著名思想家罗兰·巴特（Roland Barthes，1915 – 1980）提出"作者已死"，他宣称一旦作者将作品交给公共领域，作者自己便不复存在了。这一惊世骇俗的观点一经抛出，便引起学界轩然大波，许多学者围绕这一命题展开讨论。这一讨论也影响了书籍史研究，人们开始从以作者为中心的探究转向以读者为基础的分析。② 从"萨尔《普遍史》"的出版中也可以看到读者在其中扮演的角色，在这一过程中，读者并非只是一个被动接受知识的客体，而是积极参与该书出版中的主体。

对此，笔者将首先简要讨论"萨尔《普遍史》"读者的构成，并进一步讨论他们如何介入该书的出版过程中。"萨尔《普遍史》"的出版形式不同于现代，它采用预订出售的方式，即由读者先预订

---

① *Memoirs of* * * * * , *Commonly known by the Name of GEORGE PSALMANAZAR A Reputed Native of FORMOSA*, p. 305.

② ［英］戴维·芬克尔斯坦、阿里斯泰尔·麦克利里：《书史导论》，何朝辉译，商务印书馆 2012 年版，第 138 页。

然后分册寄给他们。为了吸引顾客，出版商和编者们将订阅者的名字刊登在出版的书上。阿巴蒂斯塔通过量化分析这些订阅者名单了解到，在订阅者中，中等阶层所占比重最大。第一版约有57.9%的订阅者来自中等阶层，贵族占13.8%①，教士只占10.3%，而其中大学和公共图书馆以及大学教授只占1.8%。这些中等阶层主要包括银行家、律师、书记员、会计、秘书、药剂师、士兵、教师、外科医生、店主和手工业者。到了第二版，订阅者的人数大大增加，从之前的571人上升至2819人。但中等阶层仍占据主导地位，甚至高达74.6%，其次是教士约占21.9%，贵族只占其中的约4.1%。从地理分布上，则主要集中在城市尤其是在伦敦最为流行。与第一版相比，第二版非伦敦的订阅客户从20%上升到了40%，销售范围遍及整个英国。②

根据阿巴蒂斯塔对订阅者的量化分析可知，该书的主要受众群体是中等阶层而非专业历史学家，这与该书的定位相符。在"萨尔《普遍史》"第一卷的开端中编者们便提到："毫无疑问，历史是最有教育意义和有用的，作为一种文学，它还能使人愉悦。"③读者所获得的这种愉悦并非一种单向的灌输，而是读者和编者双方的互动。这种互动可以表现在两个方面，第一是该书出版后，许多读者纷纷来信与编者讨论其中有争议的问题，编者们结合这些讨论做出回应，并修正原有内容。比如在比附中国古史与《圣经》这一问题上，编

---

① 在当时的英国拥有贵族头衔的人绝对数值较中等阶层低，但在当时许多贵族都是"萨尔《普遍史》"的订阅者，如贝德福德公爵、肯特公爵、里奇蒙公爵、马尔伯勒公爵、蒙太古公爵、诺福克公爵、罗金厄姆侯爵、卡莱尔伯爵、莱斯特伯爵、牛津伯爵、切斯特菲尔德勋爵和巴瑟斯特勋爵。参见 Guido Abbattista, "The Business of Paternoster Row: Towards A Publishing History of The Universal History (1736 – 65)", p. 24。

② Guido Abbattista, "The Business of Paternoster Row: Towards a Publishing History of The Universal History (1736 – 65)", pp. 23 – 27.

③ *An Universal History from the Earliest Account of Time to the Present: Compiled from Original Authors and Illustrated with Maps, Cuts, Notes, Chronological and Other Tables*, Vol. 1, p. v.

者们在第一卷中对这一做法持批判态度，但是后来却在第七卷补录本和近现代卷第八卷中接受了这一观点。其中一个重要推动因素便是读者。根据编者所言，他们正是通过和读者的通信后获得了一些新的证据而改变了自己的观点，开始支持伏羲是诺亚这一假说。① 另外，读者的意见在章节变动中也扮演着重要角色。由于该书过于冗长，编者们想删除部分民族的历史，但却遭致读者们的反对。读者们来信抱怨这一删减，提到他们对这些被删减的内容抱有好奇，而且认为能从中获取教益，希望去了解这些历史。最后编者们结合读者的需求，没有进行删减。②

除此以外，读者与编者的互动还表现在史料收集上。从类型上看，"萨尔《普遍史》"是一部汇编类的世界史，在编纂过程中编者们对于图书馆的依赖程度很高。如前文所提到撒马纳扎便是依靠瑞丁提供的图书资源得以编撰犹太史部分。在史料收集过程中读者们也扮演着重要角色，一些珍稀史料便是由读者所提供。撒马纳扎曾经回忆道，自己由于史料所限，无法去讨论北欧古代的历史。但是一次偶然的机会下，自己曾结识一位挪威大学的历史教授。这位教授每年夏天都来伦敦为达官显贵们订购书籍，他也订购了"萨尔《普遍史》"。并且在出版商塞蒙的引荐下结识了撒马纳扎，两人相谈甚欢。撒马纳扎曾向这个教授请求帮忙寻找一些关于北方民族古代史的相关记载和碑文，并且在征得出版商和其他编者同意后，聘请这位教授专门负责收集北方民族古代史的相关史料。每次这位教授来伦敦都会与撒马纳扎交流收集史料的进展。后来教授带来了大量关于北方民族起源、定居的记载以及与古代史相关的记载、古物

① *The Modern Part of an Universal History*, *From the Earliest Account of Time*, Vol. 8, p. 320.

② *Memoirs of* * * * *, *Commonly known by the Name of GEORGE PSALMANAZAR A Reputed Native of FORMOSA*, pp. 321 –322.

等史料。这些史料成为北欧古代史的重要材料。① 在"萨尔《普遍史》"古代史的第七卷也提到了一些学者为该书的编纂提供相关的建议和史料:"许多饱学之士,他们不仅来自那两所声名显赫的大学(代指牛津、剑桥)和不列颠的南方和北方,而且还来自欧洲其他地区,甚至是遥远的瑞典和挪威。他们通过通信往来支持我们,并且提供给我们一些有用的意见,甚至是一些有趣的材料,这些材料被纳入该书之中,而且在近现代卷部分也将去使用这些材料。"②

　　通过上文所述,可以看到"萨尔《普遍史》"的编纂不是完全由编者所主导,而是编者、读者和出版商互动商议的结果。而且这本书的出版并非毕其功于一役,其出版过程经历了诸多的变动和挫折,这些变动与当时的社会环境密切相关。

---

① *Memoirs of* * * * * , *Commonly known by the Name of GEORGE PSALMANAZAR A Reputed Native of FORMOSA* , pp. 336 – 337.

② *An Universal History from the Earliest Account of Time to the Present*: *Compiled from Original Authors and Illustrated with Maps*, *Cuts*, *Notes*, *Chronological and Other Tables*, Vol. 7, London, 1744, p. iii.

第 二 章

"萨尔《普遍史》"中的中国叙述

　　1926 年 6 月 11 日，刚从北京大学毕业不久的顾颉刚编辑出版了《古史辨》第一册，其中收录了他与胡适、钱玄同等人讨论中国上古史真伪的信函。该书甫经出版引起了学界的热议，因为如果顾颉刚的论点成立，传统中国人所尊奉的"三代"古文明将变得可疑。顾颉刚自己曾将其评价为"轰炸中国古史的一个原子弹"①。这颗原子弹不仅在当时引起极大震动，而且影响至今，成为 20 世纪中国史学的标志性事件。值得注意的是，在 17—18 世纪的欧洲，也有学者质疑中国上古历史的可信性。16 世纪宗教改革之后，耶稣会士进入中国，将大量有关中国的历史知识带回欧洲。这些知识尤其是中国古老的历史，冲击了欧洲人基于《圣经》的传统世界观，在欧洲引起了巨大争论。参与这场争论的并非仅是早期汉学家，许多其他领域的学者也都牵涉其中。由此这一争论也进而影响了欧洲人对世界历史的认识。"萨尔《普遍史》"也处于这一背景之中，如何协调中国古代编年与传统西方普遍史编年的传统，如何将中国历史纳入世界史框架中，成为这些编纂者所面临的一大问题。

---

　　① 顾颉刚：《我是怎样编写〈古史辨〉的》，《古史辨》（一），上海古籍出版社 1981 年版，第 17 页。

有关欧洲的中国历史观这一问题，国内外学界都有相关研究。[①]
早在 20 世纪 20 年代，法国华裔学者丁兆庆在其关于启蒙时期法国
人的中国观的论著中便已经提及了法国人对中国历史的认识，[②] 而后
雅克·布罗斯（Jacques Brosse）较为简略地论述了中国上古史论
争。[③] 但这些著作多是偏重于分析欧洲的中国形象，并未就这一时期
的欧洲中国历史观做具体探讨。研究近代欧洲对中国历史的认识的
现有论著多集中于两大领域，其一为汉学史研究，耶稣会士与西方
汉学起源是汉学研究的一大热点，因此在研究中许多学者着力于研
究早期耶稣会士和汉学家对中国历史的认识。[④] 其二则是将其放在欧
洲思想史的脉络下去分析，探讨近代欧洲的中国上古史论争与启蒙
运动之间的关系，以法国学者维吉尔·毕诺和安田朴的研究为代
表，[⑤] 关于中国知识如何纳入世界史框架中这一问题也是学界研究的

---

① 笔者在导言部分已经就中国上古史引发《圣经》编年的质疑进行了学术史梳
理，此处就这一问题的相关研究做进一步梳理，并将其重点放在欧洲思想转型和中学
西传这两个框架中。

② 在书中丁兆庆论述了当时法国对中国的历史、地理、种族、儒家思想等方面
的认识，以及戏剧中的中国形象，参见 Tchao-ts'ing Ting, "*Les descriptions de la chine par
les français（1650 – 1750）*", Ph. D. diss. , Université de Paris, 1928。

③ ［法］雅克·布罗斯：《发现中国》，耿昇译，山东画报出版社 2002 年版。

④ 早在 20 世纪初，阎宗临便在其博论《杜赫德的著作及其研究》中系统研究了
《中华帝国全志》。参见阎宗临《杜赫德的〈中华帝国志〉》，阎守诚编《阎宗临史学文
集》，山西古籍出版社 1998 年版，第 90—119 页。关于早期传教士对中国历史的研究
可参见 Claudia von Collani, "Theology and Chronology in Sinicae Historiae Decas Prima", in
Franco Demarchi and Riccardo Scartezzini, eds. , *Martino Martini: A Humanist and Scientist in
Seventeenth Century China*, Trento, 1996, pp. 231 – 244; D. E. Mungello, "A Study of the
Prefaces to Ph. Couplet's Tabula Chronologica Monarchiae Sinicae", in Roman Malek, ed. ,
Philippe Couplet, S. J.（1623 – 1693）, *The Man Who Brought China to Europe*, Nettetal,
1990, pp. 183 – 199; ［法］蓝莉《请中国作证：杜赫德的〈中华帝国全志〉》，许明龙
译，商务印书馆 2015 年版。

⑤ 毕诺在其著作《中国对法国哲学思想形成的影响》一书中着重讨论了中国上
古史论争对基督教世界的影响，而安田朴则进一步探讨伏尔泰对中国上古史的认识。
参见［法］毕诺《中国对法国哲学思想形成的影响》，耿昇译，商务印书馆 2000 年
版；［法］安田朴《中国文化西传欧洲史》，耿昇译，商务印书馆 2000 年版。

重点，其中范克雷在《欧洲"发现"中国与世界史的书写》一文中系统阐述了中国上古史如何刺激欧洲人重新认识世界历史，并讨论了"萨尔的普遍史"如何协调中国上古史与传统《圣经》叙事。① 范克雷的研究文本主要为 17 世纪中叶至 18 世纪末欧洲中国上古史研究的相关论著，但由于篇幅所限并未能具体展开。而德国学者安德烈亚斯·皮谷拉将视角放在欧洲启蒙史学，他借助约恩·吕森（Jörn Rüsen）的"学科范型"（disziplinäre Matrix）② 分析了"萨尔《普遍史》"、加特勒和施洛策尔世界史书写中的中国形象。③ 其后皮谷拉在《18—19 世纪德意志世界史书写中的中国》一书中，将研究时段延伸至 20 世纪，探讨从启蒙史学到历史主义史学这一转型过程中，历史学家如何在世界历史书写中建构中国形象。④

"中学西传"一直是国内学界研究的重点，早在 20 世纪三四十年代便有许多学者开始研究耶稣会士与中国。1949 年以后，有关这一问题的研究曾一度沉寂，改革开放后，此类研究重新兴起，并从广度和深度上都有所增进。⑤ 但这些研究亦或关注 18 世纪欧洲的

① Edwin J. Van Kley, "Europe's 'Discovery' of China and the Writing of World History", *The American Historical Review*, Vol. 79, No. 2, Apr., 1971, pp. 358 – 385.

② "学科范型"为德国史学理论家约恩·吕森提出的认识历史知识的一个概念，主要包括观念、方法、形式、兴趣和功能，学科范型便建立在这五个元素系统化的关系之上，在其中每个元素都是必需的并与其他元素相结合形成历史知识的认知程序。关于学科范型，可参见尉佩云《弥合现代与后近现代史学理论的可能途径——以约恩·吕森的学科范型论为中心》，《史学理论研究》2014 年第 4 期。

③ Andreas Pigulla, "Zur Chinarezeption in der Europäischen Aufklärungshistoriographie", *Bochumer Jahrbuch zur Ostasienforschung*, Bd. 10, Bochum: Studienverlag Dr. Norbert Brockmeyer, 1987.

④ Andreas Pigulla, *China in der deutschen Weltgeschichtsschreibung vom 18. bis zum 20. Jahrhundert*, Wiesbaden: Horrassowitz, 1996.

⑤ 关于国内学界对中学西渐的研究可谓汗牛充栋，难以枚举，笔者只能从中挑选一些具有代表性的论著，如朱谦之《中国哲学对于欧洲的影响》，福建人民出版社 1985 年版；许明龙《欧洲 18 世纪"中国热"》，山西教育出版社 1999 年版；吴梦雪《明清时期—欧洲人眼中的中国》，中华书局 2000 年版；张国刚《明清传教士与欧洲汉学》，中国社会科学出版社 2000 年版；何兆武《中西文化交流史论》，中国 （接下页）

"中国热",亦或将其放在汉学发展的脉络中去考察,鲜有人针对欧洲的中国历史观进行讨论。随着"中学西传"研究的进一步推进,欧洲的中国历史观尤其是"中国上古史论争"引起许多学者的关注,如吴莉苇分析了中国编年史在欧洲思想近代化过程中所发挥的积极作用,并且还原了耶稣会士著作所依据的中文文献[①];而吴义雄和陈喆则探讨了19世纪前后期西方学界对中国上古史的认识。[②]

以上研究或将欧洲的中国历史研究放在汉学发展史的框架下,来认识这一现象,或将其置于近代欧洲思想史脉络去分析中国历史资源对欧洲思想转型的影响。这些论著时间跨度较大,所涉及的材料也较为多样,使人们对当时的思想状态有一个较为宏观全面的认识,但鲜有论著对"萨尔《普遍史》"进行深入和专门的研究。唯一的例外是,皮谷拉在其文中详尽研究了"萨尔《普遍史》"和加特勒与施洛策尔的作品中的中国形象,但他基本是从整体上把握这几部作品中的中国历史观。本章的取径有所不同,本章关注"萨尔《普遍史》"的出版过程,旨在结合该书有关中国的具体论述的变化以及该书当时的出版背景分析"萨尔《普遍史》"的中国部分,并进一步讨论编者如何借助中国历史资源回应欧洲本土思想困境。

(接上页)青年出版社2001年版;计翔翔《十七世纪中期汉学著作研究——以曾德昭〈大中国志〉和安文思〈中国新志〉为中心》,上海古籍出版社2002年版;朱雁冰《耶稣会与明清之际中西文化交流》,浙江大学出版社2014年版。

① 吴莉苇:《当诺亚方舟遭遇伏羲神农:启蒙时代欧洲的中国上古史论争》,中国人民大学出版社2005年版;张国刚、吴莉苇:《启蒙时代欧洲的中国观:一个历史的巡礼与反思》,上海古籍出版社2006年版。

② 陈喆:《释古与疑古——19世纪西方汉学界的"古史辨"》,《史林》2015年第4期,第96—106页;吴义雄:《十九世纪前期西人对中国上古史的研讨与认识》,《历史研究》2018年第4期,第55—74页;陈喆、丁妍:《从年代学到通史:17—18世纪耶稣会士的中国史撰述》,《世界历史评论》2019年第4期,第83—106页。

一 近代欧洲对中国历史的认识与 "萨尔《普遍史》"

神秘的中国，一直是西方憧憬想象的对象。早在古典时期，便有诸多关于中国的描绘，如希罗多德转述的有关希伯波里安人（Hyperborean）的传说，斯特拉波、老普林尼笔下的赛里斯（Seres）。[①] 但是当时并未有人真正到过中国，这些描绘多是西方人的一种想象。而中世纪时期，尤其是 13—14 世纪东西方之间有了实质性的交往，在此期间出现了一些关于中国见闻的游记，如鲁布鲁克的威廉（William of Rubruk，1220 – 1293）的东方见闻录，曾经出使蒙古的柏朗嘉宾（Giovanni dal Pian del Carpine，约 1185 – 1252）的《蒙古行记》，以及在欧洲享有盛誉的《马可波罗游记》均是其中的代表。[②] 但是这些作品虽然较之古典时期的作品对中国的描绘更为具体和真实，但是很多作品仍然真伪难辨，如马可波罗是否到过中国，这一问题至今在学界仍有争议，而且这些作品多是对中国当时状况的描绘，鲜有人系统论及中国历史。[③] 真正开始深入了解中国，并将

---

① 张国刚、吴莉苇：《中西文化关系史》，高等教育出版社 2006 年版，第 23—28 页。

② Andreas Pigulla, *China in der deutschen Weltgeschichtsschreibung vom* 18. *bis zum* 20. *Jahrhundert*, S. 16 – 17；刘招静：《〈曼德维尔游记〉里的中国——"普遍史"视角的考察》，《世界历史》2019 年第 1 期，第 140—154 页。

③ 关于马可波罗是否到过中国，学界一直存有争议，如杨志玖、伯希和等学者从中文文献入手寻找《马可波罗游记》与中文史料中的契合之处，以论证马可波罗来华确有其事；而另一派学者则从《马可波罗游记》中所载与中国事实相违背之处分析，认为马可波罗没有到过中国，或者说只是到过北京，其中以福赫伯（Herbert Franke）、海格尔（John W. Haeger）、弗朗西斯·伍德（Frances Wood）和王育民等学者为代表。关于马可波罗是否曾来华的论争可参见李治安《杨志玖先生与马可波罗来华的"世纪论战"》，《历史教学》（高校版）2019 年第 12 期；马晓林《马可·波罗研究在欧洲》，《历史教学》（高校版）2019 年第 12 期。

大量中国知识带到欧洲则是 16 世纪以后的事情。

1583 年，耶稣会士罗明坚（Michele Ruggire，1543 – 1607）和利玛窦（Matteo Ricci，1552 – 1610）进入广东肇庆，这一事件被视为耶稣会士进入中国的开端，自此以后许多耶稣会士心怀"中华归主"的愿望来到中国，在中国建立教堂，进行传教活动，其足迹遍布中国大部分地区。耶稣会士的到来一方面给中国带来了新的有关宇宙、自然和人的知识，冲击了中国传统的宇宙观、世界观，葛兆光曾形象地将其称为"天崩地裂"。[①] 另一方面，他们也将大量有关中国的知识带到欧洲，这些知识在欧洲引发了不小的争论，其中对中国历史的讨论是这一争论的核心。早在 1585 年，西班牙传教士门多萨（Juan Gonzalez de Mendoça，1545 – 1618）出版《中国大帝国史》（*Historia de las cosas mas notables…del gran Reyno dela China*）一书，该书主要依据曾经到过中国东南沿海地区的传教士的游记编辑而成，描绘了从尧到万历时期的历史。[②] 随后一些耶稣会士也出版了许多与中国相关的著作，如曾德昭（Alvare de Semedo，1586 – 1658）的《大中国志》（*Imperio de la China*）、卫匡国（Martino Martini，1614 – 1661）的《中国上古史》（*Sinicae Historiae Decas prima*）、柏应理（Philippe Couplet，1623 – 1693）的《中国君主年表》（*Tabula chronologiea Monarchiae Sinicae*）以及在当时享有盛名的《中华帝国全志》均是此类代表。此外传教士还将许多中国著作翻译出版，如耶稣会士宋君荣（Antoine Gaubil，1689 – 1759）曾翻译《尚书》（*Chou-King*）而后在巴黎出版，而当时在中国便已非常流行的《通

---

① 葛兆光：《中国思想史》第二卷，复旦大学出版社 2001 年版，第 449—475 页。

② 值得注意的是门多萨并非耶稣会士，而且由于门多萨并不懂中文，因此该书主要依靠当时传教士的一些记录，但这些传教士所依靠的中文著作至今学界尚无定论，有学者推测为当时在中国民间颇为流行的日用类书，如《万宝全书》。关于门多萨的《中国大帝国史》可参见 Kund Lundbek, "The First European Translation of Chinese Historical and Philosophical Works", in Thomas H. C. Lee ed. *China and Europe*：*Images and Influences in Sixteenth to Eighteenth Centuries*, Hong Kong：Chinese University Press, 1991, p. 30.

鉴纲目》（*Tung-chien kang mu*）也被翻译成法语流行欧洲。① 除此之外，在欧洲还出版了许多有关中国的游记，这些游记多为商人、使节所写。由于他们所接触的对象多为处于边缘的中国人，因此视角与耶稣会士有所不同。这些游记所描绘的是一个处于中央权力边缘的中国。② 这些有关中国的知识借助不同形态的媒介传入欧洲后，使得欧洲人对中国的认识愈加丰富具体，同时也冲击了欧洲传统的世界观。后者在当时世界史书写中表现最为明显：如何将中国历史纳入世界史书写框架中成为当时书写世界史所面临的一大问题。

　　传统普遍史依据"六大时代"和"四大帝国"为其书写框架，在这类普遍史书写中中国没有位置。随着大量中国历史知识传到欧洲，一些学者开始思考如何将中国知识纳入世界历史框架，有人试图将中国历史记载与《圣经》记载相比附，有人试图依据《圣经》记载批驳中国的上古史，在当时许多普遍史书写都会提及中国，如霍尔纽斯的《诺亚方舟》、塞缪尔·舒克福德（Samuel Shuckford，约 1693－1754）的《世界的神圣历史与世俗历史》（*The Sacred and Profane History of the World*）中都对中国历史有所描述。③ 而其中最具代表性的当属萨尔的普遍史。据波拉克研究，"萨尔《普遍史》"的中国史部分共引用了 38 位学者的著作，④ 皮谷拉认为该书使用了当时欧洲所见的有关中国的所有记载。⑤ 通过分析"萨尔《普遍史》"中的中国描绘，不仅可以以此看出近代欧洲学者对中国历史的

---

　　① 　Kund Lundbek，"The First European Translation of Chinese Historical and Philosophical Works"，pp. 31－35.

　　② 　Andreas Pigulla，*China in der deutschen Weltgeschichtsschreibung vom 18. bis zum 20. Jahrhundert*，S. 28.

　　③ 　关于当时欧洲学界世界历史书写中对中国历史的讨论，可参见 Edwin J. Van Kley，"Europe's 'Discovery' of China and the Writing of World History"，pp. 358－385.

　　④ 　Franz Borkenau-Pollak，"An Universal History of the World from the Earliest Account of Times etc. 1736ff"，S. 187.

　　⑤ 　Andreas Pigulla，"Zur Chinarezeption in der Europäischen Aufklärungshistoriographie"，*Bochumer Jahrbuch zur Ostasianforschung*，S. 275.

认识，而且还可以折射出在中国历史知识的冲击下欧洲世界观的转变。

虽然"萨尔《普遍史》"在当时世界史中，可谓是一部最为系统和全面描绘中国历史的著作，但它的中国史部分只占其总量的不及百分之一。① 在"萨尔《普遍史》"的第一版中并未涉及中国，而在 1750 年出版的第七卷的补充中详尽论述了中国上古的历史，这部分内容后来被放入新版八开本的第二十卷中。在"萨尔《普遍史》"中有关中国历史的论述主要分布在古代史部分的第二十卷和近现代史部分的第八卷。在书中编者将中国历史分为古代史和近现代史② 两部分，而古代与近现代的分界点是夏朝的建立。编纂者认为：

> 禹继承了舜的王位，并立即着手登基。自此以后中国的王位由禹的家族所世袭；并建立第一个中国的王朝，人们称其为夏（Hya）。夏作为这个依然持续的王朝体制的开端，被欧洲的历史学家视为一个新的时代，也即中国近现代史的开始。③

古代史部分主要讨论了自伏羲到大禹的历史，涉及中国上古的古迹、政制、法律、宗教、语言、艺术、科学和编年。其中主要依据卫匡国、杜赫德等早期耶稣会士的著作，列举了自伏羲以来中国上古诸圣王的功绩，并且根据约翰·韦伯、舒克福德等人有关中国上古历史与《圣经》记载的研究来讨论中国上古圣王与《圣经》记载的关系。而中国近代史部分则集中在近代史的第八卷，共 521 页，

---

① Andreas Pigulla, "Zur Chinarezeption in der Europäischen Aufklärungshistoriographie", *Bochumer Jahrbuch zur Ostasianforschung*, S. 278.

② 在当时语境下的近现代（modern）并非我们现代意义上三分法的古代、近代与现代，而是指一个不同于之前历史的新的时代。关于近代的概念变迁可参见 Reinhart Koselleck, "'Neuzeit'. Zur Semantik moderner Bewegungsbegriff", *Vergangene Zukunft: Zur Semantik geschichtlicher Zeiten*, S. 300 – 348。

③ *Additions to the Universal History, in Seven Volumes in Folio*, London, 1750, p. 237.

叙述了从夏朝一直到雍正时期的历史,根据"中华帝国"(The Empire of China)部分的目录,我们也可看出该书所涉内容之广,宛如关于中国的百科全书。

第一部分:中华帝国概览

第二部分:中国 15 个省份的地志学描绘

第三部分:中国人的古代宗教和新的教派

第四部分:中国人的政府、法律和政治

第五部分:中国人的学识、艺术、科学和语言

第六部分:中国人的农业、缫丝业,瓷器和漆器的制造,以及其他手工业

第七部分:中国人的性格、天赋、举止、习俗、婚葬、节庆以及有关自然和人造奇观的记载

第八部分:中国的一些可怕疾病,治愈疾病的方式,以及他们所自夸的放血术、拔罐、烧灼止血、接种和应对天花,和提取草药的方法

第九部分:汉族的起源、古迹与编年

第十部分:从第一个王朝建立以来中国君主的统治[①]

通过研究"萨尔《普遍史》"中关于中国历史的叙述,我们也可窥探欧洲当时对中国历史的认识。其中"王朝循环"是"萨尔《普遍史》"中国部分的一个显著特征。编者曾指出:"在中国无论发生什么强烈的革命,君主制度依然继续,而且革命总是持续很短时间,他们只能做出极少改变,最后又再次回到原有的政府形式上来。"[②] 这样一种王朝循环的背后是将中国历史视为相同事件的不断轮回,在有关

---

① *The Modern Part of an Universal History*, *From the Earliest Account of Time*, Vol. 8, London, 1784.

② *The Modern Part of an Universal History*, *From the Earliest Account of Time*, Vol. 8, p. 249.

中国历史的纪年中，"萨尔《普遍史》"的编者采用了一种独特的纪年方式。在公元元年之前，将干支纪年与公元纪年并列，但公元元年之后则只是依据公元纪年。编者并未采用中国正史通常使用的年号纪年，而是使用了干支纪年，60 年一循环，如秦始皇称帝便是第 41 个循环的第 55 年。[①] 而历史上事件轮回的背后反映的是对中国历史认识的静态化。

这种对中国历史静态化的认识与当时西方所接受的中国历史知识密切相关。如朱熹所作《通鉴纲目》不仅当时在中国颇为流行，而且 1737 年经传教士冯秉正（Joseph-Francois-Marie-Anne de Moyriac de Mailla，1669 – 1748）翻译后传到欧洲，成为欧洲人了解中国历史的重要资料。"萨尔《普遍史》"虽未曾直接引用该书，但所引传教士有关中国的相关论著多以此书为依据。依据这些中国历史知识，"萨尔《普遍史》"描绘了一个绵延静止的中国。正如德国史家于尔根·奥斯特哈默（Jürgen Osterhammel）对《通鉴纲目》的评价那样："这部作品单调的编年方式无人能及，却第一次给了欧洲读者中国历史绵延不断的真实印象，甚至对中国而言，这本书都过于强调静止不动的概念，却有助于在欧洲普及中国历史中那种相同事件不断轮回的观念。"[②] 在"萨尔《普遍史》"的中国部分也体现了这一问题。

二 在中国寻找大洪水：协调 中国上古史与圣经叙事

在考察"萨尔《普遍史》"中国部分的具体内容时可以发现，虽然该书含括中国的方方面面，但其中有关中国上古史的内容所

---

① 干支纪年也是当时传教士通常使用的一种纪年法。*The Modern Part of an Universal History, From the Earliest Account of Time*，Vol. 8，p. 412.

② ［德］于尔根·奥斯特哈默：《亚洲的去魔化：18 世纪欧洲与亚洲帝国》，刘兴华译，社会科学文献出版社 2016 年版，第 220 页。

占比例较多，不仅古代史第七卷对中国上古史做了全面的论述，而且在近现代史部分也有专章讨论上古历史。即使在中国，由于上古，尤其三皇五帝时期的历史悠远而阔于故事，因此正史中对此记载也并不多，为何一部欧洲人所写的世界史却花费大量笔墨讨论中国近乎神话的上古历史？而且值得注意的是，中国上古历史并未像埃及等其他古老民族一样被置于该书的第一卷，而是在第七卷出版后的补充版中展开论述。"萨尔《普遍史》"的编者们在其中并非单纯描述中国上古史，而是研究他们与圣经叙事的关系，讨论伏羲是否是诺亚，诺亚方舟是否停在了中国等诸多问题。为何当时编者会去讨论这些现在看来荒诞不经的问题？若回答这一系列问题笔者将从当时欧洲学界有关中国上古史的论争谈起，探讨"萨尔《普遍史》"如何吸收这一论争成果，协调《圣经》叙事与中国上古历史的矛盾。

当时许多欧洲人认为《圣经》是一部真正的世界历史，而现存世界上所有的民族都是大洪水后诺亚的子孙，这成为中世纪世界历史书写的基础。如在当时风靡一时的《曼德维尔游记》（*The Travels of Sir John Mandeville*）便秉持这一观念，将萨拉森人（the Saracens，即阿拉伯人）视为闪（Shem）的后代，而欧洲人视为雅弗（Japhet）的后代，居于亚洲的鞑靼人则是含（Cham）的子孙。[①] 然而随着新航路开辟，大量异域知识传到欧洲，冲击了欧洲人传统的世界观，门多萨将中国的君主政体追溯到公元前 2600 至前 2550 年，而卫匡国则将中国的历史追溯公元前 2952 年，这些时间都远远早于乌瑟尔根据希伯来《圣经》记载所推算出的大洪水暴发的时间。而且在他们的记载中，中国早在上古时期便已经有

---

　① 关于诺亚谱系和曼德维尔游记可参见 Benjamin Braude, "The Sons of Noah and the Construction of Ethnic and Geographical Identities in the Medieval and Early Modern Periods", *The William and Mary Quarterly*, Vol. 54, No. 1, Jan. , 1997, pp. 103 – 142；刘招静《〈曼德维尔游记〉里的中国——"普遍史"视角的考察》，《世界历史》2019 年第 1 期。

了高度发达的文明。这些知识传到欧洲后引起了欧洲思想界的极大震撼。作为一个如此发达古老的文明,为何《圣经》中会没有记载?中国上古史的编年是否真实可靠?这一系列问题成为当时思想界争论的焦点。①

其中,如何将中国历史纳入世界史书写的框架成为当时世界史书写所面临的一大挑战。卫匡国出版《中国上古史》后,荷兰学者伊萨克·沃西休斯(Issac Vossius,1618-1689)便基于中国的上古编年来批驳基于传统希伯来《圣经》所厘定的编年,主张"七十子本"(Septuagint)②记载的权威性,并且认为大洪水只是一个地方性事件。沃西休斯此观点一出引起学界极大震动,随后霍尔纽斯发文批驳,坚持希伯来《圣经》的权威性,质疑中国上古历史。然而1666年霍尔纽斯出版《诺亚方舟》一书,首次将中国历史纳入世界历史中,在该书中霍尔纽斯虽然仍然坚持乌瑟尔编年,认为世界创造于公元前4004年的10月23日,但是他不再否认中国的上古历史记载,而是将其与《圣经》记载相协调。认为中国的编年是对创世记中所载内容的一种扭曲,中国上古的圣王其实是圣经中记载的以色列的诸位长老。伏羲其实是亚当,而黄帝是以诺(Enoch),尧则是诺亚。③霍尔纽斯的观点在当时影响甚广,不少学者都循此思路研究中国上古历史与《圣经》记载的对应关系。其中英国学者舒克福德在《世界的神圣历史与世俗历史》中认为诺亚东行所创建的王国便是中国,而中国史书中的伏

---

① 关于当时欧洲思想界关于中国上古史的争论,可参见〔法〕毕诺《中国对法国哲学思想形成的影响》,第211—320页;吴莉苇《当诺亚方舟遭遇伏羲神农:启蒙时代欧洲的中国上古史论争》。

② 七十子本《圣经》为旧约的希腊文本,相传由72位犹太学者于公元前3世纪在亚历山大里亚翻译而成,该本《圣经》后来成为希腊语世界的通用文本。

③ Edwin J. Van Kley, "Europe's 'Discovery' of China and the Writing of World History", pp. 363 – 365; Andreas Pigulla, *China in der deutschen Weltgeschichtsschreibung vom 18. bis zum 20. Jahrhundert*, S. 71.

羲则是诺亚。① 然而在当时仍存在一些不同的声音，一些学者对中国古史持否定态度，质疑中国历史的真实性。如唐·卡尔梅（Don Calmet，1672－1757）便质疑中国古史的真实性，并且认为"认识中国不会对我们有任何益处"，但即便如此他在其著作《世界通史》中仍然给中国留了一定位置。② 在当时无论质疑中国古史的学者，还是力图协调中国古史和《圣经》叙事的学者，在书写世界历史时都不能忽视具有发达文明的中国，如当时的法国学者塞缪尔·卡普佐（Samuel Cappuzeau，1625－1701）所言："中国是世界上最古老的王国之一，但是即便我们相信这个国家开始于大洪水之前的传统，也无法为距离我们时代如此遥远的事情提供完美的证据。"③

"萨尔《普遍史》"正是在这一背景下所写而成，而且值得注意的是，该书编者对中国古史的态度并非一成不变，而是经历了从拒斥到接纳的转变。然而为何会发生这一转变？中国古史在"萨尔《普遍史》"的古史体系中又占据什么位置？为回答这一问题，笔者

————————

① Samuel Shuckford, *The Sacred and Profane History of the World Connected, From the Creation of the World to the Dissolution of the Assyrian Empire at the Death of Sardanapalus and to the Declension of the Kingdoms of Judah and Israel, under the Reigns of Ahaz and Pekah: Including The Dissertation on the Creation and Fall of Man*, London: William Baynes, Paternoster Row, 1819, p. 61. 在当时出现了许多类似著作，如英国学者约翰·韦伯（John Webb）通过研究得出结论，中文是巴别塔变乱前的原初语言（Primitive Language），多明我修道士多明哥·纳瓦雷特（Domingo Navarrete）则认为伏羲是诺亚的儿子含，而德国汉学家门策尔（Christian Mentzel）则通过研究伏羲和女娲两个名字的汉字书写以及相关传说推断伏羲是亚当，女娲是夏娃。德国汉学家拜耳（Gottlieb Bayer）则认为伏羲是亚当，神农是亚当的儿子塞特（Seth），而黄帝则是诺亚。关于当时欧洲学界的研究可参见 Edwin J. Van Kley, "Europe's 'Discovery' of China and the Writing of World History", pp. 365－368。

② 唐·卡尔梅终身反对中国的纪年和古史，他认为"那些最仔细和最谨慎研究过这些事物的人都被迫承认，大家对这个著名帝国的起源，其古老历史及其悠久而冗长的帝王世系（人们一共向我们指出了 209 个皇帝，出自 22 个彼此互相承袭的家族）所说的一切都非常不可靠。除近代外，均没有以任何值得信赖的文物为基础"。关于唐·卡尔梅的观点参见［法］毕诺《中国对法国哲学思想形成的影响》，第 259—261 页。

③ Samuel Chappuzeau, *Idée du monde*, Celle, 1690, 转引自 Andreas Pigulla, *China in der deutschen Weltgeschichtsschreibung vom 18. bis zum 20. Jahrhundert*, S. 72。

希望先描述"萨尔《普遍史》"对中国古史态度的转变。在第一卷中，编者虽然已经提及中国，但并未将其放在与埃及、巴比伦等同等的位置去论述，而且对于当时将诺亚视为伏羲的做法也是持批判态度。在论及诺亚和他的三个儿子时，书中提到：

> 诺亚离开了他的三个儿子，并且和他的年轻后裔在很短的时间内便到了中国，这个诺亚在大洪水前便曾居住过的地方。他成为了这个国家的王，中国人称他为伏羲。这一观点看上去似乎合理。然而《圣经》记载，离开方舟后，诺亚和他的子孙一直定居在那座位于亚美尼亚的山的附近。正如《圣经》记载的那样，他们不曾离开，直到他们开始前往希奈尔（Shinaar）。①

而且在注释中编者又逐一批驳了将伏羲视为诺亚的观点，编者认为虽然这一观点比霍尔纽斯将伏羲视为亚当更为合理，但也只是一种臆测。并以此列举了三条理由来批驳这一观点：

> 其一，如果伏羲就是诺亚，那在中国的历史中不可能不提到大洪水这么特殊的事件，李明（Le Compte）认为这使得这些想象（代指将伏羲视为诺亚）是错误的。其二，中国的作者们自己都不能确信有关伏羲和他的继承者的历史，对是否有伏羲此人都有所怀疑。而且一些人否认存在他和他的继承者神农（Shin nungh），而是从第三位国王黄帝（Hoangh ti）②开始叙述中国历史；而且伏羲据说是蛇身，神农则是牛首，李明没有将

---

① *An Universal History from the Earliest Account of Time to the Present*: *Compiled from Original Authors and Illustrated with Maps*, *Cuts*, *Notes*, *Chronological and Other Tables*, Vol. 1, pp. 115 – 116.

② 黄帝的拼写在"萨尔《普遍史》"中并不统一，在第一卷中是 Hoangh ti，后面则改为了 Whang Ti。

他们纳入中国君主的谱系也不是没有理由。其三，在摩西关于人类离散的记载中显而易见包含全人类，他们聚集在希奈尔的平原上。如果我们承认这些，诺亚便没有其他没被摩西提到的后代，更不可能去统治中国。①

然而在第七卷出版后，编者又出版了第七卷的补充版，详细描绘了中国上古的历史，并对上古历史与《圣经》叙事的关系展开了讨论。在书中编者一改之前对中国上古史记载彻底否定的态度，而是希望在传教士的记载和否定质疑之间寻求一种平衡。

　　然而我们必须观察到存在一种态度，在当下学界两种极端观点（代指前面提到的肯定和彻底否定中国古史）之间的一种中和，并且应该承认，虽然中国人对于古代历史的记载乏善可陈，但这些记载也并非完全虚构。②

在他们看来，"虽然在中国历史中第一个王朝之前的历史大多是一些神话，但我们仍然可以从中发现一些隐隐约约的神圣的真实"③。而这种"神圣的真实"其实便是中国古史所隐藏的那些与《圣经》相对应的内容。编者详细论述了中国古代的政制、法律、宗教、习俗、语言、艺术、科学和性格，随后又花费大量篇幅讲述了从伏羲到大禹的历史，列举了中国上古圣王的种种功绩。但对于中国历史的古老性，"萨尔《普遍史》"的编者们仍是持怀疑态度。在开篇编者便指出："中国人，像其他民族一样夸大他们的古老，比如

---

① *An Universal History from the Earliest Account of Time to the Present*：*Compiled from Original Authors and Illustrated with Maps*，*Cuts*，*Notes*，*Chronological and Other Tables*，Dublin，1736，Vol. 1，p. 116.

② *Additions to the Universal History*，*in Seven Volumes in Folio*，London，1750，p. 240.

③ *Additions to the Universal History*，*in Seven Volumes in Folio*，London，p. 238.

将他们的第一个皇帝伏羲统治中国的时间确定在基督诞生前的 3000
年。"① 对于这种夸大,"萨尔《普遍史》"的编者提出了质疑,他们
认为如果中国果真如此古老,那为何以色列人没有记载,而且荷马、
希罗多德也没有听过这个民族,甚至在波斯的历史学家们的著作中也
缺乏关于中国的记录。② 而且他们并不认可伏羲就是诺亚,而是认为
中国人是雅弗的后代:"我们没有理由怀疑,雅弗的后代定居在中国
和鞑靼(Tartary),我们可以确信的说,他们首先来到了这个国家。"③

然而在后来出版的近现代中国史部分修正了这一观点,编者在
近代中国史部分花费了大量篇幅讨论中华民族的起源、古迹和编年。
在这一章开始编者便提到,舒克福德的观点一出引起学界很大争议,
许多读者也纷纷来信,编者们通过与读者的交流、通信后则得出了
新的结论,开始支持舒克福德的论断,认为伏羲就是诺亚。在文中
编者说道:

> 我们的希望实现了,而且根据从各方面获取的珍贵的证据,
> 我们敢于质疑自己,现在我们重新支持舒克福德博士的体系,
> 这不仅是在态度上完全变了,而且我们将提供一些真实可靠的
> 新的证据。④

随后编者列出了一系列的证据,如从他们的名字的相似性,中
文与其他民族语言的差异,中国原始宗教是诺亚所建立的宗教,因
此没有堕落为偶像崇拜,方舟所依靠的材料就是来自中国,而中国
人作为唯一一个会造大帆船的民族,其技艺则是从造方舟传承而来,

---

① *Additions to the Universal History, in Seven Volumes in Folio*, London, p. 215.

② *Additions to the Universal History, in Seven Volumes in Folio*, London, p. 221.

③ 编者在注释中提到闪的后代也在鞑靼、中国和印度定居。*Additions to the Universal History, in Seven Volumes in Folio*, p. 216.

④ *The Modern Part of an Universal History, From the Earliest Account of Time*, Vol. 8, pp. 320 – 321.

而且从贡献上来看，伏羲和诺亚都发明了农业。① 根据这些种种证据编者开始确信伏羲就是诺亚。

通过"萨尔《普遍史》"各卷对中国的描述，我们可以看出编者态度的变化。之所以会产生这一变化，一方面与当时欧洲思想界的大背景有关，另一方面也折射出"萨尔《普遍史》"并非一个一成不变的文本，而是结合市场需求应时而变。随着相关的中国知识大量传入欧洲，更多的学者参与这场争论，"萨尔《普遍史》"的编者们也无法再回避这一问题。与此同时"萨尔《普遍史》"的出版也遇到了一些危机，虽然该书出版之初便好评如潮，但当第七卷出版后却销量不佳，一些订阅者甚至想停止订阅，在爱尔兰还出现了一种廉价的盗版，这些情况迫使出版商和编者们改变策略。为了加大销量、打击盗版，他们出版了第七卷的补充版。编者认为印度、中国、美洲等异域文明更值得去描述，而且读者对这些内容也更感兴趣。② 因此在第七卷的补充版中较为详尽地论述了中国的上古历史，这也从侧面反映出中国上古历史在当时是一个热门话题。

虽然"萨尔《普遍史》"的编者在对中国上古史的态度从拒斥转变为一定程度上的接受，通过论证伏羲就是诺亚，进一步承认了中国历史的古老，但这并不代表"萨尔《普遍史》"完全接纳了中国古史。在古代史卷中编者虽然描述了中国的上古历史，但是并没有像对待其他民族一样把中国历史纳入整体的纪年中，而在近现代史卷中编者对比了《圣经》记载与中国古史，将中国上古史纳入了整体纪年中，伏羲建立中国君主制被定在公元前2114年，也即大洪水后235年。③ 而这一纪年远晚于门多萨和卫匡国所计算的时间。为

---

① *The Modern Part of an Universal History*, *From the Earliest Account of Time*, Vol. 8, pp. 322 – 369.

② *Memoirs of * * * **, *Commonly known by the Name of GEORGE PSALMANAZAR A Reputed Native of FORMOSA*, pp. 316 – 318.

③ *The Modern Part of an Universal History*, *From the Earliest Account of Time*, Vol. 8, p. 362.

何两者所厘定的纪年如此不同？究其原因则是两者所依据的《圣经》版本的差异。

受宗教改革的影响，在近代早期出现了各种类型的《圣经》译本。① 这些《圣经》译本种类繁多，但大多依靠两种版本为底本翻译而成，一种是希腊语的《七十子本》（Septuagint），一种为希伯来文本。在早期两个版本便在西欧并行，如天主教钦定本"通行本《圣经》"（Vulgate）便是由杰罗姆根据《七十子本》和希伯来本翻译而成。中世纪犹太学者也曾编辑校订犹太祖先所留下的希伯来抄本，这些抄本被统称为《马索拉文本》（Masoretic Text）。② 宗教改革时期，马丁·路德提倡"回到本源"，以《马索拉文本》为底本翻译《圣经》。与此同时，在罗马教宗西斯廷五世（Sixtux V）的支持下，1587 年罗马教廷以《梵蒂冈抄本》为底本校订出版《西斯廷七十子本》（Sixtine Septuagint）。在这一背景下，一些天主教学者和新教学者们介入其中，通过对圣经的校勘比对捍卫自己所信奉的《圣经》版本的权威性。如天主教学者吉恩·莫林（Jean Morin）考察早期教父如何吸收《七十子本》，探讨"通行本《圣经》"与《七十子本》的关系，捍卫《七十子本》的权威性，借此批判希伯来《圣经》，认为《马索拉文本》是中世纪犹太人捏造出来的，路易·坎贝尔（Louis Cappel）则通过研究其中的元音符号，质疑《马索拉文本》的古老性。同时期，一些新教学者则对天主教学者的这一观点展开批驳，如乌瑟尔曾私下讽刺莫林的著作只是一种"愚蠢的碎片"，他的研究会损害"通行本《圣经》的权威"，约翰·巴克斯托福二世（Johann Buxtorf II）通过研究犹太人的语法书和卡巴拉著作

---

① 关于近代早期的各种《圣经》译本，可参见 *The Cambridge History of the Bible*：*The West from the Reformation to the Present Day*，ed. S. L. Greenslade, F. B. A., Cambridge：Cambridge University Press, 1963.

② 关于马索拉文本与七十子本之间的区别，可参见李思琪《〈马索拉文本〉、〈七十子译本〉与〈希伯来圣经〉的古代传播史》，《世界历史》2020 年第 4 期。

来捍卫《马索拉文本》的古老性。① 天主教与新教两派学者彼此互相攻讦，争论不休。

这一争论也体现在编年问题上，尤其是关于创世的时间推算上。据统计，关于创世时间的相关推算有 200 多种，大体上多是根据《七十子本》和"通行本《圣经》"进行推算。其中最具代表性的便是阿非利加斯根据《七十子本》所推算的编年和乌瑟尔根据"通行本《圣经》"所推算的编年。不过由于两者所用版本不同，他们所推算出的创世时间相差千年之久。② 面对中国上古编年和《圣经》编年之间的矛盾，耶稣会士多采用《七十子本》作为古代编年史的基础，这样伏羲以来的历史和古代希伯来人的历史之间便没有重大的年代冲突。在当时也有一些学者借助中国上古历史以支持《七十子本》，如沃西休斯、佩泽伦（Paul Perzon）便借此批判传统希伯来《圣经》的权威，认为《七十子本》才是正确的。③

---

① 近些年近代早期《圣经》批判成为学界关注的重点，一些学者重点讨论近代早期的《圣经》版本之争与信仰、学术的关系。关于这方面的研究可参见 Nicholas Hardy, *Criticism and Confession: The Bible in the Seventeenth Century Republic of Letters*, Oxford: Oxford University Press, 2017; Timothy Twining, "The Early Modern Debate over the Age of the Hebrew Vowel Points: Biblical Criticism and Hebrew Scholarship in the Confessional Republic of Letters", *Journal of the History of Ideas*, Vol. 81, No. 3, July, 2020, pp. 337 – 358.

② 关于《圣经》版本与世界纪年，可参见［日］小西鲇子《关于 17 世纪后期介绍到欧洲的中国历史纪年（上）》，曲翰章译，《国外社会科学》1988 年第 8 期；李隆国《说"公元（前）"》，《首都师范大学学报》（社会科学版）2011 年第 2 期；Rhoad Rappaport, *When Geologists were Historians, 1665 – 1750*, Ithaca: Cornell University Press, 1997, p. 78；吴莉苇《当诺亚方舟遭遇伏羲神农：启蒙时代欧洲的中国上古史论争》，第 424—433 页。

③ 在当时存在两种《圣经》译本，《七十子本》和希伯来《圣经》译本，七十子本为旧约的希腊文本，在希腊世界是圣经的通行本，根据《七十子本》推算世界创造于耶稣诞辰前的 5000 年左右，而另一种版本为希伯来译本，由杰罗姆从希伯来语翻译成拉丁语。根据希伯来文《圣经》进行推算，最早的尝试者为比德，他关于创世的推算比《七十子本》短了 2000 年左右，虽然在当时存在一些争议，但后来根据希伯来《圣经》推算编年渐渐成为西欧的一种主流。在当时的西欧存在两种正统推算法，一种为根据《七十子本》的推算，一种为希伯来《圣经》的推算。如后来在世界史书写中颇为流行的乌瑟尔编年便是根据希伯来《圣经》推算而出。关于《圣经》版本之争可参见 Rhoad Rappaport, *When Geologists Were Historians, 1665 – 1750*, p. 78；吴莉苇《当诺亚方舟遭遇伏羲神农：启蒙时代欧洲的中国上古史论争》，第 424—433 页。

而在当时仍有另一批学者以希伯来《圣经》为正统，用希伯来《圣经》编年厘定中国古史，如霍尔纽斯、舒克福德便是这派学者的代表。以舒克福德为例，在其著作中，他讨论了希伯来《圣经》、《七十子本》和撒玛利亚《圣经》三者编年的不同，并希望能够协调三者。但是他的协调是以希伯来《圣经》为基础。在书中，舒克福德批驳了当时流行的一些支持《七十子本》的理由，在处理编年的问题上他仍然沿用乌瑟尔的编年。根据乌瑟尔的编年，诺亚生活在公元前2958—前2016年，伏羲的生活年代正好也是在这一时间段内。① "萨尔《普遍史》"正是吸收了这一派的成果，采用希伯来本的编年与中国古史相协调。

根据"萨尔《普遍史》"中的编年选择，我们也可以看出编者们在外界环境的影响下如何一步步接纳中国上古史，并将其与《圣经》叙事相协调。该书的第一卷使用的是撒玛利亚编年，而在后面由于受到读者和出版商的压力，改为乌瑟尔编年。在近现代史第八卷讨论中国历史时便采用了乌瑟尔编年。② 在文中编者讨论中国古史希望的是协调中国编年与希伯来编年：

> 我们将通过两者所记载的一些可信的事实和反映彼此所共有的令人惊叹的证据，以展示中国人的编年和希伯来编年的一致，并发现那些所谓的中国的古老以及自夸中国编年与《七十子本》相一致的说法中存在的谬误，并使我们能够修正他们的

① Samuel Shuckford, *The Sacred and Profane History of the World Connected, From the Creation of the World to the Dissolution of the Assyrian Empire at the Death of Sardanapalus and to the Declension of the Kingdoms of Judah and Israel, under the Reigns of Ahaz and Pekah*: Including *The Dissertation on the Creation and Fall of Man*, pp. 44 – 65, 26.

② 在普遍史第一卷中，编者根据撒玛利亚编年将大洪水发生的时间视为基督诞生前2997年，而创世是在4305年。参见 *An Universal History from the Earliest Account of Time to the Present*: Compiled from Original Authors and Illustrated with Maps, Cuts, Notes, Chronological and Other Tables, Vol. 1, p. 53, 114。

君主制的开端,而这一修正比之前更为理性和真实。①

　　而这种协调是以希伯来版本为基准,在文中编者不止一次地批判中国编年和《七十子本》的编年,怀疑它们的真实性。② 认为只有希伯来编年才是唯一的权威。"当他们根据《七十子本》来计算年代而非根据我们的希伯来编年,因此这对我们来说并不可靠,而且也没有任何使用价值和益处。"③

　　通过"萨尔《普遍史》"的态度转变,我们可以看出,一方面如何将中国历史纳入世界史书写框架中,在当时成为世界历史书写者所不得不面对的一个问题。另一方面,关于中国上古史的论争不只是有关中国内容的讨论,其背后折射出的是利用异域知识对《圣经》版本的权威地位进行论争。正如尼古拉斯·哈迪(Nicholas Hardy)研究所得,17世纪的学者将《圣经》研究建立在更为科学化的基础之上,然而他们仍然怀有强烈的宗派意识。④ "萨尔《普遍史》"对中国古史的接受,也反映了这一点。

三　"萨尔《普遍史》"中的中国宗教

　　自中世纪以来,普遍史书写便带有强烈的基督教色彩,书写普

---

① *The Modern Part of an Universal History, From the Earliest Account of Time*, Vol. 8, p. 347.

② 在文中编者提到《七十子本》和中国编年都认为尧的统治在公元前 2357 年,而杜赫德则认为是在公元前 2327 年,这些日期都远早于希伯来纪年,编者认为《七十子本》中国编年以及杜赫德的推算都是不牢靠的。根据希伯来编年,尧的统治应在基督诞生前 1519 年,即大洪水后的 830 年,参见 *The Modern Part of an Universal History, From the Earliest Account of Time*, Vol. 8, p. 361。

③ *The Modern Part of an Universal History, From the Earliest Account of Time*, Vol. 8, p. 369.

④ Nicholas Hardy, *Criticism and Confession: The Bible in the Seventeenth Century Republic of Letters*, p. 19.

遍史的目的在于展现上帝在历史发展中的意志。虽然近代以来普遍史已经摒弃传统的基于基督教的书写模式，愈加世俗化，其中"萨尔《普遍史》"便是普遍史世俗化的一个典型。但是在具体内容尤其是有关宗教的讨论中，以护教阐道为中心的信仰主义仍然支配着普遍史的书写。首先，在资料选择上，编者关于中国宗教的描述多来自传教士的记载，这些文本本身就带有强烈的护教色彩；其次，在"萨尔《普遍史》"出版时期基督教仍然是不可动摇的权威。在"萨尔《普遍史》"中有关中国宗教的记载集中在近代中国史部分，虽然在上古史中也有零星的讨论，但主要讨论的是中国当时的原始信仰即伏羲宗教。在近代史部分则专门开辟一章讨论"中国的古代宗教和新的教派"，其中不仅涉及当时在中国最为流行的儒家思想、道教和佛教，而且还讨论在当时中国所存在的伊斯兰教和犹太教。虽然这些描述面面俱到、事无巨细，但是从中仍然可以看到一条隐藏的线索，那便是上帝恩典的堕落与复归，这种叙述下编者以基督教为标准，将其他宗教则视为偶像崇拜打入另册。

　　"萨尔《普遍史》"古代史的第一卷开端便讨论了世界各民族的宇宙起源论（cosmogony），其中涉及中国的宗教："虽然在过去通常认为中国人被那种不虔敬的观念所腐化，然而在偶像崇拜在中国流行之前，他们认可一个神，或者说是至高的、永恒的、绝对的精神，这是天地之中，是万物的主宰，他们以'上帝'（Shang ti）之名来崇拜他。"① 在其他卷中编者也曾多次提到这种原始的一神教，而且对此高度评价，认为中国的原始宗教保留了原初的纯真，甚至将这种原始的一神教看作伏羲也即诺亚所发明，因此才能够不陷入偶像崇拜之中。② 而对于偶像崇拜，编者持严厉批判的态度，认为佛教给

---

　　① *An Universal History from the Earliest Account of Time to the Present: Compiled from Original Authors and Illustrated with Maps，Cuts，Notes，Chronological and Other Tables*，Vol. 1，p. 34.

　　② *The Modern Part of an Universal History，From the Earliest Account of Time*，Vol. 8，p. 347.

中国带来了偶像崇拜，自此中国的信仰也就败坏了。

> 长期以来中国人一直保持着原初的纯真，并没有被偶像崇拜、迷信和有关神的错误观念所腐蚀，而这些东西曾在世界其他地区横行，甚至从它的起源地传播到了许多其他地区。如果我们相信中国人的记载，那偶像崇拜便是从他们的邻国印度传来。①

编者随后讲述了汉明帝时期西行求法，带来了一些"虚假的内容、迷信和不虔诚的观念"，自此"各个地区的人们都信仰这个虚构的神（chimerical god），并且塑造许多偶像、祭坛、寺庙和佛塔以供奉他"②。对于中国另一个流行的宗教道教（Lau-kyun，老君），"萨尔《普遍史》"编者们对它的评价则更为负面，认为道教"没有任何价值，只是一堆放肆、邪恶观念的混合物"③。

值得注意的是，"萨尔《普遍史》"还谈到了在当时中国士人都很少关心的主要处于西北地区的穆斯林和在开封的犹太人。在讨论关于中国的伊斯兰教时，编者提到"他们除了信仰唯一的最高主宰（Supreme Being）外，便不再遵循其他穆罕默德的教旨了"。④ 对于当时刚刚发现的开封犹太人，"萨尔《普遍史》"的编者也花费了一些笔墨去描绘他们的状况。这些关于中国犹太人的知识由耶稣会士带到欧洲，"萨尔《普遍史》"编者们主要依据传教士的书籍和书信

---

① *The Modern Part of an Universal History*, *From the Earliest Account of Time*, Vol. 8, p. 101.

② *The Modern Part of an Universal History*, *From the Earliest Account of Time*, Vol. 8, p. 110.

③ *The Modern Part of an Universal History*, *From the Earliest Account of Time*, Vol. 8, p. 102.

④ *The Modern Part of an Universal History*, *From the Earliest Account of Time*, Vol. 8, p. 122.

去描绘他们。① 在文中编者详细描述了这批在开封的犹太人的宗教仪式、对上帝的称呼等相关内容。不过在他们看来这些犹太人：

> 通过对经书的虚假的注释歪曲了神圣的经书，而他们所奉行的经书既不是塔木德，也不是那些几个世纪之前的古老的具有隐喻的传统和评述，这些传统我们曾在古代史部分提过。另一方面，这些自称是塔木德信徒（Talmudists）的人，他们败坏了这些他们一直力图保存的神圣文本，通过他们错误的注经和评述，甚至掺入了一种迷信，并一直保留下来。②

除了讨论上述宗教外，"萨尔《普遍史》"的编者还花费了大量篇幅讨论了基督教在中国的传播，他将基督教传播的历史上溯至唐朝，虽然在文中编者也提到有人认为使徒多马（St. Thomas）便已经将福音传播到印度，但仍然没有充足的证据证明他曾到达中国。而真正能够证明基督教曾在中国传播的则是当时出土的"大秦景教流行中国碑"。③ 编者根

---

① 据研究，第一个将开封犹太人的信息带到欧洲的是利玛窦，而后艾儒略、龙华民、宋君荣等人也都曾去开封探访开封犹太人，描绘了他们的礼仪、习俗、宗教仪式、犹太会堂等内容，"萨尔《普遍史》"有关犹太人的部分也多是来自这些传教士的著作和报告。参见张腾欢《基督教传教士对开封犹太社团的调查和研究》，硕士学位论文，河南大学历史文化学院，2014 年。

② *The Modern Part of an Universal History, From the Earliest Account of Time*, Vol. 8, p. 139.

③ "大秦景教流行中国碑"由唐代景教僧人景净撰述，记述了自阿罗本（Olopouen）入唐以来景教的发展，后来被埋入地下，1623 年（"萨尔《普遍史》"所载为1645 年）被人发现挖掘出土，传教士将碑文翻译成各种语言传到欧洲后，引起当时学界的极大兴趣。"萨尔《普遍史》"根据李明的记载也对该碑做了详细描绘，在文中编者提到在公元1645 年陕西省（Shan-si）西安府（Si-ngan-fu）附近出土了一个古老的纪念碑，它长 10 英尺，宽 6 英尺，碑的顶部雕刻有十字架，碑文部分是中文，部分是古叙利亚语。碑文中一部分描绘了弥撒亚诞生，东方的国王受天上新星的指引前来朝拜。阿罗本到达中国，受到了当时皇帝的尊重，允许他传教。虽然编者并未提到该碑的名字，但根据描述确为"大秦景教流行中国碑"，参见 *The Modern Part of an Universal History, From the Earliest Account of Time*, Vol. 8, pp. 77 – 78, 123。

据碑文记载讲述了基督教在唐朝的发展，并提到武宗（Vu-tsong）灭佛也影响到了基督教，3000多人被迫还俗，之后基督教在中国便衰落了。① 后来则是耶稣会士将上帝的福音重新带回了中国。通过上述关于中国宗教的描绘，我们可以看到在这些有关诸宗教的叙述中存在一条主线，即恩典的堕落与复归：中国的原始宗教中蕴含着一神信仰的真理，只不过后来被佛教等外来偶像崇拜给败坏了，而在中国的其他一神教，如伊斯兰教和犹太教，也已经背弃了真理，只有基督教才是真正的信仰，传教士的到来也是为了将上帝的恩典重新带到中国。

四 小结

由于"萨尔《普遍史》"面面俱到、包罗万象，许多学者都将其视作一部具有全球视野的世界史著作，如格奥尔格·伊格尔斯便强调这部书具有平等观和全球意识，因为他看到，在书中欧洲不过是许多文明中的一种。② 诚然，从该书的布局、结构和史料选择来看，该书的确是一部包罗万象的百科全书，而且力图描绘各个民族的历史。但是通过之前对"萨尔《普遍史》"中的中国上古史和宗教的分析，我们可以发现该书并非对每个民族都秉持平等，而且在有关中国历史的其他方面也可看出这一点。这些描述的背后反映了编者的什么立场？这一立场又如何影响了编者对普遍史的认识？

---

① *The Modern Part of an Universal History, From the Earliest Account of Time*, Vol. 8, p. 123.

② 关于伊格尔斯对该书的评价，可参见 Georg Iggers, Q. Edward Wang and, Supriya Mukherjee, *A Global History of Modern Historiography*, New York: Routledge, 2017, p. 7; Georg Iggers, "Reflections on the Historiography of the Twentieth Century from the Perspective of the Twenty-first Century", *Historein*, Vol. 16 (Jun. 2017), p. 154。

　　"萨尔《普遍史》"的编纂正值西方崛起之时,如何表现欧洲在全球历史发展中的地位,成为普遍史书写所面临的一个问题。"萨尔《普遍史》"虽然在体例上面面俱到,力图展现每个民族的历史,突破传统的四大帝国模式。但在书写近代史的时候,欧洲兴起成为他们不可回避的问题。1758年"萨尔《普遍史》"的编者们发表了一篇关于出版普遍史近现代卷的计划,其中对如何书写普遍史提出了新的看法。文章批判传统的四大帝国模式,认为传统普遍史并不完善。在他们看来,普遍史书写一方面应该去展现每个民族的历史,这部作品由所有民族的历史构成,是一部真正的"普遍的文库"(Universal Library)①,另一方面展现西方的兴起应该是近代史的核心:

　　　　在西方世界中,由于科学的复兴,西方人变得愈加温和和文明,并且使得欧洲人成为所有民族中最优越的,统治着全球其他地区的许多民族。这些伟大的事件造成了一个结果,那便是使一部普遍史成真。②

　　正如这份写作计划所表达的那样,科学的复兴即科学革命,使得欧洲人在对自然的认识进一步加深的同时,也滋生了一种对自身科学进步的自豪感。在传教士的著作中曾提到中国拥有先进的科学技术,这一观点在当时也引起了很大的争议,不少人对此表示质疑。"萨尔《普遍史》"中也有对此问题的回应,在涉及中国的学问、艺术、科学和语言的时候,在文中开始便提到"毫无疑问传教士对中国学问过分赞誉,而其他作者又不公正地低估了他们的学问"。而在他们看来,"中国人在古代(最古老的君主制时期)科学水平很高,然而在近4000年中其科学只有很小的进步。反观欧洲,他们从希腊

---

①　*Proposals for Publishing the Modern Part of the Universal History*, p. 15.

②　*Proposals for Publishing the Modern Part of the Universal History*, pp. 15 – 16.

罗马那里获取知识，在近两三个世纪里，他们不仅超越了希腊罗马人，而且将中国人也甩在了后面"。① 而且中国的许多先进科学技术都是从欧洲传教士那里学来，其中包括自然哲学。"他们对自然哲学知之甚少，然而他们在欧洲人那里学到了一些。"② 在这一背景下中国被塑造为一个"他者"，即一个与欧洲文明所不同的异域文明，在文中的其他部分也处处可见与欧洲国家所不同的描述，如强调中国王权的集中，认为在中国，皇帝是法律的唯一解释者，描绘中国的各种酷刑等。③ 而这样一个中国是需要欧洲人去拯救开化的国度。

"萨尔《普遍史》"相较于其他的世界历史更加关注异域。但是通过上文对"萨尔《普遍史》"中中国论述的考察，可以看到对中国的关注，其核心仍是回应欧洲本土思想问题，即捍卫以基督教为基础的知识体系的权威地位。通过协调中国上古历史与《圣经》编年，将中国历史纳入以《圣经》为基础的世界历史框架之中，捍卫希伯来《圣经》版本的权威。中国宗教论述背后的主线是上帝恩典的堕落与复归，论述的目的是为基督教在中国的传播寻求合法性。"萨尔《普遍史》"所构建的是一个适应西方现实需求的作为他者的中国，并非真实的中国。"萨尔《普遍史》"借助中国历史资源处理欧洲本土问题。本章并无意苛责"萨尔《普遍史》"编者们的西方视角，而是希望通过该书中的中国论述，丰富人们对18世纪欧洲中国观念的认识，从欧洲思想史内部脉络去认识欧洲人的"中国形象"。

启蒙运动冲击了基督教的权威地位，"萨尔《普遍史》"等世

---

① *The Modern Part of an Universal History, From the Earliest Account of Time*, Vol. 8, p. 179.

② *The Modern Part of an Universal History, From the Earliest Account of Time*, Vol. 8, p. 193.

③ *The Modern Part of an Universal History, From the Earliest Account of Time*, Vol. 8, p. 165, p. 171.

界史曾经尝试以《圣经》记载为权威协调《圣经》编年和中国古
史记载的做法也不再被启蒙哲人所认可，中国历史的古老性无须
再通过比附《圣经》而获得承认。伏尔泰在《风俗论》中曾提到：
"如果说有些历史具有确实可靠性，那就是中国人的历史。"① 但是
"萨尔《普遍史》"中有关中国的具体论述，如关于宗教、科学、
语言、政制、习俗、历史循环等内容却影响了后来的西方人对中
国的整体认识，伏尔泰、魁奈等人都曾直接或间接受到"萨尔
《普遍史》"的影响，而这些中国知识也成为他们论述中国的重
要资源。②

　　"萨尔《普遍史》"所描绘的中国并不是一个真实的中国，而是
一种根据自己的知识背景所建构出来的中国。这种对中国的认识可
谓是隔岸观景，所看到的只是一种"扭曲"的中国。这些经由传教
士带回的中国知识所构建的中国，虽然不是真实的中国，但也并非
一无是处。这些知识经由"萨尔《普遍史》"编者等人的努力将其
整合到世界历史之中，并影响了当时许多西方士人对中国的认识，
如伏尔泰等启蒙哲人都受到其影响，并据此而在总体上对中国文明

---

　　① ［法］伏尔泰：《风俗论：论各民族的精神与风俗以及自查理曼至路易十三的
历史》（上册），梁守锵译，商务印书馆 2000 年版，第 85 页。

　　② 据研究，伏尔泰曾阅读过"萨尔《普遍史》"，而且在《风俗论》中有关中
国宗教、政制等方面的描述与"萨尔《普遍史》"中关于中国的内容非常相似，而孟
德斯鸠有关中国的知识则主要来自杜赫德主编的《中华帝国全志》，虽然笔者不能肯
定伏尔泰直接受到"萨尔《普遍史》"的影响，但值得注意的是他们都共享一个知识
资源，即传教士所描绘的中国。法国"重农主义"（physiocracy，原意为自然统治）
代表人物魁奈的《中华帝国的专制制度》中大量借用了法国地理学家鲁斯洛·德·
苏尔热（Jacques-Philibert Rousselot de Surgy）的《杂录与奇谈》（*Mélanges intéressant
et curieux, ou Abrégé d'histoire naturelle, morale, civile et politique de l'Asie, de l'Afrique, de
l'Amérique, et des terres polaires*），而《杂录与奇谈》中许多关于中国的描绘则来自
"萨尔《普遍史》"。参见 Guido Abbattista, "The Business of Paternoster Row: Towards A
Publishing History of The Universal History (1736–65)", p. 28；［法］弗朗斯瓦·魁奈
《中华帝国的专制制度》，谈敏译，英文本绪论，商务印书馆 1992 年版，第 12—
14 页。

抱有赞扬和崇敬的态度。① 一个多世纪以后，这些基于传教士带到欧洲的中国知识所形成的中国叙述，被近代中国知识分子翻译后，重新回到中国，如严复、康有为、梁启超等人借助伏尔泰、孟德斯鸠的论著讨论中国的"公民宗教""专制制度"等问题。这些知识成为形塑近代中国政治思想的重要资源，也成为近代中国知识分子重新认识中国的一面镜子。②

由此可见，这些经由传教士带到欧洲的中国知识，通过"萨尔《普遍史》"编者们的加工，将其纳入欧洲传统知识框架之中，形塑了欧洲人对中国的认识。两个世纪之后，这些知识经由中国近代知识分子的翻译回到中国，又影响了中国人对中国的整体认知。这一知识的传播形成了从东到西又从西到东的闭环，影响了欧洲和中国的思想转型。

---

① 正如启蒙是多元的，启蒙哲人所塑造的中国形象也是复杂而多面的。虽然在当时许多启蒙哲人都曾讨论过中国，且多持赞赏态度，但值得注意的是，在当时并非只存在一种声音，如孟德斯鸠便认为中国的专制制度的基础是恐惧，对此进行批判。关于近代欧洲启蒙哲人的中国观，可参见 Jonathan D. Spence, *The Search for Modern China*, New York: W. W. Norton & Company, 1999, pp. 132 – 137；张国刚、吴莉苇：《启蒙时代欧洲的中国观：一个历史的巡礼与反思》；Jonathan I. Israel, "Admiration of China and Classical Chinese Thought in the Radical Enlightenment (1685 – 1740)", *Taiwan Journal of East Asian Studies*, Vol. 4, No. 1, Jun. , 2007, pp. 1 – 25；Simon Kow, *China in Early Enlightenment Political Thought*, New York: Routledge, 2017。

② 关于启蒙思想中的中国知识对近代中国的影响，可参见 Simon Kow, *China in Early Enlightenment Political Thought*, pp. 200 – 210.

第 三 章

"萨尔《普遍史》"中的美洲叙述与
近代早期的美洲人起源研究

　　1492 年 8 月 3 日，克里斯托弗·哥伦布（Christopher Columbus，1451－1506）率领的船队从帕洛斯港拔锚起航，奉西班牙双王之命寻找前往东方的新航路。10 月 11 日，在经历数月的航行后，他们终于看到了火光，发现了陆地，于次日凌晨踏上了这片土地。哥伦布在其《航海日记》中记载了这一事件，并且对生活在该陆地上的人做了如下描绘："彼等个个身躯魁伟，体态俊美、相貌端庄。象马尾一样粗硬的短发垂于眉端，少数长发披在肩上，这部分头发好像从不剪短似的。他们有的把身体涂成褐色，有的涂成白色、红色以及任何可以办得到的颜色，也有的只涂面或仅仅涂眼周和鼻子。彼等肤色不黑也不白，颇像加纳利人。"[①] 哥伦布至死都认为自己找到了通往东方的新航路，而 1492 年 10 月 12 日所登上的这个小岛是日本群岛附近众多岛屿之一，因此生活在这片土地上的人们自然是东方人。然而，随着对这片土地认识的深入，人们发现这并非东方，意大利探险家亚美利哥·韦斯普奇（Amerigo Vespucci，1454－1512）指出这是一个新世界。1507 年出版的《宇宙学导论》（*Cosmograph-*

_____

　　① ［意］哥伦布：《哥伦布〈航行日记〉》，孙家堃译，上海外语教育出版社 1987 年版，第 29 页。

iae Introductio）为纪念韦斯普奇，将这片大陆命名为"亚美利哥之地"（Land of Amerigo），或"亚美利加"（America），德意志制图师马丁·瓦尔德泽米勒（Martin Waldseemüller, 1470 – 1520）则将美洲纳入世界地图之中。[①] 至此，人们认识到哥伦布发现的并非东方新航路，而是一个新的大陆，1492 年的这一事件在世界历史叙述中被凸显为"1492 年发现新大陆"，甚至成为世界近代史的开端。[②]

当人们认识到哥伦布"发现"的为新大陆时，另一个问题接踵而来：这些生活在新大陆的原住民起源何处？自中世纪以来，《圣经》被视为唯一的权威，同时也被看做是一部真正的世界历史，它囊括了关于过去和未来的所有知识。据《旧约·创世记》记载，世界上生活的一切生物都是大洪水后幸存下来的，世界上所有居民都是诺亚的子孙。但是在《圣经》中，并没有关于这个新大陆的任何记载。因此，对于美洲人起源的解释直接关系到以《圣经》为基础的诺亚谱系的真实性。在近代早期，许多学者都曾针对这一问题争论不休，其中"萨尔《普遍史》"也处于这一争论之中。如何认识美洲人起源，如何将美洲纳入世界历史的框架中，这成为"萨尔《普遍史》"编者们所面临的一大挑战。

有关近代早期美洲人起源的研究，在西方学界成果宏富。早在 19 世纪末，休伯特·豪·班克罗夫特（Hubert Howe Bancroft, 1832 – 1918）已经讨论了近代早期学者对美洲人起源的认识。[③] 之后也有

---

① Edmundo O'Gorman, *The Invention of America, An Inquiry into the Historical Nature of the New World and the Meaning of its History*, Connecticut: Greenwood Press, 1972, pp. 122 – 123.

② 近些年来，随着对西方中心论的批判，人们也开始反思"发现新大陆"这一表述。有关对"发现新大陆"这一观点的反思，可参见 Edmundo O'Gorman, *The Invention of America, An Inquiry into the Historical Nature of the New World and the Meaning of its History*, Connecticut: Greenwood Press, 1972; Hans Koning, *Columbus: His Enterprise*, New York: Monthly Review Press, 1976.

③ Hubert Howe Bancroft, *The Native Race of the Pacific States of North America*, Vol. 5, New York: D. Appleton and Company, 1876, pp. 1 – 132.

一些学者对该问题进行研究，他们的关注点多集中在雨果·格劳秀斯（Hugo Grotius, 1583 – 1645）与约翰·德·拉特（Joannes de Laet, 1581 – 1649）之争，如赫伯特·赖特（Herbert F. Wright）论述了格劳秀斯与德·拉特关于美洲人起源的辩论，而后琼·保罗·卢比耶斯（Joan-Pau Rubiés）在此辩论基础上分析了格劳秀斯的非历史的研究方法，认为格劳秀斯论证美洲人起源是为瑞典殖民张目。① 真正系统讨论这一问题的是李·哈德斯顿（Lee Eldrige Huddleston, 1935 – 2003），哈德斯顿在其博士论文中系统考察了1492—1729 年西班牙、葡萄牙、英国、法国、荷兰等地学者关于美洲人起源的研究，并认为他们的探讨是为自己国家到美洲殖民寻找合法性。② 除此之外，诺亚传说在近代的流传也是当时思想史探讨的重点，唐·卡梅隆·艾伦（Don Cameron Allen）系统梳理了17 世纪之前学者们对美洲人起源的讨论，并讨论了这些研究如何与诺亚谱系相调适。③

近年来人文主义学术传统被重新发掘，许多学者开始关注那些曾经被忽视的人文主义"博学鸿儒"们，其中专门讨论美洲人起源的近代早期学者伊萨克·德·拉佩雷尔（Issac de la Peyrère, 1596 – 1676）开始受到一些研究者的青睐。有关拉佩雷尔的研究可以分为两类，一类为关于拉佩雷尔的思想传记，如理查德·波普金（Richard H. Popkin, 1923 – 2005）在拉佩雷尔的思想传记中阐述了美洲异域知识的冲击如何刺激拉佩雷尔提出"亚当前人说"（Pre-Adamite

---

① 参见 Herbert F. Wright, "Origin of American Aborigines: A Famous Controversy", *The Catholic Historical Review*, Vol. 3, No. 3, Oct., 1917, pp. 257 – 275; Joan-Pau Rubiés, "Hugo Grotius's Dissertation on the Origins of the American Peoples and the Use of Comparative Methods", *Journal of the History of Ideas*, Vol. 52, No. 2, Apr. – Jun. 1991, pp. 221 – 244。

② Lee Eldridge Huddleston, *Origins of the American Indians*, *European Concepts*, *1492 – 1729*, Austin: The University of Texas Press, 1967.

③ Don Cameron Allen, *The Legend of Noah*, *Renaissance Rationalism in Art*, *Science*, *and Letters*, Urbana: University of Illinois Press, 1963, pp. 113 – 137.

Theory)。① 另一类则受学术史（history of scholarship）研究影响，发掘近代早期的文字学（philology，又译为语文学）传统，格拉夫顿考察了拉佩雷尔如何运用文字学方法将《圣经》叙事去魅化，② 由于讨论美洲人起源的学者们多处于荷兰的学术共同体之内，因此从学术共同体的维度考察美洲人起源之争也成为学者们关注的问题。③ 受后殖民思潮影响，一些研究者开始思考近代欧洲学者们如何描绘美洲，塑造"他者"。④ 这一热潮也影响了中国学界，如王晓德系统地研究了启蒙哲人对美洲人的认识，孙一笑讨论了拉佩雷尔的"亚

---

① Richard H. Popkin, *Isaac la Peyère（1596 – 1676）, His Life, Work and Influence*, Leiden: Brill, 1987.

② Anthony Grafton, "Isaac La Peyère and the Old Testament", in *Defenders of the Text: The Traditions of Scholarship in an Age of Science, 1450 – 1800*, Cambridge: Harvard University Press, 1994, pp. 204 – 213.

③ Alain Schnapp, "The Pre-adamites: An Abortive Attempt to Invent Pre-history in the Seventeenth Century", in Christopher Ligota and Jean-Louis Quantin, eds. , *History of Scholarship: A Selection of Papers from the Seminar on the History of Scholarship Held Annually at the Warburg Institute*, Oxford: Oxford University Press, 2006, pp. 399 – 412; Eric Jorink, " 'Horrible and Blasphemous': Isaac La Peyère, Isaac Vossius and the Emergence of Radical Biblical Criticism in the Dutch Republic", in Jitse M. van der Meer and Scott Mandelbrote, eds. , *Nature and Scripture in the Abrahamic Religions: Up to 1700*, Leiden: Brill, 2008, pp. 429 – 450; Drik von Miert, *The Emancipation of Biblical Philological in the Dutch Republic, 1590 – 1670*, Oxford: Oxford University Press, 2018.

④ 关于近代西方学者对美洲的认识可参见 Walter D. Mignolo, *The Darker Side of the Renaissance: Literacy, Territoriality and Colonization*, Ann Arbor: The University of Michigan Press, 1995; Anthony Grafton, *New World, Ancient Texts: The Power of Tradition and the Shock of Discovery*, Cambridge: The Belknap Press of Harvard University Press, 1995; Jorge Cañizares-Esguerra, *How to Write the History of the New World: Histories, Epistemologies, and Identities in the Eighteenth-Century Atlantic World*, Stanford: Stanford University Press, 2001; J. G. A. Pocock, *Barbarism and Religion: Barbarians, Savages and Empires*, Cambridge: Cambridge University Press, 2005; David Allen Harvey, *The French Enlightenment and Its Others: The Mandarin, the Savage, and the Invention of the Human Sciences*, New York: Palgrave Macmillan, 2012; Joyce Appleby, *Shores of Knowledge: New World Discovery and the Scientific Imagination*, New York: W. W. Norton & Company, 2013.

当前人说"背后的种族主义倾向。①

之前研究者关注的焦点多为直接研究美洲人起源的近代学者们，本章则希望将这一问题放在史学史的脉络中，以"萨尔《普遍史》"为中心，探讨这些研究成果如何为当时的历史书写所吸收，并进一步分析美洲人起源如何被纳入世界历史书写框架中。② 而且值得注意的是，美洲人起源的讨论并非只存在于 15—18 世纪，启蒙运动之后，仍有许多学者研究这一问题，但研究方法已经大不相同。本章旨在通过对前后研究方法的对比，折射近代学科方法的建立和历史意识的转型。

一　欧洲近代早期关于美洲人起源的讨论

受基督教影响，中世纪以来《圣经》成为认识世界的最高权威。欧洲人认为，上帝已经把关于过去、现在和未来的所有知识写在了《圣经》中，关于我们祖先是谁这一问题，《圣经》中已经有了答案，即现存世界上的所有民族都是大洪水后诺亚的子孙。这一观点反映在当时许多作品之中，如风靡一时的《曼德维尔游记》便秉持这一观念，将阿拉伯人、欧洲人和亚洲鞑靼人视为诺

---

① 王晓德：《布丰的"美洲退化论"及其影响》，《历史研究》2013 年第 6 期；《"雷纳尔之问"与美洲"发现"及其后果之争》，《世界历史》2018 年第 5 期；《雷纳尔美洲退化思想与启蒙时代欧洲的"他者"想象》，《历史研究》2019 年第 5 期；《启蒙运动时期德波对美洲"退化"的想象》，《世界历史》2021 年第 1 期；《欧洲中心论与罗伯逊的美洲观》，《华中师范大学学报》（人文社会科学版）2022 年第 1 期。孙一笑：《"前亚当论"视域下近代早期欧洲种族主义理论流变》，《历史研究》2022 年第 5 期。

② 克拉姆特在其博士论文中也曾论及美洲的发现对世界历史书写的冲击，以及格劳秀斯、霍尔纽斯对美洲人起源的研究，参见 Adalbert Klempt, *Die Säkularisierung der universalhistorischen Auffassung：Zum Wandel des Geschichtsdenkens im 16. und 17. Jahrhundert*, S. 106 – 114。

亚三子闪、雅弗和含的后代。与上一章所述"发现"中国相同，新大陆的发现，也促使时人开始思考，这些居住在新大陆的原住民是诺亚的子孙吗？如果是的话，他们从何而来？又是如何从希奈尔到达遥远的美洲？美洲的动植物又是怎样从旧大陆带来？如果不是的话，那他们的祖先又如何在大洪水中幸存下来？而且这一观点也与《圣经》记载相违悖，难道说《圣经》不是一部真正的世界历史？这一系列问题一直困扰着自新大陆发现以来的欧洲学者们，他们针对这一问题争论不休，其中不乏一些思想巨擘参与其中。在近代早期欧洲学者如何认识美洲原住民？为何他们会痴迷于这一问题的讨论？对这一问题的不同回答又为何会冲击《圣经》的权威？为回答这一系列问题，笔者将先梳理近代早期有关美洲人起源问题的讨论，进而讨论这些争论背后所反映出的学术思潮。

自哥伦布航行之后一些航海家也曾到达这块新大陆，有关新大陆的知识被他们带回了欧洲，当时人们普遍认为这些土著人是一种动物，或者由魔鬼所造，并未系统研究他们的起源。但随着对美洲了解的深入，人们认识到这些土著人也是人类，自此有关他们来自哪里成为热议的话题。当时正值文艺复兴时期，许多古典文献被重新发掘，许多学者开始从古典作家的记载中寻找美洲人的蛛丝马迹，并据此形成了各种不同的观点。①

据李·哈德斯顿研究，有关新世界原住民起源的辩论始于1535年。② 1535年，宫廷人文主义学者贡萨洛·奥维多（Gonzalo Oviedo,

---

① Anthony Grafton, *New World, Ancient Texts: The Power of Tradition and the Shock of Discovery*; Kira von Ostenfeld-Suske, "A New History for a 'New World': The First One Hundred Years of Hispanic New World Historical Writing", José Rabasa, Masayuki Sato, Edoardo Tortarolo, and Daniel Woolf, eds. , *The Oxford History of Historical Writing*, Vol. 3, Oxford: Oxford University Press, 2012, p. 558.

② Lee Eldridge Huddleston, *Origins of the American Indians, European Concepts, 1492 – 1729*, pp. 15 – 16.

1478 – 1557）出版了《西印度的通史与自然史》（*Historia generaly natural de las Indias*）一书。① 奥维多曾在美洲的加勒比地区任殖民官员，并在此收集了有关美洲人的相关资料，后仿效老普林尼的《自然史》（*Natural History*）并结合自己所收集的一手材料写作该书，书中对新大陆的描绘面面俱到，被誉为"印第安的百科全书和普遍史"②，奥维多在书中讨论了印第安人的起源。奥维多从亚里士多德的一段关于迦太基商人的描述中找到了美洲人起源迦太基的证据。亚里士多德曾提到曾有迦太基商人在大西洋上航行，并越过"赫拉克勒斯之柱"（the Pillars of Hercules）到达了一个无人居住的岛屿。③ 奥维多以此认为该岛屿便是古巴或者新西班牙，早在哥伦布之前迦太基人便已经到达了美洲。虽然奥维多解决了谁最先发现美洲的问题，但是他也不能确定这些土著人是迦太基商人的后裔，因为毕竟在亚里士多德记载中那些回到迦太基的商人都被处死了。于是奥维多提出了另一个假设，来解决美洲人起源的问题。奥维多借助希腊化时代的作家巴罗斯苏斯（Berosus）的记载，指出早在公元前 1658 年古西班牙人便发现了美洲，并移民于此，统治了这块地方。上帝只不过通过哥伦布这一中介使西印度重新回到西班牙的统治之下。④

在当时，奥维多这一观点一经抛出，便引起轩然大波。其中以哥伦布之子费尔南多·哥伦布（Fernando Columbus，约 1488 – 1539）

---

① 在奥维德生前只出版了部分内容，1851—1855 年该书才完全出版，而关于美洲人起源的讨论出版于 1535 年，对此可参见 Lee Eldridge Huddleston, *Origins of the American Indians, European Concepts, 1492 – 1729*, p. 16.

② Kira von Ostenfeld-Suske, "A New History for a 'New World': The First One Hundred Years of Hispanic New World Historical Writing", p. 560.

③ 赫拉克勒斯之柱为在直布罗陀海峡两岸耸立的海岬，据传是古希腊英雄赫拉克勒斯旅行的最西点。据柏拉图的记载，亚特兰蒂斯便在赫拉克勒斯之外的大西洋中。

④ Lee Eldridge Huddleston, *Origins of the American Indians, European Concepts, 1492 – 1729*, pp. 16 – 18.

为代表，坚持认为哥伦布最先发现新世界，奥维多的观点是对哥伦布的污蔑。[1] 虽然奥维多所提出的美洲西班牙起源说并未得到多少人赞同，然而无心插柳柳成荫，奥维多简略提及且自己并未接受的迦太基人发现美洲说反而流行开来，如瓦内加斯（Alejo Vanegas de Bustos，约 1498 - 1562）、科丘拉（Vicente Palatino de Curzola）等学者进一步阐释了迦太基起源说，奥维德的部分著作甚至被翻译成英文在英国流传。[2] 在当时，除了迦太基起源说之外，还有其他学说，如印度起源说、亚特兰蒂斯起源说、犹太起源说和中国起源说等，这些推测大多依据古典作家的作品亦或"次经"（Apocrypha），从这些文献中寻找美洲人起源的证据。如巴托洛梅·德拉斯·卡萨斯（Bartolomé de las Casas，约 1474/1484 - 1566）便根据希罗多德和狄奥尼修斯的记载，认为西印度人起源于东印度。而萨拉特（Agustin de Zárate，1514 - 1585）则依照柏拉图所描绘的亚特兰蒂斯的传说，认为亚特兰蒂斯的部分习俗现在仍保留在秘鲁。[3] 甚至有人认为美洲人是消失的十个犹太部族，如玛拿西·本·伊斯拉尔（Menasseh ben Israel）通过对比犹太人和美洲人习俗、仪式和语言等方面，论证美洲人起源犹太部族，并且认为所有的犹太部族最终将回到耶路撒冷，完成统一。[4] 伊斯拉尔的这一观点也被欧洲一些学者所采信，如英国学者托马斯·索罗古德（Thomas Thorowgood）通过考察犹太人和美洲人在习俗、仪式、语言、建筑等方面的相似性，进一步论证美洲

---

[1]　Lee Eldridge Huddleston, *Origins of the American Indians*, *European Concepts*, *1492 - 1729*, p. 19.

[2]　当时很多学者认可迦太基起源说，认为早在哥伦布之前便有人到达美洲，如瓦内加斯认为第一批美洲移民来自迦太基，而科丘拉则认为美洲人是迦太基的后裔，布匿战争罗马征服了迦太基，而西班牙则应该征服美洲，参见 Lee Eldridge Huddleston, *Origins of the American Indians*, *European Concepts*, *1492 - 1729*, pp. 20 - 21, 29.

[3]　Agustin de Zárate, *The Discoverie and Conquest of the Prouinces of Peru*, *and the Nauigation in the South Sea*, *along that Coast. And also of the ritche Mines of Potosi*, trans, T. Nicholas, London: Richard Ihones, 1581, pp. ii - v.

[4]　Menasseh ben Isreal, *The Hope of Israel*, London: 1650.

人是犹太人的后裔。[①] 也有一些学者通过长相、习俗将美洲人和中国人相对比，认定他们是中国人的后裔。[②]

由于西班牙、葡萄牙人最先到达美洲，因此早期关于美洲人起源的研究多由伊比利亚半岛学者们所提出，他们所依据的多为非《圣经》文献，研究内容并未涉及《圣经》所载内容，对美洲人起源的讨论也依然遵循传统的"诺亚谱系"，认为美洲人也是诺亚的子孙。直至 17 世纪，随着英国、荷兰、法国等其他国家染指美洲，对美洲人起源的讨论不再由伊比利亚学者所把持，欧洲其他国家的学者也参与其中。值得注意的是，当时正逢文字学兴起，运用文字学批判方法研究《圣经》成为当时欧洲学界的一股热潮。受此影响，讨论美洲人起源不仅是为殖民美洲寻求合理性，其引申出的问题甚至冲击了《圣经》的权威。

虽然早在 16 世纪中期，西班牙和葡萄牙学者关于美洲人起源的论著就已经被翻译成各种语言，在欧洲各地流行，如英国著名历史学家理查德·哈克鲁伊特（Richard Hakluyt）翻译了葡萄牙作家的安东尼·加维昂（António Galvão）的作品，西班牙作家萨拉特的著作也被翻译成意大利语、德语、法语和英语。但这些作品并未引起欧洲学者的重视，只有少数学者的讨论接续伊比利亚学者的观点，提出相应的特洛伊起源说、迦太基起源说、犹太人起源说等观点，并未在社会上引起很大反响。直至 17 世纪，一些知名学者如格劳秀斯、莱顿大学历史学教授霍尔纽斯，以及神学家拉佩雷尔等知名学者参与到这一问题的讨论中，他们的观点在欧洲学界引发热议，并形成思想史上的大论争。这一论争不仅推进了美洲人起源的研究，而且动摇了基于《圣经》的传统世界观。

据哈德斯顿研究，欧洲学术界第一次有关美洲人起源的大论战

---

① Thomas Thorowgood, *Jews in America*, *or Probabilities*, *that those Indians are Judaical*, *made more probable by some Additionals to the former Conjecture*, London: 1660.

② Lee Eldridge Huddleston, *Origins of the American Indians*, *European Concepts*, *1492 – 1729*, pp. 27 –28.

始于 1641 年，即格劳秀斯出版《美洲人起源论》（*De origine gentium Americanarum dissertatio*），而后荷兰学者约翰·德·拉特反驳此说。[①] 值得注意的是，在当时的欧洲学界，西班牙学者何塞·德·阿科斯塔（Jose de Acosta, 1540 – 1600）的观点颇为盛行，阿科斯塔认为美洲印第安人起源于鞑靼和西伯利亚，他们通过北方的陆桥来到美洲，德·拉特也深受其影响。[②] 格劳秀斯则根据古典作家的作品，并结合印第安人现下的生活，逐一反驳了当时颇为流行的鞑靼起源说和犹太人起源说。

格劳秀斯在《美洲人起源论》的开篇便指出，之前的学者们并没有认真去研究美洲人的起源，他则要仿效古典作家的研究，如塔西佗、萨鲁斯特对不列颠人和非洲人起源的探讨，来研究美洲人起源。[③] 由于鞑靼人离不开马，但是西班牙人在美洲并未发现马。据此，格劳秀斯进一步质疑北方陆桥的存在："如果美洲和鞑靼曾连在一起，而马群又可自由驰骋和觅食，它们早就会被从鞑靼带到美洲。"[④] 格劳秀斯也驳斥了当时流行的"美洲人是消失的犹太部族的后裔"的假说。他对犹太人起源说的基础《以斯拉续篇》（*Esdra*）所载的真实性持怀疑态度，认为圣哲罗姆（St. Jerome）和许多人文主义者早已经证明该书是伪造的，该书也早被剔除出《圣经》正典。他嘲讽道："《以斯拉续篇》的作者所载与呓语无异，因此不应相信其内容。"[⑤] 除了批判前人的假说外，格劳秀斯还提出了自己的观点，即北美印第安人是日耳曼的后裔，尤卡坦半岛的原住民起源于

---

① 哈德斯顿认为这场论战起源于 1641 年是基于格劳秀斯著作《美洲人起源论》的成书时间，而该书于次年正式出版。Lee Eldridge Huddleston, *Origins of the American Indians, European Concepts, 1492 – 1729*, pp. 118 – 120.

② Joan-Pau Rubiés, "Hugo Grotius's Dissertation on the Origins of the American Peoples and the Use of Comparative Methods", p. 224.

③ Hugo Grotius, *On the Origin of the Native Race of America*, trans. Edmund Goldsmid, Edinburgh: Privately Printed, 1884, pp. 7 – 8, 该文收录在 *Bibliothek Curiosa* 中。

④ Hugo Grotius, *On the Origin of the Native Race of America*, p. 9.

⑤ Hugo Grotius, *On the Origin of the Native Race of America*, p. 14.

非洲，具有高度文明的秘鲁则是南方大陆或者中国人的后裔。格劳秀斯从习俗和语言上对比北美印第安人与塔西佗笔下的日耳曼人，认为北美印地安人的祖先是日耳曼人。① 格劳秀斯从希罗多德的记载中找到了尤卡坦半岛的居民来自埃塞俄比亚的证据。② 通过比较中国与秘鲁的信仰，格劳秀斯指出秘鲁文明由中国人所缔造。③

值得注意的是，格劳秀斯出版该书并非为了批判德·拉特，而且该书出版之前格劳秀斯曾将书稿寄给德·拉特，希望能得到这位在当时享誉盛名的美洲研究专家的认可，但是德·拉特读后只在上面做了一些批注，并附赠了一本墨西哥词典和阿科斯塔的著作复本寄与格劳秀斯。1642 年春，格劳秀斯出版该书，却并未做任何删改，随后这本书多次翻印畅销欧洲。不过，该书出版后却招致德·拉特的严厉批评，他于次年出版《论雨果·格劳秀斯的论文》（*Notae ad Dissertationem Hugonis Grotti*），在书中逐一驳斥了格劳秀斯的观点，指出格劳秀斯提供的论据中的诸多错误，如墨西哥语和日耳曼语中的"lan"和"land"并不是一个概念，而且中国宗教和秘鲁宗教并不相同。德·拉特在文中也批驳了格劳秀斯对鞑靼起源说的质疑，他认为格劳秀斯误解了鞑靼起源，美洲人祖先从鞑靼（斯基泰）而来，并不意味着他们就是斯基泰人，也可能是他们被斯基泰人驱赶到了美洲。随后德·拉特又驳斥了格劳秀斯的论证，

> 为了论证，我们承认格劳秀斯的假设，但他以在西班牙人到达美洲之前美洲没有马，而斯基泰马匹遍布并且斯基泰人使用马，甚至有时会饮用马血，以此为据来反对斯基泰起源说，这就太离谱了。斯基泰地区马匹遍布并不能证明该地一直如此，也不能证明数世纪前迁徙时就是如此，因为在美洲，绝大多数

---

① Hugo Grotius, *On the Origin of the Native Race of America*, pp. 11 – 12.
② Hugo Grotius, *On the Origin of the Native Race of America*, pp. 15 – 16.
③ Hugo Grotius, *On the Origin of the Native Race of America*, p. 18.

人的传统、语言、习俗、道德迥异，而且他们已在此繁衍数世纪之久。因此不难推断，很早以前他们便迁徙到美洲，而且由于语言变乱（巴别塔变乱），在他们在亚洲离散之时，便有了一些区别。①

　　该文一出便引起了当时知识界的极大震动，虽然德·拉特并未提出一个新的美洲人起源学说，但他提供了许多反驳格劳秀斯的证据，格劳秀斯曾抱怨道："他写的每句话都冲我而来，他写这篇文章并非为追求真相，而是要诋毁我。"② 随后格劳秀斯也对德·拉特的驳斥做出了进一步的回应，之后其他学者也参与其中。如 1644 年罗贝尔·孔德（Robert Comte）出版《关于美洲人起源的研究》（*De Origine Americanarum Dissertatio*），认为美洲人起源于腓尼基，1652 年霍尔纽斯进一步综合前人观点，出版了《论美洲人起源》（*De Originibus Americanis*）一书，在书中，霍尔纽斯坚持斯基泰起源说的同时，接纳了其他观点，提出美洲人起源的三个阶段，第一阶段为腓尼基人经由海上迁往中南美洲地区，第二阶段为斯基泰人经由陆路迁往美洲，第三阶段则是蒙古入侵时期，中国人移民美洲。③ 而后霍尔纽斯在其普遍史著作《诺亚方舟》进一步阐明了这一观点。

　　在当时人看来，格劳秀斯的观点已是石破天惊，然而同时期拉佩雷尔提出的"亚当前人说"更令人震惊，他不仅否定了之前学者对美洲人起源的假设，甚至开始质疑《圣经》记载的真实性，因此这一理论招致时人攻讦。拉佩雷尔出生于波尔多（Bordeaux）的一个贵族家庭，由于其家族与孔代亲王（Henri II de Bourbon, prince de

---

　　① Herbert F. Wright, "Origin of American Aborigines: A Famous Controversy", p. 267.

　　② Herbert F. Wright, "Origin of American Aborigines: A Famous Controversy", pp. 269 – 270.

　　③ Adalbert Klempt, *Die Säkularisierung der universalhistorischen Auffassung: Zum Wandel des Geschichtsdenkens im 16. und 17. Jahrhundert*, S. 113 – 114.

Condé，1588－1646）有关系，1640 年他前往巴黎担任孔代亲王的秘书。在巴黎期间曾结识许多学界名流，如马兰·梅森神父（Father Marin Mersenne，1588－1648）、布莱士·帕斯卡尔（Blaise Pascal，1623－1662）、格劳秀斯等人。[①] 而后先后出版《呼唤犹太人》（*Du rappel des juifs*）、《论与格陵兰的关系》（*Relation du Groenland*）和《亚当前人说》，系统论述自己的宗教观念，尤其是针对人类起源展开了讨论。

值得注意的是，自古代以来便有许多人质疑亚当是第一个人，如罗马皇帝"叛教者"尤里安（Julian the Apostate，331－363）便曾质疑所有人都是亚当和夏娃的子孙，中世纪也有人认为亚当有父母，他们来自印度。但这些质疑在当时并非主流，且并没有冲击到基于《圣经》所构建的世界观。然而到了 16 世纪，随着新航路的开辟，大量异域知识传到欧洲，尤其是美洲人的发现，加之在文艺复兴中，一些曾经视为异教徒文献被打入另册的古典作品被重新发掘出来，一些学者开始讨论亚当是否是人类唯一的祖先。如瑞士学者帕拉切尔苏斯（Paracelsus，1493－1541）便提出存在两个亚当，美洲人的祖先是另一个亚当，但这些观点多是一些只言片语，并未引起很大反应。直至拉佩雷尔抛出"亚当前人说"，系统性考证《圣经》，一石激起千层浪，引起当时欧洲知识界的极大骚动。[②]

早在巴黎期间，拉佩雷尔便曾在小范围内宣读自己关于亚当前人的研究，引发孔代亲王圈子内部的争议，如格劳秀斯便批评拉佩雷尔动摇了宗教的基础："近期法国有人异想天开地认为，在亚当之前存在人类，如果我们相信这一说法，将会立即危害到

---

① 关于拉佩雷尔的经历，可参见 Richard H. Popkin, *Isaac la Peyère* (*1596 － 1676*), *His Life, Work and Influence*, pp. 5 － 6.

② 有关早期对亚当前人说的讨论，可参见 Richard H. Popkin, *Isaac la Peyère* (*1596 － 1676*), *His Life, Work and Influence*, pp. 26 － 41; Alain Schnapp, "The Pre-adamites: An Abortive Attempt to Invent Pre-history in the Seventeenth Century", pp. 400 － 401.

宗教。"① 而后拉佩雷尔在《与格陵兰岛的关系》中批驳了格劳秀斯的美洲人起源斯堪的纳维亚说。② 然而这些只是小范围的讨论，直到拉佩雷尔在 1655 年出版《亚当前人说》，激化了这个争议性话题，并引起欧洲知识界的广泛热议，同年还出版名为《亚当前人假说的神学体系》（*Systema theologicum ex Praeadamitarum hypothesi*，*Pars prima*，下文简称《体系》）一书。前者主要讨论了《保罗书信》，而后者借助《圣经》和古典作家的作品进一步论证亚当之前存在人类，随后该书被迅速翻译成英语和荷兰语。③ 在书中拉佩雷尔认为《圣经》并非是一部世界史，只是犹太人的历史，而亚当只是犹太人的祖先。在书的开端拉佩雷尔便提出亚当之前已有人类存在，那些新发现的古老的民族并非亚当的后代，而这些事实在《创世记》中是有记载的，

> 那些迦勒底人、埃及人、斯基泰人、中国人还有最近哥伦布所发现的墨西哥人，他们最早被创造出来，而这些内容与《创世记》第一章所载相吻合。同样那些不为人知的北方和南方诸民族，他们可能也是最早被创造出来，他们都不是亚当的后裔。④

在《体系》中拉佩雷尔进一步论证了亚当之前的人类从何而来，拉佩雷尔认为犹太人的祖先亚当和异教徒的祖先都是上帝所创，只

---

① Richard H. Popkin, *Isaac la Peyère*（*1596 – 1676*），*His Life*，*Work and Influence*，p. 6.

② Alain Schnapp，"The Pre-adamites：An Abortive Attempt to Invent Pre-history in the Seventeenth Century"，p. 403.

③ 出于安全考虑该书为匿名出版，但当时大家都知道是拉佩雷尔所作。这两本书为同一时期所做，笔者所用版本为伦敦惠康图书馆（Wellcome Library）所藏 1656 年英文版，本书来自"早期英语文献在线"（Early English Books Online）。

④ Isaac la Peyère, *Men before Adam or A Discourse upon the Twelfth*，*Thirteenth*，*and Fourteenth Verses of the Fifth Chapter of the Epistle of the Apostle Paul to the Romans*，*by Which Are Prov'd*，*That the First Men Were Created before Adam*，London，1656，p. 22

不过后者和其他创造物一样，是由上帝在创世六天中用言语所创，而亚当则是上帝亲自用泥土所捏成的。"值得注意的是，那些最先被创造出来的人类（我认为他们是异教徒）和整个世界一样都是被上帝用言语所创造。在《创世记》第一章中明确记载了这一内容。""在《创世记》第二章中记载了亚当并不是用言语所创造，而是上帝从大地的尘土中亲自用手创造的。"① 随后拉佩雷尔进一步反驳了格劳秀斯对自己的批评，认为他虽然很早就阅读了自己有关亚当前人说的部分内容，但格劳秀斯对亚当前人说只是一知半解。② 并且进一步指出格劳秀斯观点的荒谬之处，

　　这只是格劳秀斯为了炫耀自己学识的一种幻想（代指前文提到的美洲人起源于斯堪的纳维亚）。他说印第安人和日耳曼人在语言上相同，在习俗上美洲人和日耳曼人在许多地方都很相似，通过这些例子证明美洲人的习俗来自挪威。格劳秀斯构建了一条日耳曼人移民挪威、挪威人移民格陵兰、格陵兰人又到达美洲这样一个民族移民其他地区的线索。然而在丹麦首都哥本哈根曾发生过一件真实的事情，此事在哥本哈根世人皆知，我也是从居住在哥本哈根的格陵兰蛮族那里听到的，大约三十年前他们曾被丹麦人带到哥本哈根，其中两人虽然并没有学习丹麦语，但曾有两年他们却被视为是丹麦人，他们的语言和行为与挪威人并不相同。我曾在法文版的《与格陵兰岛的关系》中谈到：如果格陵兰人在习俗和语言上与挪威人不同，那么挪威人必须通过其他途径，而非通过格陵兰把他们的习俗传到美洲。③

――――――――――

　　① Isaac la Peyère, *A Theological System upon Presupposition*, *That MEN were before Adam*, London, 1655, p. 113

　　② Isaac la Peyère, *A Theological System upon Presupposition*, *That MEN were before Adam*, p. 278.

　　③ Isaac la Peyère: *A Theological System upon Presupposition*, *That MEN were before Adam*, p. 280.

该书一经出版便引起极大震动，由于其内容狂悖，拉佩雷尔遭到逮捕，他的书也被列为禁书，甚至有些地方公开焚毁了他的作品。然而这一举措反而引起知识界的极大兴趣，除了上文提到的格劳秀斯外，许多学者都参与到对拉佩雷尔学说的讨论中来。据波普金研究，1656 年便出版至少 20 篇文章反驳拉佩雷尔，到了 17 世纪末许多研究《圣经》的作品都会谈及拉佩雷尔的学说，这类书籍达上百本之多。[1] 如当时以莱顿大学的教授安东尼·许修斯（Antonius Hulsius，1615 – 1685）为首的荷兰学者便批驳道："该书是一本令人不能容忍的无耻之书，它企图损害《圣经》的权威。"[2] 英国神学家爱德华·斯蒂林弗利特主教（Edward Stillingfleet，1635 – 1699）也撰文批判亚当前人说；"如果亚当之前的世界长期存在人类，那如何相信《圣经》的记载是真实的呢？"[3] 虽然拉佩雷尔的观点遭到许多人的质疑，但是这种研究思路影响了后世对于《圣经》的态度，如斯宾诺莎、维柯等人。[4]

自哥伦布发现新大陆后，对美洲人起源的讨论便没有停歇，正如表 3 – 1 所示：

表 3 – 1 　　　　　　　　　　关于美洲人起源的各种假说

美洲人起源假说	代表人物
迦太基起源说	贡萨洛·奥维多、瓦内加斯、科丘拉
古西班牙人起源说	贡萨洛·奥维多

---

① Richard H. Popkin, *Isaac la Peyère*（*1596 – 1676*），*His Life，Work and Influence*, p. 80.

② Eric Jorink，"'Horrible and Blasphemous'：Isaac La Peyère, Isaac Vossius and the Emergence of Radical Biblical Criticism in the Dutch Republic"，p. 441.

③ Richard H. Popkin, *Isaac la Peyère*（*1596 – 1676*），*His Life，Work and Influence*, p. 89.

④ Richard H. Popkin, *Isaac la Peyère*（*1596 – 1676*），*His Life，Work and Influence*, pp. 86，91 – 92.

续表

美洲人起源假说	代表人物
印度起源说	巴托洛梅·拉斯·卡萨斯
亚特兰蒂斯起源说	奥古斯丁·萨拉特
犹太人起源说	玛拿西·本·伊斯拉尔、托马斯·索罗古德
南宋遗民起源说	格奥尔格·霍尔纽斯
威尔士起源说	哈克鲁伊特
斯堪的纳维亚起源说	格劳秀斯
鞑靼起源说	何塞·德·阿科斯塔、德·拉特
亚当前人说	拉佩雷尔

　　虽然各种观点五花八门，但大多是为殖民美洲寻求合法性。如西班牙学者所坚持的迦太基起源说便强调迦太基人曾经为罗马所征服，而教宗作为罗马皇帝的继承者，他将迦太基的后代所居住的美洲给了西班牙。① 哈鲁伊特主张的威尔士起源说和格劳秀斯的斯堪的纳维亚起源说也是为英国、挪威殖民美洲而张目。② 而且无论从旧大陆的民族中寻找美洲人起源的蛛丝马迹，还是另起炉灶论证美洲人是亚当之前的人的后裔，这些观点看似新奇、互相抵触，实则都共享了同一个思想基础，即《圣经》与古典文献的记载。当这些来自异域的新知遭遇旧识时，旧识既与新知相冲突，又充当了认识新知的媒介，而新知又在旧识的改造下与旧识相沟通、融汇，最后改造旧有的知识框架，形成了新的知识图景。近代早期美洲人起源的讨论正好展现了这一新知遇旧识的过程，这些讨论并非局限在美洲研究之中，它们也为那些书写世界历史的史家们所吸收，成为新世界

----

　　① Lee Eldridge Huddleston, *Origins of the American Indians*, *European Concepts*, *1492 – 1729*, p. 29.

　　② Lee Eldridge Huddleston, *Origins of the American Indians*, *European Concepts*, *1492 – 1729*, p. 57; Joan-Pau Rubiés, "Hugo Grotius's Dissertation on the Origins of the American Peoples and the Use of Comparative Methods", *Journal of the History of Ideas*, Vol. 52, No. 2 (Apr. – Jun. 1991), p. 237.

历史的知识资源。

二 "萨尔《普遍史》"中的美洲叙事

虽然早在 15 世纪就有学者讨论美洲人起源问题，但在世界历史书写中并未给美洲历史留下多少位置，即使提及美洲，也多是美洲的风土人情志，并未涉及美洲古代的历史。甚至在研究美洲人起源的专家德·拉特在其所著的《教会与世俗简史》（Compendium historiae universalis civilis et ecclesisticae）中，也未曾将美洲人起源史纳入其中。[①] 据阿德博尔特·克拉姆特研究，霍尔纽斯首次将美洲历史纳入世界历史，由于霍尔纽斯坚信美洲人起源旧大陆，因此他的世界历史也是建立在诺亚谱系的基础上。如在《诺亚方舟》中霍尔纽斯描述了诺亚的子孙如何扩展到世界各地的历史。[②] 之后，许多学者都延续了霍尔纽斯的框架，将美洲人视为诺亚的子孙，如 1622 年雅克·拉佩尔·奥祖莱斯（Jacques Lapeyre d' Auzoles, 1571 - 1642）出版《神圣的地理学》（La saincte géographie）一书，奥祖莱斯继承传统的诺亚谱系，提出欧洲是雅弗的原住地，亚洲是闪的原住地，非洲则是含的原住地，他进一步将新发现的居民也纳入这一谱系中，认为闪的子孙定居在美洲，含的子孙定居在南方或者麦哲伦群岛（Magellanic lands），雅弗的子孙则定居在北部地区（Septantrion）。[③] 这一观点在当时颇为流行，如风靡欧洲的"萨尔《普遍史》"便也

---

① Adalbert Klempt, *Die Säkularisierung der universalhistorischen Auffassung: Zum Wandel des Geschichtsdenkens im 16. und 17. Jahrhundert*, S. 113.

② 关于霍尔纽斯的研究，可参见 Adalbert Klempt, *Die Säkularisierung der universalhistorischen Auffassung: Zum Wandel des Geschichtsdenkens im 16. und 17. Jahrhundert*, S. 114 - 123.

③ Guy G. Stroumsa, "Noah's sons and the religious conquest of the earth: Samuel Bochart and his followers", in Martin Mulsow und Jan Assmann, Hrsg., *Sintflut und Gedächtnis: Erinnern und Vergessen des Ursprungs*, München: Wilhelm Fink Verlag, 2006, S. 311.

采用了这一框架，但值得注意的是，"萨尔《普遍史》"并未在前几卷上古部分讲述美洲的起源，而是在第七卷的补录中系统展开讨论。编者不仅引用了希罗多德、亚里士多德等古典史家的作品，还参考了格劳秀斯、拉佩雷尔等在当时颇为流行的一些讨论美洲人起源的著作。为何"萨尔《普遍史》"的编者们并未将美洲人起源放在上古史中？"萨尔《普遍史》"的编者们如何评判当时盛行欧洲的各种美洲人起源假说？对此笔者希望结合萨尔《普遍史》中有关创世、诺亚洪水和美洲人起源的相关内容，分析编者如何协调美洲人起源与诺亚谱系的矛盾，以此展现在世界历史书写中如何将美洲历史纳入世界历史的框架。

　　根据《圣经》记载，诺亚大洪水是一场遍及全世界的大洪水，只有诺亚一家得以幸存。因此"萨尔《普遍史》"的编者也希望从其他异域文明的记载中寻找大洪水的蛛丝马迹，以佐证大洪水的普遍性。[1] 在第一卷涉及诺亚洪水的部分，萨尔不仅引证了迦勒底、印度、波斯等地有关洪水的记载，而且还提到了美洲，"而且，许多美洲人承认在他们的大陆上也发生过这一事件（代指前面的诺亚洪水）"。[2] 不仅如此，在之后的各卷叙述中，编者都会把民族的起源追溯至诺亚的三个儿子。如古凯尔特人、古日耳曼人都是雅弗的长子歌篾（Gomer）的后代，[3] 涉及中国的历史时，编者力图从中

---

① 根据伯克瑙·普拉克的研究，"萨尔《普遍史》"诺亚洪水部分为乔治·萨尔所做，参见 Franz Borkenau-Pollak，"An Universal History of the World from the Earliest Account of Times etc. 1736ff"，S. 11.

② *An Universal History from the Earliest Account of Time to the Present: Compiled from Original Authors and Illustrated with Maps, Cuts, Notes, Chronological and Other Tables*, pp. 95 – 96.

③ *An Universal History from the Earliest Account of Time to the Present: Compiled from Original Authors and Illustrated with Maps, Cuts, Notes, Chronological and Other Tables*, Vol. 6, London, 1747, pp. 3 – 4; *An Universal History from the Earliest Account of Time to the Present: Compiled from Original Authors and Illustrated with Maps, Cuts, Notes, Chronological and Other Tables*, Vol. 7, Dublin, 1744, p. 404.

国古代典籍中找到与《圣经》叙事相吻合的内容，如论证伏羲是否是诺亚。① 论述美洲历史时编者也面临同样的问题，如何把美洲原住民纳入诺亚谱系成为编者们所面临的一大挑战。

"萨尔《普遍史》"编者对美洲古史的调整也从侧面反映了美洲人起源纳入世界历史成为当时知识界不可忽视的一个问题。在 17 世纪中叶，德·拉特、格劳秀斯与拉佩雷尔的争论引起学界震荡，之后也有一些学者接续前者的讨论研究美洲人起源，这些讨论也引起了公众的极大兴趣。"萨尔《普遍史》"作为一部以市场为导向的集体项目，读者的需求自然是他们最为关注的。如撒马纳扎在其回忆录中便回忆道："之前出版的各卷中并未涉及那些近期被发现的国家和王国，如印度、中国、非洲大部分地区和新美洲世界，他们将更值得被描述，而且在近代史部分也会谈到这些民族的历史，他们（代指编者）认为或许这些民族的历史比之前的内容更受欢迎，这使他们不再像之前那样只描述旧世界的历史。"② 基于这一原因，编者在第七卷的补充版中着重讨论了美洲人起源问题。

编者基本认可早在哥伦布发现新大陆前，便有人发现了这片土地，而且在古代文献中也有记载，但这都是些模糊的蛛丝马迹。如在第七卷美洲部分的开端，编者就提到"在现代人中，第一个发现美洲的是克里斯托弗·哥伦布和亚美利哥·韦斯普奇，哥伦布是热那亚人，而韦斯普奇是佛罗伦萨人，为纪念他，新世界以他的名字而命名。我们难以想象古代人对这片土地竟毫不知晓，但从他们的作品来看，迄今为止没有证据表明他们清晰或明确地了解这一问题"。③ 如果承认美洲人的祖先来自旧大陆，那么他们是如何到达此

---

① "萨尔《普遍史》"的编者们在一开始并未承认伏羲就是诺亚，而是质疑中国古史的真实性。但随着欧洲人对中国历史认识的逐渐深入，"萨尔《普遍史》"的编者们也不得不部分承认中国古史，而且认为诺亚就是伏羲。

② *Memoirs of* * * * * , *Commonly known by the Name of GEORGE PSALMANAZAR A Reputed Native of FORMOSA*, London, 1764, pp. 317 – 318.

③ *Additions to the Universal History*, *in Seven Volumes in Folio*, p. 241.

处？如果是诺亚的后代，又如何从遥远的希奈尔到达该地？但如果认为美洲自古以来便有人类存在，那他们是否是诺亚或者亚当的后代呢？这些问题不仅困扰着近代早期的那些讨论美洲人起源的思想家们，也给世界历史书写带来了挑战。在"萨尔《普遍史》"中编者列举了当时颇为流行的几种观点，如美洲人腓尼基起源说、美洲人以色列起源说、中国起源说、斯基泰起源说和斯堪的纳维亚起源说等，并结合古典作品和时人的最新研究对这些形形色色的观点进行评判，最后进一步论证《圣经》记载的真实性。

"萨尔《普遍史》"的编者们借用霍尔纽斯的观点，认为美洲原住民并非只有一个起源，而是在历史上曾多次有不同民族从旧世界移民美洲，这也造成美洲不同地区的文化和习俗有所差异。其中最早移民美洲的是腓尼基、埃及和迦太基人，他们通过水路到达美洲。在此编者主要参考了霍尔纽斯在《论美洲人起源》，并借助于古典作家的作品分析美洲人的最早起源。

　　根据霍尔纽斯的记载，腓尼基人曾三次前往美洲。第一次航行是在阿特拉斯（Atlas）的领导下，柏拉图在《克里底亚篇》（Critias）中声称阿特拉斯是尼普顿（Neptune）① 的儿子；第二次是当他们沿着非洲海岸航行时，被风暴吹到了大西洋中的一个地方，并到达了利比亚西边的一个巨大岛屿上；第三次则是所罗门时代推罗人（Tyrians）前往俄斐（Ophir）寻找黄金。但是在古代史中并未找到能够支持最后一次航行的证据。②

---

① 尼普顿即希腊神话中的海神波塞冬（Poseidon），据柏拉图记载，海神波塞冬曾爱上一凡间女子克里托（Cleito）并与其生了五对双胞胎，波塞冬将克里托和他们的孩子安置在岛屿上，借助神力使之与其他地区相隔绝。波塞冬指定长子阿特拉斯为国王，后来人们以第一任国王阿特拉斯的名字称这一地区为亚特兰蒂斯。参见 Plato, *Timaeus and Critias*, trans. by Robin Waterfield, Oxford: Oxford University Press, 2008, pp. 111 – 112。

② *Additions to the Universal History*, *in Seven Volumes in Folio*, pp. 241 – 242.

　　"萨尔《普遍史》"的编者认为"所有的传说中都隐含着一些真相"。① 因此编者们从亚里士多德、斯特拉波等古典作家的作品，以及《圣经》记载中，寻找美洲人起源的依据。"萨尔《普遍史》"的编者们认为除了腓尼基人外，埃及人也曾到达美洲。如腓尼基人很早就越过"赫拉克勒斯之柱"建城，《圣经》中也有记载腓尼基的分支推罗人善于航海；在宗教、习俗、机构上可以看出美洲人起源于腓尼基和埃及，而且通过比较美洲人的原始文字与腓尼基语和希伯来语，可以推断出其来源于腓尼基与希伯来语。② 虽然从语言比较中可知美洲人的原始文字与希伯来语相似，但是编者们并不认可当时颇为流行的美洲人起源于以色列的假说。"萨尔《普遍史》"的编者们引用德意志神学家提奥非鲁斯·施皮策利乌斯（Theophilus Spizelius，1639 – 1691）的观点，在书中批判了梅什纳·本·伊斯拉尔（Manasseh Ben Israel，1604 – 1657）的以色列起源说："直到今天，我们可以断定梅什纳·本·伊斯拉尔所坚持的以色列人是美洲人的祖先这一观点是错误的。不过我们不能在此详谈这一荒谬的观点，博学的提奥非鲁斯·施皮策利乌斯早已经彻底否定了这种观点。我们恳请我们兴趣广泛、充满好奇心的读者们来进一步确认这个观点的真伪。"③

　　除了腓尼基人海路进入美洲外，当时许多学者也在讨论是否有其他民族通过陆路移民美洲，如格劳秀斯与德·拉特的争论焦点便是斯基泰人是否经由陆路移民美洲。在"萨尔《普遍史》"中编者也花了大量篇幅去讨论这一问题。编者们比较了美洲人的精神特征、习俗和风俗，发现他们与欧洲人、文明的亚洲人以及非洲的诸民族很少有相似之处，相反他们与亚洲的蛮族，即现在的鞑靼、西伯利亚人和勘察加人（Kamtschatka）更为相近，因此他们有理由相信美

---

① *Additions to the Universal History, in Seven Volumes in Folio*, p. 242.

② *Additions to the Universal History, in Seven Volumes in Folio*, pp. 242 – 243.

③ *Additions to the Universal History, in Seven Volumes in Folio*, p. 243.

洲人的祖先来自亚洲的蛮族。① 而且编者还讨论了蛮族人移民美洲的可能性，认为"我们有充分的理由相信，在北美的西北地区或者与亚洲的东北部相联接或者相隔不远。虽然事实如此，但我们现在还未找到充足的证据。然而有一个极大的可能是，在勘察加的东部，这个地方中国人称其为 Jecos，日耳曼人称其为 Jedso，在此有一个通往北美的巨大通道。通过这一通道美洲与亚洲蛮族彼此之间存在交往"。② "萨尔《普遍史》"的编者们也评价了德·拉特、格劳秀斯等当时人关于斯基泰人与美洲人的研究。编者们在认可德·拉特的假说的同时，对格劳秀斯的批判提出了质疑："我们并不赞同格劳秀斯的观点，他极力主张由于美洲缺乏马，因此斯基泰人和鞑靼人不可能定居于此。"③

由于在美洲发现了许多与中国相关的痕迹，如语言、建筑和宗教等方面都与中国相似，因此当时许多学者都认为美洲的秘鲁人是中国人的后裔，霍尔纽斯在《论美洲人起源》中指出蒙古入侵南宋后，南宋遗民曾移民美洲，这一观点在当时也颇为流行。虽然"萨尔《普遍史》"的编者们多次引用霍尔纽斯的著作，但却对"南宋遗民移民美洲说"表示怀疑。在书中编者们承认，中国人曾达到美洲并且将一些习俗传到美洲，但是这并不能说明现在的美洲人是中国人的后裔，④ 更遑论南宋末年中国人曾大规模移民美洲。针对霍尔纽斯的这一观点，"萨尔《普遍史》"的编者们列举了一系列例子进行反驳：

　　一些作家猜想，公元 1270 年大批中国人被鞑靼从他们自己

① *Additions to the Universal History, in Seven Volumes in Folio*, p. 244.

② *Additions to the Universal History, in Seven Volumes in Folio*, p. 244.

③ 但值得注意的是，"萨尔《普遍史》"的编者们并未提供进一步的证据来反驳格劳秀斯的观点。*Additions to the Universal History, in Seven Volumes in Folio*, p. 245.

④ *Additions to the Universal History, in Seven Volumes in Folio*, p. 247.

的国土中被驱逐,带着国王法克佛(Facfar)① 乘坐 1000 艘船渡海前往美洲,并建立了墨西哥帝国或王国。霍尔纽斯过分详尽地阐述了这一观点,而哈里斯博士也认为这件事情极为可信。然而无论这位先生(代指哈里斯博士)对霍尔纽斯为支持自己的观点所提出的论据多么深信不疑,但对我们而言这并不能令人信服。从成吉思汗至今的中国历史中并没有关于法克佛和 10 万人渡海前往美洲建立殖民地的相关记载。而且在鞑靼史家阿布勒哈兹·巴哈杜尔(Abu'l Ghazi Bahadur)的书中也没有任何关于这次航行的蛛丝马迹。而且马可波罗和门多萨的记载也不足为据。② 根据巴斯克斯·德·科罗纳多(Vasquez de Coronado)和阿科斯塔的记载,也并未在西沃拉(Quivira)和佛罗里达发现任何中国船只的残骸。③

而且在注释里面"萨尔《普遍史》"的编者们又进一步阐明了自己的观点,不仅中国史书中没有相关的记载,也不存在美洲移民与中国人通信的记录,而且中国人安土重迁的传统也使编者们认为大规模移民美洲不可信。虽然编者们不相信"南宋遗民移民美洲说",但是他们也承认,在很早之前中国与美洲就有交流,只不过并没有大规模的移民。④

由于在古代文献中并没有关于美洲人的确切记载,因此也有一些学者质疑世上所有民族都是诺亚子孙这一观点,认为大洪水后并

---

① 此处 Facfar 拼写错误,应为 Facfur,Facfur 并非是国王的名字,而是中世纪阿拉伯人和其他东方人对中国皇帝的通称。参见马可波罗口述,鲁思梯谦笔录,曼纽尔·科姆洛夫英译,陈开俊、戴树英、刘贞琼、林健译《马可波罗游记》,福建科学技术出版社 1981 年版,第 164 页。

② 马可波罗在游记中记载蒙古大军入侵南宋后,国王潜逃至某一海岛,在岛上蛰居至死。但这与史实并不相符,参见马可波罗口述《马可波罗游记》,第 165—166 页。

③ *Additions to the Universal History*, *in Seven Volumes in Folio*, pp. 258 - 259.

④ *Additions to the Universal History*, *in Seven Volumes in Folio*, p. 259.

非仅有诺亚一家幸存，美洲人是大洪水之前的人种的后裔。在当时除了拉佩雷尔的"亚当前人说"外，也有一些学者认为美洲人是该隐之子拉麦（Lamech）的后裔。在"萨尔《普遍史》"中也讨论了此类观点。虽然在第一卷中，编者就批驳了拉佩雷尔学说，认为各民族肤色的不同是受地理环境的影响，① 但并没有具体展开讨论，在美洲人起源的章节中编者们系统地驳斥了此类观点。他们认为这是一种没有任何证据的大胆的断言，如当时许多学者都困惑于为何美洲的人种和动物与其他地区如此不同，"萨尔《普遍史》"的编者认为美洲受气候、土壤、光照等自然环境的影响，其形态发生变化，而非他们起源于大洪水前的其他种族。②

除了上述的各种美洲人起源学说外，"萨尔《普遍史》"的编者们也讨论了美洲威尔士起源说和诺曼起源说等，对这些假说持支持态度，认为这些学说并非无端猜测而是有证据证明其真实性，如在北美土著语言中发现一些古英语的元素。③ "萨尔《普遍史》"的编者们并未给出一个美洲人的单一起源，而是通过梳理评判近代早期形形色色的美洲人起源假说，以证明美洲人是旧大陆的不同民族在不同时期移民汇聚而成。在该章的最后，编者们也驳斥了当时对诺亚洪水普遍性的质疑，试图从美洲土著人的传说中寻找与诺亚洪水有关的记忆。如在秘鲁人和墨西哥人的传说中都曾有关于大洪水的记载：一些美洲人认为人类起源于四个女人，在"萨尔《普遍史》"的编者们看来这与摩西历史中的记载非常接近，即人类是诺亚和他的三个儿子的后裔。④ 此类种种都可看出，普遍

---

①　*An Universal History from the Earliest Account of Time to the Present: Compiled from Original Authors and Illustrated with Maps, Cuts, Notes, Chronological and Other Tables*, Vol. 1, pp. 47 – 48.

②　*Additions to the Universal History, in Seven Volumes in Folio*, London, 1750, pp. 251 – 252.

③　参见 *Additions to the Universal History, in Seven Volumes in Folio*, p. 260。

④　*Additions to the Universal History, in Seven Volumes in Folio*, pp. 260 – 261.

史讨论美洲人起源问题的核心是论证诺亚谱系，进而证明《圣经》叙事的真实性。

三 美洲人起源研究中的一种新的历史意识

"萨尔《普遍史》"甫经出版便受到知识界的强烈关注，并被翻译成意大利语、法语、德语、荷兰语等语言畅销欧洲，尤其是在德意志地区不仅获得了商业上的成功，而且也影响了德意志启蒙史学家对世界历史的认识。如神学家鲍姆加滕便曾主持将该书翻译成德文版，而后加特勒、施洛策尔等历史学家虽然对该书编纂形式、史料批判有所指摘，但他们也都或多或少地吸收了该书的一些研究成果，其中便包括有关美洲人起源的探讨。[①] 加特勒在《普遍史手册》中讨论美洲人起源何处，在驳斥之前的种种美洲人起源假说，如以色列起源说、拉麦起源说、中国起源说等内容后，通过比较美洲人与亚洲鞑靼人的宗教习俗，判定他们主要来自亚洲北部，并通过陆桥从西伯利亚到达美洲。[②] 而后卡尔·米歇埃勒（Karl Michaeler，1735 – 1804）在"萨尔《普遍史》"和加特勒研究的基础上系统讨论了美洲人的起源问题，并于1802年出版《关于最古老的民族和他们最初迁徙、定居美洲以及早期发展的历史批判研究》一书。在书中米歇埃勒借助霍尔纽斯的美洲多起源说的框架，认为美洲人并非由一个民族迁徙而来，而是在历史上由多民族迁徙而来。米歇埃勒

---

① 关于"萨尔《普遍史》"在德意志地区的传播，可参见 Johan van der Zande，"August Ludwig Schlözer and the English Universal History"，S. 135 – 156；Marcus Conrad，*Geschichte（n）und Geschäft：Die Publikation der "Allgemeinen Welthistorie" im Verlag Gebauer in Halle（1744 – 1814）*。本书将在第五章详细讨论"萨尔《普遍史》"在德意志地区的翻译与传播。

② Johann Christoph Gatterer，*Handbuch der Universalhistorie nach ihrem gesamten Umfange von Erschaffung der Welt bis zum Ursprunge der meisten heutigen Reiche und Staaten*，1. Th. Göttingen：Mittwe Vandenhoeck，1765，S. 180 – 181.

坚持诺亚谱系，指出美洲人也是诺亚的后裔，讨论了含米特族（chamitische Geschlechte），如埃及和腓尼基人；闪米特族（samitische Geschlechte），如中国人；以及雅弗的后代（japhetische Geschlechte），如俄罗斯北部的游牧民族，分别如何从旧大陆迁徙美洲，并在此地繁衍发展。[1]

　　与此同时，在知识界还存在另一种由启蒙史学家所主导的潮流，他们不再将美洲人的文化视为一种文明，也不再用西方古典文明比附美洲，而是将其贬斥为一种原初的未开化的状态。他们虽然也关注美洲原住民，但他们的目的并非讨论美洲原住民与旧大陆的关系，而是尝试如何将美洲置于世界历史线性发展的框架之中。如启蒙史学家威廉·罗伯逊（William Robertson，1721–1793）的《美洲史》主要描述了欧洲殖民美洲之后的历史，其中并未耗费过多笔墨去讨论原住民与旧大陆的关系，而且认为人类在世界各地发现和定居是一个漫长的过程，"没有历史和传统可以佐证这些悠久的事件，我们也无法从中追寻在原初社会中人类的行为"。[2] 罗伯逊质疑阿兹特克和印加拥有高度发达的文明，认为他们不会使用铁器，仍然处于狩猎采集的阶段，而且美洲人自己无法从野蛮状态发展出文明。[3] 除罗伯逊外，在当时许多启蒙哲人都秉持此观念，将美洲视为没有文明的大陆，视为世界历史发展的某一阶段，如以布丰（Georges Louis Leclerc de Buffon，1707–1788）、科内利乌斯·德波（Cornelius de Pauw，1739–1799）以及纪尧姆-托马·雷纳尔（Guillaume-Thomas Raynal，1713–1796）等人的"美洲退化论"也是这一观念的一种

---

① Karl Michaeler, *Historisch-kritischer Versuch über ältesten Völkerstämmen, und ihre ersten Wanderungen, nebst weiterer Verpflanzung nach Amerika, zur Entwicklung des dunkeln Zeitalters*, Wien: Anton Pichler, 1802.

② William Robertson, *The History of America*, Philadelphia: Johnson & Warner, William Greer, Printer, Vol. 1, 1812, p. 2.

③ J. G. A. Pocock, *Barbarism and Religion: Barbarians, Savages and Empires*, pp. 194, 205.

表现。① 这种观念还影响到后来亚历山大·冯·洪堡（Friedrich Wilhelm Heinrich Alexander von Humboldt，1769－1859）对美洲的认识，他不再用古代罗马制度比附美洲，而是开创了一条更为实证性的路径，强调美洲社会与东方政制的关联。②

虽然当时欧洲知识界对美洲的认识不尽相同，对美洲人起源的观点甚至相互抵牾，如米歇埃勒便曾批驳罗伯逊的观点，认为罗伯逊的假设看似严谨，但却并非事实，强调美洲人是旧大陆移民的后裔。③ 但是他们却共享一个知识基础，即启蒙之后所建立的世界图景和知识体系。不仅如此，对比新的研究与人文主义学者们关于美洲人起源的研究则会发现，他们的观点虽然相似，但其背后的知识基础已然不同，这一变化也影响了他们的史学观念和研究方法。

早期人文主义学者有关美洲人起源的研究五花八门，但他们都共享一个思想基础，即坚持《圣经》和古典文献的权威。在当时，除了拉佩雷尔外，没有多少人质疑诺亚洪水的普遍性，甚至像拉佩雷尔这种当时被看做悖逆的言论，也并未质疑《圣经》作为唯一权威的地位，而是希望通过研究更好地理解《圣经》。④ 除了《圣经》和古典文献外，时人游记也是这些人文主义学者们研究的重要依据。然而18世纪之后，传统的人文主义知识基础遭受冲击，美洲人起源

---

① 关于"美洲退化论"可参见王晓德的相关研究，如《布丰的"美洲退化论"及其影响》，《历史研究》2013年第6期；《"雷纳尔之问"与美洲"发现"及其后果之争》，《世界历史》2018年第5期；《雷纳尔美洲退化思想与启蒙时代欧洲的"他者"想象》，《历史研究》2019年第5期；《启蒙运动时期德波对美洲全面"退化"的想象》，《世界历史》2021年第1期。

② Jorge Cañizares-Esguerra, *How to Write the History of the New World：Histories，Epistemologies，and Identities in the Eighteenth-Century Atlantic World*, p. 3.

③ Karl Michaeler, *Historisch-kritischer Versuch über ältesten Völkerstämmen，und ihre ersten Wanderungen，nebst weiterer Verpflanzung nach Amerika，zur Entwicklung des dunkeln Zeitalters*, S. 36～37.

④ Isaac la Peyère, *Men before Adam or A Discourse upon the Twelfth，Thirteenth，and Fourteenth Verses of the Fifth Chapter of the Epistle of the Apostle Paul to the Romans，by Which Are Prov'd，That the First Men Were Created before Adam*, pp. F2－F3.

研究不再奉《圣经》记载为唯一权威，游记和古典作家的作品也备受质疑，不再被视为重要的史料依据。一些启蒙哲人对美洲人起源何处也失去了兴趣，他们更关心如何将美洲历史纳入世界历史发展的线性叙事中。为何会出现这一转变，这一转变的背后又反映了什么样的历史意识和知识观念？

正如法国哲学家保罗·阿扎尔所言："曾几何时，大部分法国人的思想还是以博絮埃为参照的，但转瞬间，法国人就全效仿起了伏尔泰：这分明是一场革命。"① 诚然，17—18 世纪所盛行的《圣经》批判使《圣经》走下神坛，它不再被视为用来判断其他史料真伪的至高权威，而只是一部与其他史料无异的历史文献。早在 17 世纪末，斯卡利杰、斯宾诺莎、格劳秀斯和理查·西蒙（Richard Simon，1638 - 1712）等人就把《圣经》作为历史文本进行校勘批判。这一做法虽然在当时备受关注，但也引起了极大的争议，如当时英国学者休·布劳顿（Hugh Broughton，1549 - 1612）便批驳斯卡利杰，反对用异教徒的文献去校订《圣经》，他认为《圣经》是唯一的权威，应通过《圣经》去订正异教徒文献。② 斯宾诺莎则被贬斥为异端③，理查·西蒙的《旧约批评史》（*Histoire critique du Vieux Testament*）也曾被法国当局查禁。④ 虽然当时已经出现了质疑《圣经》的声音，但是这种声音并未被主流所接纳，在世界史书写中仍然奉《圣经》为不证自明的最高权威。"萨尔《普遍史》"中有关美洲人起源的讨论虽参考了许多古典文献和新的游记，但这只是对《圣经》记载的补充，比如"萨尔《普遍史》"的编者从未质疑诺亚洪水的普世性。

---

① ［法］保罗·阿扎尔：《欧洲思想的危机（1680—1715）》，第 1 页。

② Jed Z. Buchwanld and Mordechai Feingold, *Newton and the Origin of the Civilization*, New Jersey：Princeton University Press, 2013, p. 113.

③ 关于斯宾诺莎的圣经批判研究，可参见吴树博《阅读与解释：论斯宾诺莎的历史观念及其效用》，《哲学门》2017 年第 1 期。

④ 关于理查·西蒙的圣经研究，可参见［法］保罗·阿扎尔《欧洲思想的危机（1680—1715）》，第 187—204 页。

然而在 18 世纪之后有关美洲人起源的新研究中,《圣经》不再被视为唯一的权威,只是众多历史文本中的一部分,如施洛策尔也开始质疑《圣经》中关于诺亚方舟的记载,认为并非所有的动物都因为诺亚方舟而幸存。[1]

在《圣经》备受质疑的同时,另一类型的史料游记的真实性也遭受冲击。文艺复兴时期"历史"(historia)的古典意涵被人文主义学者重新挖掘,historia 的自然史维度重新回到学者研究的视野之中。[2] 新世界的发现在极大拓宽了欧洲人的世界图景的同时,也使他们必须用更有效的途径来研究这些新的异域知识,而自然史的研究方式则在很大程度上满足了他们的需要。[3] 其中亚里士多德、普林尼等人的自然史著作被重新发现,许多人文主义学者开始仿效他们的研究方法去描绘美洲,如奥维多的《西印度通史与自然史》便是仿效普林尼之作,格劳秀斯则借用塔西佗研究不列颠人起源的方法来研究美洲人起源,即通过语言、服饰、习俗的比较来判断美洲人起源。[4] 此外,在 16—17 世纪出现了大量关于描绘异域的游记,这些游记被系统地整理、编辑、出版,作为亲历者的一手史料备受学者

---

[1] August Ludwig Schlözer, *Vorstellung der Universal-Historie*, Göttingen: Johann Christian Dieterich, 1775, S. 12. 值得注意的是,施洛策尔对诺亚洪水普世性的否认也遭致了一些学者的批评,但他们不再只是认为施洛策尔的观点违背了《圣经》权威,而是试图通过其他史料来论证《圣经》记载的真实性,关于对施洛策尔的批评可参见 Karl Michaeler, *Historisch-kritischer Versuch über ältesten Völkerstämmen*, *und ihre ersten Wanderung*, *nebst weiterer Verpflanzung nach Amerika*, *zur Entwicklung des dunkeln Zeitalters*, S. 13 – 14.

[2] 关于 historia 的古典意涵可参见张巍《希罗多德的"探究"——〈历史〉序言的思想史释读》,《世界历史》2011 年第 5 期;吴晓群《论希罗多德的"探究"是何以成为"历史"的》,《世界历史》2013 年第 3 期。

[3] 关于文艺复兴时期自然史的复兴,可参见吴树博《近代早期欧洲历史观念的内涵及其形态转变》,《世界历史》2016 年第 2 期,第 27—29 页。

[4] Kira von Ostenfeld-Suske, "A New History for a 'New World': The First One Hundred Years of Hispanic New World Historical Writing", p. 560; Joan-Pau Rubiés, "Hugo Grotius's Dissertation on the Origins of the American Peoples and the Use of Comparative Methods", *Journal of the History of Ideas*, Vol. 52, No. 2 (Apr. – Jun. 1991), p. 228.

重视，如洛克认为游记是研究"人类理解"（human understanding）的最佳途径，约翰·哈里斯（John Harris）认为游记可以修正古典文献中的错误，补充曾经被古典文献忽视的内容。[①] 同时期游记成为美洲人起源研究的重要参考资料，许多学者都会参考那些西班牙作家们带来的美洲游记，亦或是结合自己的美洲经历描绘美洲原住民。

18 世纪中叶后，尤其受启蒙思想的影响，人们对游记的观念发生转变。这一转变主要表现在两个层面。其一为游记的真实性开始遭受质疑，其二为传统游记形式发生了转变，人们不再单纯描绘那些风土人情，而是开始具有反思性地去思考所观察社会的结构性问题，试图解释现象背后的原因。[②] 这一转变在关于描绘美洲的游记中也有所表现，人们开始用文字学的方法来研究之前西班牙人留下的游记。一方面对搜集来的各种游记手稿进行校勘，另一方面研究游记内部叙述的一致性，质疑这些描述新世界游记的真实性。如伏尔泰曾质疑西班牙人游记中记载美洲原住民吃人就像吃羊一样稀松平常。布丰则怀疑西班牙人记载中美洲是否拥有大量人口。[③] 虽然伏尔泰、布丰质疑游记中所载的具体内容，但他们并未否认游记是研究美洲的重要材料来源。然而 18 世纪末的美洲研究者们则开始

---

① Jorge Cañizares-Esguerra, *How to Write the History of the New World: Histories, Epistemologies, and Identities in the Eighteenth-Century Atlantic World*, p. 23.

② 关于启蒙时期游记观念的转变，汉斯·埃里希·博德克（Hans Erich Bödeker）曾做过系统研究，在他看来 18 世纪游记从具有博古传统的宫廷和学者游记转向了一种关注国家知识和地理的国势学—地貌学的游记（statistisch-topographischen Reisenverschreibung），受启蒙理性主义影响，这种游记不只是去描绘现象，而且开始具有反思性思维，力图去解释现象背后的原因。Hans Erich Bödeker, "Reisebeschreibungen im historischen Diskurs der Aufklärung", in Hans Erich Bödeker, Georg Iggers, Jonathan B. Knudsen und Peter H. Reill, Hrsg., *Aufklärung und Geschichte, Studien zur deutschen Geschichtswissenschaft im 18. Jahrhundert*, Göttingen: Vandenhoeck & Ruprecht, 1986, S. 276 – 298.

③ Jorge Cañizares-Esguerra, *How to Write the History of the New World: Histories, Epistemologies, and Identities in the Eighteenth-Century Atlantic World*, p. 22.

全面质疑游记是否可以作为研究美洲的重要资料来源，并且希望用一种新的哲学化的视角来取代游记式的视角观察美洲。如雷纳尔便认为人们不能指望从那些野蛮的水手、贪婪的商人和传教士所写的作品中获得对美洲的准确描绘，而且他们也不能用一种哲学化的方式去描绘新世界。① 罗伯逊则认为这些游记只是一些"肤浅的记录"，甚至早期美洲人起源研究者经常引用的阿科斯塔也遭到罗伯逊的批判，认为包括阿科斯塔在内的早期西班牙的观察者们都并不能以一个哲学家的方式去理解他们所观察到的现象的原因。②

18 世纪后的哲学家不仅质疑游记中的内容，而且对游记中描绘美洲人的方法也提出疑问，即自文艺复兴以来人文主义学者们所经常使用的将异域与古典文明相比附的方法。比附古典可谓是 16—17 世纪西班牙人书写美洲历史所惯常的方法，如卡萨斯便曾把美洲社会的宗教、经济和政治与古典时期相比附，印卡·加西拉索·德拉维加（Inca Garcilaso de la Veha, 1539 – 1616）在其著作《印卡王室述评》（*Comentarios reales de los Incas*）中将印加帝国比附为罗马帝国。而到 17 世纪中叶，当时许多学者关注新发现的这些"蛮族"的政制，认为在他们的政制中保留了古典政治的因素。然而 18 世纪以来，随着人们对异域认识的推进，古典知识失去解释力，传统的比附古典的办法也备受质疑。德波便批评加西拉索误导性地将印加社会描绘为罗马类型，而罗伯逊则认为美洲处于思维的原始阶段，这与古典时期并不相同。③

比附古典的背后是学者希图将异域知识纳入古典知识的框架中，

---

① Jorge Cañizares-Esguerra, *How to Write the History of the New World*: Histories, Epistemologies, and Identities in the Eighteenth-Century Atlantic World, p. 36.

② Jorge Cañizares-Esguerra, *How to Write the History of the New World*: Histories, Epistemologies, and Identities in the Eighteenth-Century Atlantic World, pp. 39, 43.

③ Jorge Cañizares-Esguerra, *How to Write the History of the New World*: Histories, Epistemologies, and Identities in the Eighteenth-Century Atlantic World, pp. 38 – 41.

这一认识异域的方法不仅体现在比附古典，还体现在借用古典方法研究异域。在自然史复兴的背景下人文主义学者们开始借用塔西佗、普林尼等古典作家的方法，将美洲人与旧大陆的民族的习俗、衣着、宗教等相比较，以探讨美洲人的起源。如讨论美洲人的信仰习俗与斯基泰人的相似性来论证他们是斯基泰人的后裔，亦或通过研究墨西哥人的服饰习俗来论证他们来自中国。虽然早期研究美洲人起源也会涉及语言比较，但多是观察者的一些直观观察，比较美洲原住民语言中的一些单词与其他民族的语言，这类观察多欠缺时间维度。18 世纪以后，这类缺乏历史维度的研究方法开始受到以哥廷根学派为代表的学者们的批判，他们尝试用一种更为系统化的方法研究民族起源，语言比较成为这一方法中的重点。18 世纪末以哥廷根学派为代表的启蒙史学从传统的统治史（Regentengeschichte）转向更为广泛的文化史，着重描绘民族、时代和区域的历史，并且出现了将世界历史整合在一起的"普遍史"和"人类史"（Menschheitgeschichte）。在这一转型中如何描绘异域民族是哥廷根学派研究的重点，其中施洛策尔引入了"人种学"（Ethnographie）和"民族学"（Völkerkunde）并将其用于历史书写中。[1] 施洛策尔不再通过习俗比较来判断民族的详尽性，而是通过语言比较，他认为语言的比较研究是重建历史的工具。[2]

若借用布克哈特（Jacob Burckhardt，1818 – 1897）的观点，如果文艺复兴的时代是"人的发现和世界的发现"[3]，那么启蒙运动时

---

[1] 关于德意志启蒙史学转型，可参见 Horst Walter Blanke und Dirk Fleischer, Hrsg. , *Theoretiker der deutschen Aufklärungshistorie*, Bd. 1, S. 36 – 38.

[2] 值得注意的是，在当时并非所有学者都遵循施洛策尔的方法，如当时的历史学格哈德·穆勒（Gerhard Friedrich Müller）便关注于比较民族的宗教、语言、习俗和经济。参见 Han F. Vermeulen, *Before Boas: The Genesis of Ethnography and Ethnology in the German Enlightenment*, Lincoln: University of Nebraska Press, 2015, p. 294。

[3] ［瑞士］雅各布·布克哈特：《意大利文艺复兴时期的文化》，何新译，马香雪校，商务印书馆 1983 年版，第 280 页。

期对异域知识的描绘整合，则是一次对世界的再发现。① 在美洲人起源研究中材料、方法的使用，这些看似技术性的变化背后则折射出一种新的世界图景的生产。旧有的传统知识在大量异域知识的冲击下失去了解释力，人们不再奉《圣经》和古典文献为权威，这种依赖古典文献和古典方法的游记也开始遭受质疑。人们关注的不再是具体的异域知识，而是希图将美洲纳入世界历史线性发展的框架。美洲人不再是古典作家笔下保有质朴品格的"高贵的野蛮人"的翻版，也不再是拥有悠久文明和历史的民族，而是一个等待西方人去开化的没有文明的种族，他们展现的是社会历史发展阶段中最原初的状态。这一过程也反映了一种新的批判性历史意识的生成，一方面，在历史书写中古典文献和《圣经》的真实性遭到怀疑，学者们开始批判性地看待这些材料。另一方面，描述性书写被反思性书写所取代，美洲人的历史被纳入线性发展的框架。这一历史意识的形成，一方面推动了史料批判的发展，一种新的史料等级制开始出现；另一方面也推动了一种新的宏大叙事的历史哲学的出现，美洲人在线性史观中成为没有历史和文明的民族。

四　小结

通过回顾近代早期美洲人起源研究，可以看出近代早期关于这一问题的关注其实折射了近代世界观的转型。近代早期，在异域知识的冲击下，欧洲学者们希望通过传统知识框架去理解这些异域知识，但随着更多异域知识传入欧洲，传统的知识框架越来越不能去解决这些异域知识所带来的新问题，每次的小修小补最终却导致传

---

① 此处借用拉里·沃尔夫（Larry Wolff）和马克·西博隆尼（Marco Cipolloni）的观点，文艺复兴是一个发现美洲的时代，而启蒙运动则是对新世界的再发现，参见 Larry Wolff and Marco Cipolloni，eds. *The Anthropology of the Enlightenment*，Stanford：Stanford University Press，2007，p. xi。

统基于《圣经》和古典知识的知识体系的基础的崩塌。这一世界观的转型也推动了历史书写中一种新的批判性历史意识的出现，批判性历史意识成为近代历史学科学化的基础。

　　但值得注意的是，美洲人起源问题并不是美洲地区史问题，而属于欧洲思想史范畴。在这一研究中，美洲原住民只是被观察、研究的客体。近代早期的欧洲学者们探讨这一问题也是为了将美洲知识融入欧洲的传统知识框架。虽然很多学者都承认美洲自古以来就与旧大陆有联系，但是他们认为历史上的多次移民在世界历史上的意义远没有哥伦布"发现"新大陆重要。"萨尔《普遍史》"的编者虽然开辟专章讨论美洲人起源，但是对他们来说 15 世纪美洲才被真正发现。[1] 施洛策尔也认为通过世界历史上的三次大规模迁徙使得世界连接为一个整体，第三次便是哥伦布发现美洲。[2] 在这些历史书写中，哥伦布"发现"新大陆被作为世界近代史上的一个"关键时刻"加以标识，而之前的美洲人则成了没有历史的民族，渐渐隐于世界历史书写之中。

---

① *The Modern Part of an Universal History, from the Earliest Account of Times.* Vol. 38, London: 1763, p. 5.

② August Ludwig Schlözer, *Vorstellung der Universal-Historie*, S. VIII.

第 四 章

科学革命影响下的
"萨尔《普遍史》"

    自 20 世纪中叶以来，反思西方中心论成为学界热议的话题，在此潮流下全球史研究兴起，并涌现出一批全球视野下的世界史著作。其中尤以斯塔夫里阿诺斯（L. S. Stavrianos，1913 – 2004）的《全球通史》与杰里·本特利（Jerry Bentley，1949 – 2012）和赫伯特·齐格勒（Herbert Ziegler）合著的《新全球史》（*Tradition and Encounters，A Global Perspective on the Past*）最为知名。在两本书的开篇，作者们批判了启蒙运动以来所形成的以西方为导向的传统历史观，希望从全球视角看历史。[①] 这一热潮进而影响人们去关注前启蒙时期的普遍史书写，希望从中寻找书写全球历史的可能性。其中"萨尔《普遍史》"开始受到学者们的关注，如格奥尔格·伊格尔斯便曾评价该书"确实是一部普遍史，它的各卷不仅叙述了西方，而且叙述了非西方的各个国家，不仅涉及亚洲，而且包括了撒哈拉以南的非洲和美洲。这部著作得以完成是因为在海外探险的过程中地理知识

---

    ① ［美］斯塔夫里阿诺斯：《全球通史：从史前史到 21 世纪》上册，吴象婴、梁赤民、董淑慧、王昶译，北京大学出版社 2005 年版；［美］杰里·本特利，赫伯特·齐格勒：《新全球史：文明的传承与交流》上册，魏凤莲译，北京大学出版社 2014 年版。

得到了极大的丰富。欧洲在这部普遍史中虽然占许多卷，但也只不过被当做许多文明中的一种"。① 诚然，"萨尔《普遍史》"相较于其他的世界历史少了一些西方中心论的色彩，这也是"萨尔《普遍史》"编者们所提倡的。② 在书中经常可感受到他们在范围、材料选择上的平等性。但是，若仔细对比该部著作中各文明所占篇幅，似乎情况并非像通常理解的那么平等。在近现代卷部分中，西方文明占据了大量篇幅，即使是论述非西方地区时，西方在此地区的商业和殖民也是该书论述的重心。这似乎与编者们在古代史部分所倡导的平等观不同。为何会出现这种差异？在"萨尔《普遍史》"的编者们看来，什么因素推动了这种转变？在编者们心目中什么是真正的普遍史？他们将如何处理普遍史的普遍性与西方崛起之间的张力？为回答这一系列问题，笔者将结合当时的时代背景，重点考察"萨尔《普遍史》"中的西方叙述，以及在其他文明的叙述中所展现出的西方视角。

　　本章以"萨尔《普遍史》"为例，讨论近代西方崛起，尤其是科学革命如何影响近代早期世界历史书写。因此有关学术史的梳理也将围绕世界历史书写和科学革命这两个主题展开。学界关于世界

---

　　① Georg Iggers, Q. Edward Wang, and Supriya Mukherjee, *A Global History of Modern Historiography*, p. 7（此处参考中译本译文，［美］格奥尔格·伊格尔斯、王晴佳、［美］苏普里娅·穆赫吉：《全球史学史》，杨豫、王晴佳译，北京大学出版社 2019 年版，第13页）。

　　② 1746 年"萨尔《普遍史》"的编者们出版古代史写作计划，在其中阐明了自己书写普遍史的目标即叙述每个民族的历史，关注那些曾经被欧洲史家忽略的东方的历史。随后在 1758 年出版的普遍史近现代史写作计划中编者们又重申了这一观点，宣称自己的普遍史取材于现存每个民族的历史，是包含所有民族历史的普遍文库。当时该书的编者之一乔治·撒马纳扎在其回忆录中也曾提及这部书的目的是每个民族都应被展示，每件事都应设定在合理的行为意识之中。不过值得注意的是，撒马纳扎本人并不认可这一观点。参见 *Proposals for Printing by Subscription*, *in Twenty Volumes Octavo*, *An Universal History*, *From the Earliest Account of Time*, p. 8；*Proposals for Publishing the Modern Part of the Universal History*, London, 1758, p. 15；George Psalmanazar, *Memoirs of * * * **, *Commonly known by the Name of GEORGE PSALMANAZAR A Reputed Native of FORMOSA*, p. 312。

历史书写中的西方的讨论已非常充分，相关论著不胜枚举。但是关于"萨尔《普遍史》"对西方的认识讨论却并不是很多，早在20世纪初波拉克在其博士论文中认为"萨尔《普遍史》"接续人文主义传统，一方面摒弃了传统的神学观念，另一方面又处于启蒙思想的对立面。[1] 之后虽也有学者探讨"萨尔《普遍史》"，或从平等观的角度切入，讨论该书与启蒙运动之后的世界史的不同；亦或在书籍史的视角下考察该书的出版史。[2] 近年来，一些学者不再将该书视为一个整体，开始关注该书中的具体叙述。其中蒂姆·贝伦关注该书的近现代史部分，强调苏格兰启蒙对该书近代史的影响，贝伦认为"萨尔《普遍史》"近现代史部分的主题是"商业"与"科学"，其中商业是科学进步的先驱，通过科学获得进步是普遍史的原则。在贝伦看来，"萨尔《普遍史》"的近现代卷部分依据"商业"与"科学"塑造出一个文明等级，将世界上诸民族放置在这一文明等级中。[3]

除了关注"萨尔《普遍史》"以西方为本位的叙述外，本章关注的另一重点是这一倾向产生的原因及其在世界史书写中的其他表现，其中"科学革命"的影响是本章讨论的核心。科学革命作为科

---

[1]　Franz Borkenau-Pollak, "An Universal History of the World from the Earliest Account of Times etc. 1736ff", S. 198.

[2]　关于书籍史维度对萨尔《普遍史》的讨论可参见 Guido Abbattista, "The Business of Paternoster Row: Towards a Publishing History of The Universal History (1736 – 65)", pp. 5 – 50; "The English Universal History: Publishing, Authorship and Historiography in an European Project (1736 – 1790)", pp. 100 – 105; Marcus Conrad, *Geschichte (n) und Geschäft: Die Publikation der "Allgemeinen Welthistorie" im Verlag Gebauer in Halle (1744 – 1814)*，关于"萨尔《普遍史》"与启蒙运动之后世界历史的关系的论述，伊格尔斯在其《全球史学史》中做出了相关的论述，指出"萨尔《普遍史》"较之启蒙运动之后的世界史更具有平等性，而王晴佳、李隆国所著的《外国史学史》则将这部书视为全球史的前身，参见 Georg Iggers, Q. Edward Wang and Supriya Mukherjee, *A Global History of Modern Historiography*, p. 7; 王晴佳、李隆国：《外国史学史》，第 403 页。关于这方面的具体讨论可参见本书导言部分的学术史梳理。

[3]　Tim Antonius Lambertus Beelen, *The Case of the Missing Universal: The British Universal History (1736 – 1766) and the Evolution of Universal History*.

学史研究中的经典命题,受到学者们的广泛关注。早年大多数学者从科学史的视野下分析,将其视为一个重大历史转折点,关注其暴发的原因亦或是对后世科学的影响。[①] 近年来学者们日益认识到科学革命不仅是一次思想和技术的变革,而且也是一场弥散于欧洲的文化运动。[②] 因此一些近代早期学术史研究者开始关注科学革命如何影响近代早期人文主义者的研究,如编年、《圣经》批判如何与当时的新的科学发现相联系。[③] 笔者更倾向于后者对科学革命的解释,因此

[①]   关于对科学革命的相关研究可参见 H. Floris Cohen, *The Scientific Revolution*: *A Historiographical Inquiry*, Chicago: The University of Chicago Press, 1994, Pietro Daniel Omodeo, "Scientific Revolution", D. Jalobeanu, C. T. Wolfe, eds., *Encyclopedia of Early Modern Philosophy and the Science*, Springer, 2020。

[②]   此处笔者借用雅各布·索尔 (Jacob Soll) 的观点,科学革命不仅是一个哲学层面和实践层面的转型,还是一场弥散性的文化运动。Jacob Soll, "Introduction: The Uses of Historical Evidence in Early Modern Europe", *Journal of the History of Ideas*, Vol. 64, No. 2, Apr. 2003, p. 151。

[③]   关于当时科学对编年的影响可参见 Jed Z. Buchwanld and Mordechai Feingold, *Newton and the Origin of the Civilization*. 对于《圣经》记载与科学革命的关系一直是学界关注的话题,早在 1998 年彼得·哈里森 (Peter Harrison) 指出新教对现代科学的发展有一种弥散性影响,新教的字面解经成为科学兴起的催化剂。虽然哈里森在书中批判了传统的宗教与科学的二元对立,但在批判宗教科学二元对立的同时,自己也陷入了另一种寓意解经和字面解经的二分法。随后一些学者对哈里森的观点进行了进一步修正,强调中世纪存在多元解经传统在近代也出现了不同的发展,并非只是寓意解经向字面解经的转变。参见 Peter Harrison, *The Bible*, *Protestantism and the Rise of Natural Science* (中译本:[澳] 彼得·哈里森:《圣经、新教与自然科学的兴起》,张卜天译,商务印书馆 2019 年版); Jitse M. von der Meer, Scott Mandelbrote, eds., *Nature and Scripture in the Abrahamic Religions*. 除了科学与圣经解释的关系外,近代早期自然史传统的复兴和古物学的兴起如何影响释经学的发展也是当下研究的热点话题,如彼得·米勒 (Peter Miller) 关注古物学研究和游记的兴起如何推动对圣经文本的解释,而埃瑞克·约尼克 (Eric Jorink) 则关注新世界发现后,自然史传统的复兴对释经学的影响。参见 Peter N. Miller, "The 'Antiquarianization' of Biblical Scholarship and the London Polyglot Bible (1653 – 57)", *Journal of the History of Ideas*, Vol. 62, No. 3, July 2001, pp. 463 – 482; Eric Jorink, "Noah's Ark Restored (and Wrecked): Dutch Collectors, Natural History and the Problem of Biblical Exegesis", in Sven Dupré and Christoph Herbert Lüthy, eds., *Silent Messengers*: *The Circulation of Material Objects of Knowledge in the Early Modern Low Countries*, Münster: LIT Verlag, 2011, pp. 153 – 184。

将关注作为一场文化运动的科学革命所塑造的新的思维方式如何去影响世界历史的书写。

先前学者或关注"萨尔《普遍史》"中的具体论述与启蒙的关系，或者探讨科学革命作为一场技术变革的影响。如贝伦虽然关注到科学是"萨尔《普遍史》"近现代卷的主线，但是却用一种静止的视角对其文本进行哲学化分析，没有关注到近现代卷与古代卷的继承关系。笔者试图将这两者结合起来，讨论"萨尔《普遍史》"著作内部的继承与断裂，并试图回答这一断裂产生的原因。进一步讨论在科学革命的推动下思维方式发生了什么变化，这些变化又如何影响了人们对历史的认识。

一 什么是"真正的普遍史"①

虽然普遍史传统由来已久，许多学者将其起源追溯到古典时代的希罗多德和波利比乌斯。但是真正意义上的普遍史书写，通常被视为基督教史学的产物。自基督教兴起，希腊化世界历史书写传统与基督教观念相结合，涌现出一批为展现上帝意志的普遍史著作，并塑造了普遍史书写的固有模式。中世纪以来，学者们一直延续这一既有框架书写普遍史，从创世写到当下，古代史叙述多沿用《圣经》故事和古希腊神话，当下历史则采用圣俗并立的方式，即教会的历史和世俗的历史，这成为普遍史书写的两大中心，如弗赖辛的奥托的《双城史》最为典型。这些作品多局限于西方历史，很少涉及非西方地区的历史。自"文艺复兴"和"新航路开辟"以后，大量异域知识传入欧洲，这种传统的普遍史书写模式遭受冲击。如何

---

① 本节所提到的"真正的普遍史"指的是当时"萨尔《普遍史》"的编者们所理解的真正的普遍史，即突破传统四大帝国叙事框架，力图描绘所有民族历史的百科全书式世界历史。

将异域知识纳入世界历史框架中成为当时学者们所关切的问题，"萨尔《普遍史》"便是这一趋势中的一例。该书力图面面俱到地描绘各个民族的历史，给每个民族都在世界历史上找到自己的位置。

上述叙述是对"萨尔《普遍史》"的最经典的定位，"平等"也是"萨尔《普遍史》"的编者们所一直标榜的书写普遍史的主旨。在1746年出版的《普遍史写作大纲》中，编者们着重提到自己与其他普遍史著作的不同。该书编者们认为之前的世界史著作，如瓦尔特·雷利爵士等人的世界史只是局限于欧洲民族内部，而他们的世界史则希望能够去考虑每个民族的历史，"他们（编者们）考虑分开叙述每个民族的历史，通过这种方式把那些小国的历史从大国历史的束缚中解放出来，小国历史也会被容纳进来"。① 这一主旨不仅在普遍史古代卷的写作大纲中有所论述，而且在后来出版的近现代史写作大纲中也多次提及。1758年，"萨尔《普遍史》"的编者们出版普遍史近现代史写作大纲，在该计划中编者们批判了传统的普遍史书写模式。"在拉丁语和其他语言中也有一些冠以普遍史之名的作品。他们简要地描绘四大帝国，简单地叙述诸民族古代和近代的政治。并且使用一种不完善有时甚至是错误的年表。"② 对于"萨尔《普遍史》"的编者来说需要"通过对现存每个国家历史记载的仔细搜集和认真比较，提供另一种类型的普遍史"。③ 而这种普遍史的特征是描绘所有民族的历史，是"包含所有民族的历史的普遍的文库"。④

但值得注意的是，在该文后面编者却笔锋一转，开始讨论近代西方的崛起。"在西方世界中，由于科学的复兴，西方人变得愈加温和和文明，并且使得欧洲人成为所有民族中最优越的，统治着全球

① *Proposals for Printing by Subscription*, *in Twenty Volumes Octavo*, *An Universal History*, *From the Earliest Account of Time*, p. 8.
② *Proposals for Publishing the Modern Part of the Universal History*, p. 14.
③ *Proposals for Publishing the Modern Part of the Universal History*, p. 15.
④ *Proposals for Publishing the Modern Part of the Universal History*, p. 15.

其他地区的许多民族。这些伟大的事件造成了一个结果,那便是使一部普遍史成真。"[1] 这种对西方的优越感不仅表现在写作计划中,而且体现在该部著作的具体叙述中。首先,我们可以从近现代史部分的各文明比重中看出这一倾向。对比古代史部分和近现代史部分这一倾向则更为明显。古代史部分共七卷[2],与西方诸民族直接相关的内容并未占据太大篇幅。[3] 然而,近现代史部分则完全不同,近现代史部分的有关西方的历史占据了一半多的篇幅,而且在叙述上更关注历史事件,而非面面俱到地描述一个文明的各个方面。[4] 其次,从一些具体的表述上我们也可以看出这一倾向,如在近现代史最后一卷中,编者简要概括了亚洲、非洲、欧洲和美洲的历史、地理、风俗、政治等相关情况,在开端编者就提到自己偏爱欧洲[5],在关于欧洲的叙述中,编者更是不吝溢美之词——"欧洲的学术与艺术素来最为知名。他们的科学比亚洲和非洲的科学更为完善。"[6] 为何前后的写作计划看上去会有如此大的差别?重点论述西方崛起与面面俱到描述各个文明这两个看似相冲突的特征为何会出现在同一部作品中?这反映了编者什么样的历史观念?为回答这一问题,笔者将首先讨论"萨尔《普遍史》"对古代和近代的认识,并结合时人对古今的普遍观念分析"萨尔《普遍史》"编者们的世界历

---

① *Proposals for Publishing the Modern Part of the Universal History*, pp. 15 – 16.

② 该书古代卷第一版为对开本(folio)共七卷,后来再版改为 8 开本(octavo)为二十卷,并在原书基础上增添了一些新的内容,如伊特鲁里亚(Etruscans)的历史、古代印度、中国、鞑靼和美洲的历史等内容。参见 *Proposals for Printing by Subscription, in Twenty Volumes Octavo, An Universal History, From the Earliest Account of Time*, pp. 2, 6。

③ 在古代卷部分关于西方的讨论主要集中在古希腊和罗马的历史,分布在第二卷、第三卷、第五卷和第六卷中,在第七卷中描述了日耳曼、高卢等蛮族人的历史。

④ 在近现代卷部分则有大量篇幅讨论西方和西方诸国家海外殖民的历史,分布在第九卷、第十一卷、第十四卷,第十六—三十七卷和第四十二卷中。

⑤ *The Modern Part of an Universal History, from the Earliest Account of Time*, Vol. 43, London, 1765, p. 20.

⑥ *The Modern Part of an Universal History, from the Earliest Account of Time*, Vol. 43, London, 1765, p. 324.

史观。

在"萨尔《普遍史》"中，编者们将穆罕默德的诞生视为近现代史的开端，在近现代史第一卷的开篇便开始叙述穆罕默德的生平，"在历史上没有哪个人比阿拉伯的立法者穆罕默德更值得纪念，也更具有争议"。① 不过值得注意的是，虽然编者以穆罕默德的诞生为古代史和近现代史的分界点，但在书中也多次强调古代与近现代并未完全分开，如在古代史第六卷中编者对罗马历史的论述一直延续到1453 年君士坦丁堡的陷落。② 在近现代史部分也曾论述许多早于穆罕默德的历史，如中国、印度的古老历史。③

从"萨尔《普遍史》"古代和近现代内容的分布我们可以看出，古代史主要论述传统西方已知的世界，而近现代史则论述的是西方的历史和新发现的世界。正如编者在最后一卷中所谈到的那样，"古代人只知道世界中极小的一部分，美洲大陆、北极地区、南部大陆（Terra Australis）、麦哲伦海峡地带（Magellanica）和非洲的诸多岛屿他们都不知道"。④ 在"萨尔《普遍史》"的编者们看来这些地区都是新发现的地区，因此应该将其放入近现代史部分。对于西方历史来说则是以罗马帝国在欧洲殖民的退场作为近现代史的开端。这一划分方式并非"萨尔《普遍史》"所创，是当时许多世界史书写所通用的一种模式。早在17 世纪，荷兰人文主义学者霍尔纽斯在他的著作中便采用了这种划分模式。在他于1655 年出版的《普遍史综论》一书中以西罗马帝国为界，将世界历史分为"旧历史"和"新

---

① *The Modern Part of an Universal History*, *from the Earliest Account of Time*, Vol. 1, London，1759，p. 1.

② *An Universal History from the Earliest Account of Time to the Present*：*compiled from Original Authors and illustrated with Maps*，*Cuts*，*Notes*，*Chronological and other Tables*, Vol. 6，Dublin：1765.

③ 可参见 *The Modern Part of an Universal History*，*From the Earliest Account of Time*, Vol. 8。

④ *The Modern Part of an Universal History*，*from the Earliest Account of Time*, Vol. 43, London，1765，p. 4.

历史",将中国、新大陆的历史纳入"新历史"中。1665 年霍尔纽斯在《普遍史综论》原有基础上加以扩充,出版《诺亚方舟》一书。在该书中霍尔纽斯将世界历史分为"古代历史"与"当代历史"两部分,前者主要为《圣经》和古典作家记载下的历史,而后者则是整个世界的历史。在古代历史中霍尔纽斯依靠诺亚谱系将世界分为闪、含和雅弗的土地,而在当代历史部分则从地理位置上对世界进行了划分,即东方、西方和南方。其中新大陆(orbis novus)被视为西方,南方是一片未知地带(incognita)。① 霍尔纽斯的这一划分模式为许多学者所继承,除了"萨尔《普遍史》"外,在当时流行的一些其他世界史著作中也可以看到这一点。以约翰·亚当斯牧师(the Rev. J. Adams)于 1795 年出版的《普遍史视角下的创世到当下》为例,在该书中作者以西罗马帝国灭亡为界,区分了古代史和近代史。不过与霍尔纽斯和"萨尔《普遍史》"不同,亚当斯的这部作品的叙述基本局限于《圣经》历史和西方历史,并未涉及多少非西方的历史。② 虽然不同学者对古代史与近代史的断限有所不同,但这种二分模式成为了世界历史书写所通用的一种形式。③

据德国史家莱茵哈德·科塞勒克研究,虽然"中世纪"这一概念很早就产生了,但是直至 18 世纪,古代—中世纪—近代这种三分法仍然没有被广泛接受。④ "萨尔《普遍史》"的编者们正是处于这

---

① Adalbert Klempt, *Die Säkularisierung der universalhistorischen Auffassung: Zum Wandel des Geschichtsdenkens im 16. und 17. Jahrhundert*, S. 115 – 118.

② Rev. J. Adams, *A View of Universal History from the Creation to the Present*, London: G. Kearsley, 1795.

③ 除了霍尔纽斯和亚当斯外,当时许多史家都对近代史的开端做了界定,如萨拉鲁斯以宗教改革为古代与近代的界限,加特勒在其著作中将世界历史划分为四个阶段,他将发现美洲视为近代史的开端。关于近代史学中近代史开端的讨论可参见 Reinhart Koselleck, *Vergangenen Zukunft: Zur Semantik geschichtlicher Zeiten*, Frankfurt am Main: Suhrkamp, 1979, S. 300 – 348.

④ 科塞勒克认为,在 18 世纪"中世纪"这一概念已经非常流行,而且饱含贬义色彩,但是将中世纪作为一种固定的历史分期则是 19 世纪的事情。参见 Reinhart Koselleck, *Vergangenen Zukunft: Zur Semantik geschichtlicher Zeiten*, S. 306.

一时期。他们已经认识到过去与当下的疏离①，古代对于他们来说是一个已经远去的时代，自身的历史与古代历史并没有太大关联，他们从一种更为超脱的地位去审视古代历史，故可以用一种更为平等的态度去对待古代的各种文明。但是近代历史与他们密切相关，他们目睹了当下所发生的一系列变化，在科学复兴的推动下，西方国家尤其是英国迅速崛起，并在全球扩张，使得书写真正的普遍史成为可能。在这种背景下西方崛起就成为了他们书写普遍史的一个重点。

二　商业与科学：近代史的主题

通过阅读"萨尔《普遍史》"的近现代史写作大纲，我们可以发现"科学"是"萨尔《普遍史》"的编者们所密切关注的主题，他们认为随着科学的复兴，西方诸民族脱离了野蛮状态变得更加的文明，并在全球占据主导地位。虽然这一论述在我们当下看来并不陌生，但是在当时的欧洲却是一个比较新鲜的观点。在当时的史学著作中，通常会将宗教改革视为历史上的重要转折点。② 为何"萨尔《普遍史》"的编者们会强调科学在近代西方的作用，"萨尔《普遍史》"的编者们所指的科学究竟是什么？在编者们看来科学是如何推动西方崛起的？这一论述又与同时期的其他世界史书写有何关系？为回答这些问题，笔者将把"萨尔《普遍史》"中的具体内容与同时期的其他世界史作品放在当时的大背景下展开分析。

---

① 过去与当下的疏离被视为近代历史意识生成的标志，关于这一问题的研究可参见 Anthony Kemp, *The Estrangement of the Past: A Study in the Origins of Modern Historical Consciousness*, Oxford: Oxford University Press, 1990; Zachary Sayre Schiffman, *The Birth of the Past*, Baltimore: The John Hopkins University Press, 2011。

② Reinhart Koselleck, *Vergangenen Zukunft: Zur Semantik geschichtlicher Zeiten*, S. 308 – 309.

在回答这些问题之前，笔者想先简要概述"萨尔《普遍史》"编者观念中的"科学"。在"萨尔《普遍史》"中曾多次提到科学，如在第三十五卷对彼得大帝所建立的皇家科学院的描绘中便可看出编者对科学的理解：

> 皇家科学院分为"研究院"（academy）和"大学"两个部分。前者的成员只从事发明工作和改善其他人的新发现。他们被视为研究员（Academicians），但通常也被称作教授。他们无需指导学生，除非有学生提出请求或者他们出于自己的利益自愿这样做。研究院包括四个分支，前两个分支分别为天文和地理分部、医学分部，主要负责改进生物学、解剖学和药学。第三分支为自然—数学分部（physico-mathematical class），主要研究机械、民用和军事建筑和经验哲学。第四分支为高等数学分部，他们主要解决其他分部和国外学者所提出的一些问题。①

在叙述了研究院的相关任务和人员组成之后，编者们又描绘了大学的主要构成和任务。

> 在大学中的教授，他们用俄语和拉丁语讲授有关科学（science）的课程。没有人会因为自己的宗教言论被取消教授资格，但是他们不能向学生灌输反对东正教教义的思想。学者们教授诗学、希腊语、拉丁语、算数、绘画、几何以及其他数学内容，也包括民政史和教会史、系谱学和纹章学、哲学和古物学。但是并非每一个学生都可以学习到所有的这些科学（science），家境贫寒的年轻人无法进入大学学习。②

---

① *The Modern Part of an Universal History, From the Earliest Account of Time*, Vol. 35, London, 1769, p. 40.

② *The Modern Part of an Universal History, From the Earliest Account of Time*, Vol. 35, London, 1769, p. 40.

通过这两段引文我们可以看到，编者所理解的科学并非狭义的自然科学，而是囊括人文知识和自然知识的总称。在"萨尔《普遍史》"中也经常可以看到这一表述，如将科学和艺术（science and art）并列在一起使用。① 这一观念是当时人们对科学的普遍认知，并非"萨尔《普遍史》"编者们所独有。著名科学史家斯蒂芬·夏平（Steven Shapin）曾言："科学是一种历史产物和社会活动，因此我们应将其放在发生的具体历史语境下去理解。"② 在17—18世纪人们对科学的理解与我们现在有所差异，据马丁·格尔（Martin Gierl）的研究，单数形式的科学是18世纪末的产物。在17世纪出现了科学（scientia）和艺术（ars）的区分，前者指有关客观世界的知识，而后者则指艺术。③ "萨尔《普遍史》"出版时期正是18世纪中叶，在这一时期科学已经从一种内在自省的方式转向外在世界④，但是还没有形成我们现在意义上的具有通约化的单数的科学。因此在"萨尔《普遍史》"中会将科学与艺术并列，我们现在意义上的人文学科也被纳入科学的范畴之内。

在"萨尔《普遍史》"近现代卷的写作大纲中，编者提到由于科学的复兴，欧洲人变得愈加文明和温和，他们成为世界上最优越的民族，并且在世界上占据主导地位。这种表述反映了"萨尔《普遍史》"编者眼中近现代史的两个特征，其一，科学的复兴推动了欧

---

① 在"萨尔《普遍史》"中经常可以看到类似的表述，如在讨论中世纪日耳曼人时编者提到他们学习艺术与科学使自己变得文明和优雅。论述荷兰人的性格时，也会谈到荷兰人精通文艺与科学。参见 The Modern Part of an Universal History, From the Earliest Account of Time, Vol. 29, London, 1761, p. 15；The Modern Part of an Universal History, From the Earliest Account of Time, Vol. 31, London, 1761, p. 3。

② Steven Shapin, The Scientific Revolution, Chicago: The University of Chicago Press, 1996, p. 9.

③ Martin Gierl, "Wissenschaft", Enzyklopädie der Neuzeit Online, https://referenceworks. brillonline. com/entries/enzyklopaedie – der – neuzeit/wissenschaft – COM _ 383212. 2020年10月9日查询。

④ 关于这方面的讨论可参见［澳］彼得·哈里森《科学与宗教的领地》。

洲的文明化，其二，科学的复兴让欧洲成为世界历史的中心。编者不仅在写作大纲中指出科学推动欧洲文明化，而且在具体的论述中也有所体现。如编者在第二十九卷中谈及日耳曼人时，提到"他们（指日耳曼人）曾经一度野蛮无知，但是他们通过学习艺术和科学变得文明且有修养。这也使他们获得了十足的进步"。[1] 这种科学所带来的文明化推动了欧洲在世界上占据主导地位，其实现的方式则是商业。

"萨尔《普遍史》"近现代卷的编者用大量的篇幅讨论商业，尤其是海外贸易，比如在近现代卷中曾多次提到欧洲各国所设立的各种商业公司，并详尽描绘了他们在海外的活动。在"萨尔《普遍史》"的编者看来，商业是推动文明化的重要动力。在第十一卷讨论瑞典历史时，编者认为瑞典长期处于野蛮状态，与邻国征战不休。近代以来在历任国王的推动下，瑞典建立东印度公司发展贸易，发展科学与艺术，进而摆脱野蛮状态，因此也获得了海上霸权，成为欧洲重要的民族。正如编者所言："通过这些例子我们可以看到商业的积极的影响，以及它通过引入艺术与科学，消除毫无依据的大众偏见（这些偏见是狭隘的，只能产生贫穷与自满），让人们变得文明和有修养。"[2] "萨尔《普遍史》"的编者们认为，商业推动了欧洲国家的文明化，而且欧洲国家还通过商业贸易将文明带到了非西方国家，非洲的文明化便是其中一例。在讨论非洲历史时，编者将非洲分为内陆非洲和沿海非洲两部分。在编者看来，前者是没有开化的地区，而后者则因为与欧洲人进行贸易而变得文明。"同时我们应该提醒读者，我们所说的非洲土著人懒惰、缺乏天赋和勤奋，主要指生活在内陆的那些人。然而，生活在沿海地区的非洲人通过与欧洲人和其他外国人的持续贸易，他们被那种更加充满活力和勤奋的生

---

① *The Modern Part of an Universal History*, *From the Earliest Account of Time*, Vol. 29, p. 15.

② *The Modern Part of an Universal History*, *From the Earliest Account of Time*, Vol. 11, London：1759, p. 264.

活所吸引，在生活习惯上也变得更加的文明。"①

通过瑞典和非洲这两个例子可以看到，"萨尔《普遍史》"的编者强调商业作为一种推动力在文明化中的作用。在科学的推动下，欧洲获得了优势地位，商业则把这种新的文明方式带到了全世界。这就是"萨尔《普遍史》"编者们在近现代史写作计划中所谓的"真正的普遍史"。为什么"萨尔《普遍史》"的编者们会以商业和科学作为近现代史的主线呢？这似乎与之前学者对"萨尔《普遍史》"的定位有所偏离②，为什么在同一部书中出现这种看似互相抵牾的理念？笔者将从大的时代背景和对"萨尔《普遍史》"近现代卷编者群的分析两个层面来回答上述问题。

17—18世纪正是欧洲开始崛起的时代，科学技术的进步、海外的商业扩张等种种因素增强了欧洲人的自信心。这一特征在"萨尔《普遍史》"中也随处可见，如在提到中国的科学技术时编者们提到"中国人在古代（最古老的君主制时期）科学水平很高，然而在近4000年中其科学只有很小的进步。反观欧洲，他们从希腊罗马那里获取知识，在近两到三个世纪里，他们不仅超越了希腊罗马人，而且将中国人也甩在了后面"。③ 不仅在讨论中国时有类似表述，在其他部分也有相似的观点，如批评非洲缺乏科学等。值得注意的是，这并非"萨尔《普遍史》"所独有，比"萨尔《普遍史》"稍晚一些出版的《普遍史视角下的创世到当下》也存在类似的观点。在书中作者提到西罗马帝国灭亡后，欧洲陷入迷信的黑暗之中，科学沦为野蛮的行话。直到11世纪，一些开明哲人将知识从迷信中拯救出

①　*The Modern Part of an Universal History*, *From the Earliest Account of Time*, Vol. 14, London: 1760. p. 32.

②　之前学者们认为"萨尔《普遍史》"没有那么强的进步色彩，比如富路特便认为这部书与启蒙史学的关系并不密切。参见 Eduard Fueter, *Geschichte der neueren Historiographie*, S. 322。

③　*The Modern Part of an Universal History*, *From the Earliest Account of Time*, Vol. 8, p. 179.

来，并开始在意大利、法国、英格兰和德意志地区教授科学知识，将科学重新带到欧洲。①

除了当时大的时代背景以外，"萨尔《普遍史》"编者群的人员构成也影响了该书对近现代史的整体描述，尤其是将商业和科学视为近现代史的主线。"萨尔《普遍史》"作为一部集体项目，一方面呈现了编者群体的整体意志，另一方面由于编者自身的经历、旨趣的差异，在该书的具体论述中也能看出编者的一些个人色彩。以"萨尔《普遍史》"近现代卷中的西方为例，这一部分主要由约翰·坎贝尔和托比亚斯·斯摩莱特编著。在近现代史部分坎贝尔主要负责西班牙、葡萄牙、法国、荷兰的历史，以及欧洲在东印度的殖民史。② 斯摩莱特主要承担英国史、德意志帝国史、波兰、意大利、非洲以及1656年之后的法国史等内容。③ 这两部分正好构成了"萨尔《普遍史》"近现代卷的主体。对此笔者将结合两者的生活学习经历和历史观念分析"萨尔《普遍史》"的近现代卷为何会以商业和科学为主线。

---

① Rev. J. Adams, *A View of Universal History from the Creation to the Present*, p. 300.

② 坎贝尔是"萨尔《普遍史》"编者团队中的重要人物，他不仅参加了古代卷的编写，而且是近现代卷部分的主要领导者。由于"萨尔《普遍史》"是集体创作，在书中并未标注编者分别承担什么任务，因此关于坎贝尔在"萨尔《普遍史》"中所承担的内容有所争议。如古代史第一卷的宇宙创世论部分，当时有学者认为是坎贝尔所做，但是伯克瑙认为这部分是乔治·萨尔所写。关于近现代卷部分，学者一般都认为该部分主要由坎贝尔主导，基本认为法国史、葡萄牙史、荷兰史、西班牙史、瑞典史和丹麦史是其所作。可参见 *Biographia Britannica; or, the Lives of the most Eminent Persons Who Have Flourished in Great Britain and Ireland*, Vol. 3, p. 212；Franz Borkenau-Pollak, "An Universal History of the World from the Earliest Account of Times etc. 1736ff", S. 11；Francis Espinasse, rev. M. J. Mercer, "Campell, John", in H. C. G. Matthew and Brian Harrison, eds., *Oxford Dictionary of National Biography*, Vol. 9, p. 822。关于"萨尔《普遍史》"中编者的具体分工，笔者在本书第一章已经有所讨论，可参见第一章相关内容。

③ 根据斯摩莱特1759年4月4日给出版商理查德森的信件可知，坎贝尔将近现代卷的部分内容交给了他。据路易斯·马尔茨（Louis L. Martz）的研究，斯摩莱特主要承担了英国史、德意志帝国史、波兰史、意大利史和非洲史等内容。参见 Edward S. Noyes, ed., *The Letters of Tobias Smollett, M. D.*, pp. 59 – 60；Louis L. Martz, "Tobias Smollett and the Universal History", *Modern Language Notes*, Vol. 56, No. 1（Jan. 1941），pp. 1 – 14。

坎贝尔曾被伯克瑙视为普遍史编者中深受启蒙运动影响的学者①，他出生于爱丁堡的一个贵族家庭，自幼对历史和文学感兴趣并且出版多部历史和游记作品。除了编著"萨尔《普遍史》"外，他还出版有《西属美洲简史》（Concise History of Spanish America，1741）、《欧洲现状》（The Present State of Europe，1750）等历史著作，这些作品也为其编著普遍史近现代卷奠定基础。② 坎贝尔主要的活动范围在苏格兰，曾在格拉斯哥大学生活多年。在当时，苏格兰正值"苏格兰启蒙运动"（Scottish Enlightenment）③，休谟、亚当·斯密、弗格森等人皆汇聚于此，他们的思想影响了同处这一文人圈的坎贝尔。若我们对比坎贝尔在"萨尔《普遍史》"中关于商业的认识与亚当·斯密等苏格兰启蒙思想家的商业观，则会发现两者在理念上的诸多相似之处。坎贝尔认为商业尤其是商业贸易在社会中扮演着重要角色，商业交流推动了欧洲乃至整个世界的文明化。这一观点在亚当·斯密那里也有所表现，斯密提出了商业社会这一概念，并且认为商业社会以市场交换为基础和法制，给整个社会带来了自由、文明和繁荣。④ 笔者很难有非常直接的证据证明坎贝尔的商业观念受到亚当·斯密的影响，但是亚当·斯密和坎贝尔同处于格拉斯哥大学，斯密当时还开设相关课程，而且彼此互相认识，处于同一文人圈中。⑤ 这也从间接证明了关注商业在历史中的作用成为当时苏格兰

---

① Franz Borkenau-Pollak, "An Universal History of the World from the Earliest Account of Times etc. 1736ff", S. 198.

② Francis Espinasse, rev. M. J. Mercer, "Campell, John", in H. C. G Matthew and Brian Harrison, eds. , Oxford Dictionary of National Biography, p. 822.

③ 关于苏格兰启蒙运动研究可参见［英］亚历山大·布罗迪《剑桥指南：苏格兰启蒙运动》，贾宁译，浙江大学出版社 2010 年版。

④ 关于亚当·斯密的"商业社会"理论可参见李宏图《18 世纪苏格兰启蒙运动的"商业社会"理论——以亚当·斯密为中心的考察》，《世界历史》2017 年第 4 期。

⑤ 笔者从 1791 年《欧洲杂志》（European Magazine）的一封公开书信中发现亚当·斯密曾经提到过坎贝尔的一段逸事，或许可以佐证他们之间相互认识。参见 http: // spenserians. cath. vt. edu/CommentRecord. php？cmmtid = 2291. 2020 年 11 月 20 日查询。

文人圈的一个共识。

与坎贝尔相同，斯摩莱特也曾在格拉斯哥大学学习医学，在校期间也曾对古典学、数学、道德哲学、自然哲学感兴趣。斯摩莱特虽然主修医学，但是对历史、文学颇感兴趣，他曾出版《英国全史》（*Complete History of England*，1757 - 1758）①，参与编著翻译伏尔泰的著作②。斯摩莱特曾任《批判评论》（*Critical Review*）和《不列颠杂志》（*British Magazine*）的主编，并在上面发表多篇文章讨论莎士比亚、蒲柏（Alexander Pope，1688 - 1744）、伏尔泰、大卫·休谟（David Hume，1711 - 1776）等人的作品。在 18 世纪中叶，斯摩莱特可谓是伦敦的书评领袖和最具影响力的编者。③ 斯摩莱特的这些经历也影响了他对近代世界历史的认识，尤其是伏尔泰对他关于近代史的认识具有重要影响。如其关于彼得大帝时期俄国科学的发展的描述便深受伏尔泰的影响。④

根据上文描述可见，"萨尔《普遍史》"的近现代卷部分已经脱离了古代卷部分所宣扬的平等观，虽然仍然会面面俱到地描绘历史上出现的每一个民族，但近现代史的主线却是西方的崛起。在编者

---

① 该书是"萨尔《普遍史》"英国史部分的重要知识来源。参见 Louis L. Martz，"Tobias Smollett and the Universal History"，*Modern Language Notes*，Vol. 56，No. 1，Jan. 1941，p. 5.

② 伏尔泰全集的英译本由斯摩莱特和托马斯·富兰克林（Thomas Francklin）合作完成，富兰克林主要负责戏剧部分，但是斯摩莱特负责具体哪些部分并不能完全确定。根据 1763 年 5 月 8 日斯摩莱特给理查德·史密斯（Richard Smith）的信件可知斯摩莱特承担少量的伏尔泰作品的翻译，包括全部的历史和批判评注。根据欧仁·约里亚（Eugène Joliat）对文本用语习惯等方面的考证，可知斯摩莱特主要负责伏尔泰作品中散文部分的编译。Tobias Smollett，et al. *The Works of Mr. de Voltaire*，*Translate from the French. With Notes*，*Historical and Critical*，36Vols.，London：1761 - 1769. Edward S. Noyes，ed.，*The Letters of Tobias Smollett*，*M. D.*，p. 82；Eugène Joliat，"Smollett, Editor of Voltaire"，*Modern Language Notes*，Vol. 54，No. 6（Jun.，1939），pp. 429 - 436。

③ James G. Basker，*Tobias Smollett*，*Critic and Journalist*，London：Associated University Press，1988，p. 9.

④ Tim Antonius Lambertus Beelen，*The Case of the Missing Universal：The British Universal History（1736 - 1766）and the Evolution of Universal History*，p. 113.

看来，西方的崛起使得书写一部真正意义上的普遍史成为可能，促成这一普遍史出现的动力便是科学与商业。从近现代卷部分我们可以很明显地看出该书的一些启蒙色彩，也能从书中或多或少地感受到一种进步论的思想。这一特征不仅与当时大的时代背景有关，而且编者自身的个体经验也影响了这部集体创作的普遍史的书写。

三　科学革命下的古史书写

通过对比"萨尔《普遍史》"的古代卷和近现代卷，看起来两部分似乎是断裂的，原因在于"科学革命"的兴起推动了西方的崛起进而改变了编者对世界历史的认识。但是，如果我们对比两部分的出版时间，则会发现两部分相距不过短短十年，而且科学的兴起也并非 18 世纪出现的新现象，早在 17 世纪甚至更早的时候传统思想史意义上的"科学革命"便已经发生了。[①] 科学革命对"萨尔《普遍史》"的影响难道只存在于近现代史部分？从科学革命出现的时间和古代卷与近现代卷出版的年份来看，似乎很难做出这个判断。那么另一问题接踵而来，科学革命如何影响了"萨尔《普遍史》"中的古史书写？

阅读"萨尔《普遍史》"的古代卷部分，尤其是关于《圣经》记载的内容，可以发现一个有趣的现象，即将《圣经》记载实证化。如在第一章中会讨论伊甸园在哪里，伊甸园里的蛇是否存在，诺亚方舟有多大，是否可以装下全世界的动物等问题。这些问题在我们现在看来荒诞不经，但是在当时人看来确是值得讨论的学术问题。值得注意的是，"萨尔《普遍史》"的编者们不仅引用《圣经》和古

---

① 关于经典科学革命的解释可参见 Herbert Butterfield, *The Origins of Modern Science 1300–1800*, London：The Free Press, 1965；［法］亚历山大·柯瓦雷：《从封闭世界到无限宇宙》，张卜天译，商务印书馆 2016 年版。

典作品，而且还大量参考了东方作家的作品和一些当时的考古发现。参考游记和考古发现的现象在"萨尔《普遍史》"关于《圣经》历史的叙述中非常普遍，其中尤以对诺亚洪水的讨论最为典型。

在"萨尔《普遍史》"古代史第一卷中，编者们详尽描绘了有关诺亚洪水的方方面面。除了依据《圣经》讲述了诺亚洪水这个故事以外，还讨论一些我们现在看来很荒诞的问题，如诺亚洪水中的大洪水从何而来，方舟有多大，诺亚建造方舟用了多长时间，洪水持续了多久。[①] 通过编者们所引证的文献，我们也可以看到有关这一问题的讨论的多元性。"萨尔《普遍史》"的编者们除了引用《圣经》记载，还援引了《古兰经》和东方作家的相关记载。值得注意的是，在讨论这些有关诺亚洪水的"荒诞"问题时，"萨尔《普遍史》"的编者们援引了当时的一些自然科学知识，比如用在陆地发现海洋生物化石证明洪水的存在，讨论洪水与万有引力的关系等，[②] 并且评论了当时盛行的一些研究。"萨尔《普遍史》"的编者们为何要用新的科学发现来讨论诺亚洪水？他们又是如何将这些科学发现纳入诺亚洪水的叙事之中？为回答这一问题，笔者将先对有关诺亚洪水的释经学发展做一简要概述，并将"萨尔《普遍史》"的这一做法放入17—18世纪的释经学语境下去分析。

诺亚洪水的故事一直是基督教神学家讨论的重点，在一些早期教父看来诺亚洪水中充满了隐喻。如方舟象征教会，洪水代表泛滥的激情，带来了死亡和毁灭，或者代表洗礼的洁净之水，方舟的结构尺寸也有着象征含义。[③] 这一观点在中世纪也非常流行，但到了

---

① *An Universal History from the Earliest Account of Time to the Present: Compiled from Original Authors and Illustrated with Maps, Cuts, Notes, Chronological and Other Tables,* Vol. 1, pp. 102 – 106.

② *An Universal History from the Earliest Account of Time to the Present: Compiled from Original Authors and Illustrated with Maps, Cuts, Notes, Chronological and Other Tables,* Vol. 1, p. 99.

③ Jack P. Lewis, *A Study of the Interpretation of Noah and the Flood in Jewish and Christian Literature,* Leiden: Brill, 1978, pp. 156 – 180.

17世纪，一些学者不再将诺亚洪水视作一种隐喻，而是将其视为真实存在的历史事实。许多学者开始探讨水从哪里来，诺亚方舟有多大，方舟如何建造等问题。有关这些问题的讨论，基本可以分为两类。一类是补充更多有关诺亚洪水的相关细节，比如讨论诺亚方舟如何建造，里面有多少动物、诺亚洪水有多大等问题。另一类则是借助当时新发现的自然知识来研究诺亚洪水的起源和对地球的影响。

早在16世纪已经出现了关于诺亚方舟细节的探讨，如法国学者约翰尼斯·布泰奥（Johannes Buteo，1485－1560）通过缜密计算推算出诺亚方舟的尺寸，并进一步讨论里面的动物如何进食等问题。[①]在17世纪有关这一问题的讨论更为流行，如马修·波尔（Matthew Poole，1624－1679）、爱德华·斯特林福利特（Edward Stillingfleet，1635－1669）等人都参与其中，其中尤以耶稣会士阿塔纳修斯·基歇尔（Athanasius Kircher，1602－1680）[②]的研究最为知名。1675年基歇尔出版《诺亚方舟》（*Arca Nöe*）一书，在该书一开始，基歇尔便指明该书的目标是协调各种关于诺亚洪水的叙述，阐明大洪水历史的字面含义，将早期教父的讨论和后世的评述相协调，用一种合适的方式描绘这一神圣历史的全貌。[③]在书中基歇尔探讨了如何做方舟、方舟的材质和结构，如何安置方舟中的动物，大洪水有多高等问题。[④]

[①] William Poole, *The World Makers: Scientists of the Restoration and the Search for the Origins of the Earth*, Oxford: Peter Lang, 2010, p. 47.

[②] 阿塔纳修斯·基歇尔是17世纪著名的人文主义学者，涉及多个领域如古文书学、埃及学、汉学、天文学、数学、建筑学、动物学等，精通多门语言，被誉为"最后一位无所不知的人"（the last man who knew everything）、"行走的百科全书"（walking encyclopedia）。关于基歇尔的生平和相关研究可参见 Paula Findlen, ed., *Athanasius Kircher, The Last Man Who Knew Everything*, New York and London: Routledge, 2004。

[③] Don Cameron Allen, The Legend of Noah, Renaissance Rationalism in Art, Science, and Letters, Urbana: University of Illinois Press, 1963, p. 183.

[④] Don Cameron Allen, The Legend of Noah, Renaissance Rationalism in Art, Science, and Letters, pp. 184－187.

　　在当时，除了从文本出发补充诺亚方舟的细节以外，还存在另一种研究倾向，即根据新发现的自然知识去研究诺亚洪水的普遍性、诺亚洪水的成因和它对地球的影响。埃瑞克·约尼克曾指出收集珍奇古物是在近代早期欧洲文化中最为突出的特点之一。[1] 值得注意的是，这一特征在近代早期的《圣经》研究中也有所表现。随着异域自然知识的发现，冲击了传统基于《圣经》的知识体系。这一时期不仅发现了大量早期《圣经》抄本，而且还发现了大量的古迹。学者们不再像文艺复兴时期的人文主义者那样只从文本上分析《圣经》，而是开始利用新发现的古物去研究《圣经》，试图将《圣经》记载具象化，通过"自然之书"解释上帝的意志。[2] 如人文主义学者乌利塞·阿尔德罗万迪（Ulisse Aldrovandi，1522－1605）收集了大量圣经中所提到的物品，如基督的血、利维坦的骨骼、没药等东西，而另一位人文主义学者伯纳都斯·帕鲁达努斯（Bernardus Paludanus，1550－1633）曾亲自前往中东地区，收集了大量圣经遗物，如利维坦的遗骸、所罗门神殿的石头、来自圣约翰忏悔的山洞中的石头、独角兽的角等物品。[3] 其中通过化石佐证诺亚洪水成为当时学者们热议的话题。在当时的英国也有许多学者讨论这一问题，如马修·哈勒（Sir Matthew Hale，1609－1676）根据在远离海岸的内陆

---

[1] Eric Jorink, "Noah's Ark Restored (and Wrecked): Dutch Collectors, Natural History and the Problem of Biblical Exegesis", p. 153.

[2] 在当时的《圣经》批判中存在一种倾向，从关注文本中的字词转向关注古物，不再仅是纠结于文本批判，而是希望通过研究古物展现古代历史的、政治的、自然的整体风貌。彼得·米勒将这一潮流称为《圣经》研究的古物学化。参见 Peter N. Miller, "The 'Antiquarianization' of Biblical Scholarship and the London Polyglot Bible (1653－57)", *Journal of the History of Ideas*, Vol. 62, No. 3, July 2001, pp. 464; Jonathan Sheehan, "From Philology to Fossils: The Biblical Encyclopedia in Early Modern Europe", *Journal of the History of Ideas*, Vol. 64, No. 1, Jan., 2003, pp. 47－48; Eric Jorink, "Noah's Ark Restored (and Wrecked): Dutch Collectors, Natural History and the Problem of Biblical Exegesis", pp. 155－156。

[3] Eric Jorink, "Noah's Ark Restored (and Wrecked): Dutch Collectors, Natural History and the Problem of Biblical Exegesis", pp. 157－162.

所发现的贝壳化石来论证诺亚洪水的存在。在当时许多学者也都效仿哈勒的这一方法，詹姆斯·鲍威尔博士（Dr. James Brewer）、史蒂芬·格雷（Stephen Gray，1666－1736）都声称在英格兰内陆发现贝壳化石。① 在当时最具代表性的人物是英国博物学家约翰·伍德沃德（John Woodward，1665－1728），他在《论地球的自然史》一书中根据在世界各地所发现的化石论证大洪水的存在，认为这些化石都是大洪水前的生物的遗存。②

在当时除了根据海洋生物化石佐证诺亚洪水以外，还存在另一种研究，即根据新发现的自然科学知识，如笛卡尔的自然观念、牛顿的万有引力定律，来解释诺亚洪水。其中尤以托马斯·伯内特（Thomas Burnet，1635？－1715）、伍德沃德和威廉·惠斯顿（William Whiston，1667－1752）的研究最为流行，他们的著作也是"萨尔《普遍史》"中诺亚洪水部分的重要知识来源。

1681 年伯内特出版《神圣的地球理论》（*Telluris theoria sacra*）一书，1684 年伯内特进行进一步的扩充改编该书，并且将其翻译成英文在英国出版发行。在书中伯内特借用笛卡尔的观点系统阐释了他关于大洪水和洪水前时代的认识。③ 伯内特根据上帝创世 7 天将

---

① Don Cameron Allen, *The Legend of Noah*, *Renaissance Rationalism in Art*, *Science*, *and Letters*, pp. 93－94.

② John Woodward, *An Essay toward a Natural History of the Earth*, London: 1695.

③ 笛卡尔认为最初的人类世界时期的地壳处于圆融而完美的状态，由于地壳的解体，大洪水产生。当大洪水退却，破败和不完整的世界呈现出来，表现为具有不规则地貌的大陆和海洋。这一观点被伯内特所接受。许多学者都曾提到笛卡尔对伯内特的影响。参见 Scott Mandelbrote, "Isaac Newton and Thomas Burnet: Biblical Criticism and the Crisis of Late Seventeenth-Century England", in James E. Force and Richard H. Popkin, eds., *The Books of Nature and Scripture*: *Recent Essays on Natural Philosophy*, *Theology*, *and Biblical Criticism in the Netherlands of Spinoza's Time and the British Isles of Newton's Time*, Springer Science & Business Media Dordrecht, 1994, pp. 149－178; William Poole, *The World Makers*: *Scientists of the Restoration and the Search for the Origins of the Earth*, p. 55; ［英］马丁·拉德威克:《深解地球》，史先涛译，生活·读书·新知三联书店 2020 年版，第 65 页。

地球的发展划分为 7 个阶段，最原初的地球表面是光滑均匀的，通体没有褶皱，大洪水则改变了地球的这一状态。大洪水后出现了山脉、海洋和大陆。之所以会产生大洪水则是由于原初地球内部贮藏大量水，由于太阳照射地壳产生了大量水蒸气，这些蒸汽使得地球的地壳开裂并坠入深渊。整个世界都被地壳下方的水所淹没。[1]

　　伯内特的观点在当时引起了极大的争议，对于伯内特的论著学者们褒贬不一，牛顿也曾评判过他的观点。[2] 但是值得注意的是，伯内特假说的基础主要是笛卡尔的宇宙论，真正将牛顿的研究用于解释诺亚洪水的是伍德沃德和惠斯顿。伍德沃德不仅用陆地上发现的海洋生物化石论证诺亚洪水的真实性，而且他还引入了"万有引力"这一概念。1695 年伍德沃德出版《论地球的自然史》一书，在书中伍德沃德讨论了大洪水期间的万有引力，他认为大洪水将世界万物卷入洪水之中，随着洪水的退却，受万有引力影响，这些东西沉积下来形成连续的岩层，质量轻的在地表的白垩层，质量重的沉积到下面的岩层之中。[3] 伍德沃德只是在书中引入了"万有引力"这一概念，并没有过多地谈论牛顿，真正系统地用牛顿的自然哲学解释诺亚洪水的则是牛顿的弟子威廉·惠斯顿。惠斯顿早年服膺于伯内

---

　　① Thomas Burnet, *The Theory of the Earth*: *containing an account of the original of the earth*, *and of all the general changes which it hath already undergone*, *or is to undergo till the consummation of all things*, London: 1697.

　　② 伯内特曾经将他的《神圣的地球理论》的拉丁文本寄给牛顿，并且写信与牛顿讨论有关如何理解创世等问题。牛顿在信中驳斥了他关于将创世 7 天直接理解成物理意义的 7 天的观点，但是牛顿却认可他关于诺亚洪水的假说。牛顿在信中写道："我认为你为我们现在的海、岩石和山脉的成因提供了一个非常貌似合理的描述"，"我认为你的假说的大部分内容和我这里写的一样为真，在某些方面甚至更可能为真"。参见 Burnet to Newton, 13. January, 1680; Newton to Burnet, January, 1680, in H. W. Turnbull, ed., *The Correspondence of Isaac Newton*, Vol. 2, Cambridge: Cambridge University Press, 1960, pp. 321 – 335。

　　③ John Woodward, *An Essay toward a Natural History of the Earth*, London: 1695, Preface, pp. 3 – 4.

特的学说，后来阅读了牛顿的《自然哲学的数学原理》后被牛顿的学说所折服。① 1696 年惠斯顿出版《地球新论》一书，在书中惠斯顿借用牛顿的学说和哈雷新发现的彗星轨道来解释诺亚洪水的爆发，认为是彗星诱发了大洪水。② 惠斯顿认为，彗星的外部被一层富含蒸汽的大气层所包围，它的彗尾其实是一个稀薄而膨胀的蒸汽柱，而且彗星是以与地球运动轨道相反的方向自东向西运动。当彗星掠过地球时，这些蒸汽迅速凝结落到地球的表面，这便是《圣经》中所记载的四十昼夜的大雨。③

伯内特和惠斯顿看似为大洪水成因提供了一个世俗化的解释版本，但其目的仍是为了佐证《圣经》。伯内特在书中强调自己的尝试只是为了 "看到主要保存在《圣经》中的那些最古老的历史片段被另一束光，即自然和哲学之光所重新证明"。④ 惠斯顿虽然认为大洪水是彗星掠过地球所导致，但他却强调这一运动是上帝意志的体现。在文中他曾提到 "这颗彗星在这一个精确的时间，用最奇特和暴烈的方式毁灭了地球，这一切都是神意的结果"。"上帝（Omniscient Being）预见到人性堕落到令祂无法容忍的邪恶程度，世界充满了罪恶，此时祂复仇的怒火降临到人类头上。祂事先影响和规定了彗星和地球的轨道和运动，使得这一时候，彗星掠过地球，给人类带来

---

① William Whiston, *A Vindication of the New Theory of the Earth from the Exceptions of Mr. Keill and Others*, London: Printed for Benj. Tooke, 1698, Preface, A2.

② 与伯内特不同，惠斯顿的学说受到了牛顿的认可。据惠斯顿自己回忆，在 1695 年 5 月曾与牛顿会面并就当时的研究展开讨论，牛顿也曾读过《地球新论》的初稿，并提出了一些修改意见。该书出版后，时人也认为他借用了牛顿的理论。参见 William Whiston, *A Vindication of the New Theory of the Earth from the Exceptions of Mr. Keill and Others*, Preface, A5; Stephen David Snobelen, "William Whiston, Isaac Newton and the Crisis of Publicity", *Studies in History and Philosophy of Science*, Vol. 35, 2004, p. 577。

③ William Whiston, *A New Theory of the Earth*, *From Its Original*, *to the Consummation of All Things*, London: Printed by R. Roberts, for Benj. Tooke, 1696, pp. 300, 358.

④ Thomas Burnet, *The Theory of the Earth*: *containing an account of the original of the earth*, *and of all the general changes which it hath already undergone*, *or is to undergo till the consummation of all things*, Preface, p. 5.

可怕的惩罚。”① 正如威廉·博罗（William Poole）所言：“伯内特、伍德沃德和惠斯顿的研究已经不再是从经验哲学的角度为传统释经学提供一些新材料，而是试图融合现代宇宙理论与释经学，介入传统的《圣经》批判的领域。”② 值得注意的是，许多学者受伯内特等人的启发也都从自然科学的这一维度去理解《圣经》中关于诺亚洪水的描绘，这一研究在当时成为一股新的潮流。③

若我们回到“萨尔《普遍史》”有关诺亚洪水的论述，可以发现上述学者们的研究都是“萨尔《普遍史》”编者论述诺亚洪水的知识来源。在讨论诺亚洪水的开篇，编者们首先根据《圣经》记载描述了诺亚洪水：

> 这场大洪水并不是发生在一个民族或者一个特定的区域之中，而是波及整个地球，从一极到另一极；洪水淹没了最高的山峰，罕见的大雨倾盆而下，深渊裂开了，除了诺亚和他的家人们，地球上的所有人类和生物全部遭到毁灭。在神的意志下，诺亚和他的家人们带着每一类动物得以在方舟中幸存。④

---

① William Whiston, *A New Theory of the Earth, From Its Original, to the Consummation of All Things*, pp. 358 – 359.

② William Poole, *The World Makers: Scientists of the Restoration and the Search for the Origins of the Earth*, p. 55.

③ 这类著作在当时非常流行，除伯内特、伍德沃德和惠斯顿外，1696 年托马斯·罗宾逊（Thomas Robinson）出版《世界自然史新论》一书，在书中讨论了诺亚洪水的来源问题。但是在当时也有许多学者对这种用自然科学解释神迹的方法持批评态度。如约翰·基尔（John Keill）便认为在惠斯顿的解释中神迹变得可有可无，使无神论者和有神论者都拥有一种方法来攻击宗教。罗伯特·詹金（Robert Jenkin）也认为他们（伯内特和惠斯顿）把危险的武器送到那些既没有哲学也没有宗教的人手中。关于当时人对伯内特等人的批评可参见 Don Cameron Allen, *The Legend of Noah, Renaissance Rationalism in Art, Science, and Letters*, pp. 109 – 112；［澳］彼得·哈里森：《圣经、新教与自然科学的兴起》，第 197—200 页。

④ *An Universal History from the Earliest Account of Time to the Present: Compiled from Original Authors and Illustrated with Maps, Cuts, Notes, Chronological and Other Tables*, Vol. 1, p. 95.

之后又驳斥了当时颇为流行的诺亚洪水地方论，编者认为如果诺亚洪水只是一场地方性洪水，那么诺亚就没有必要建造方舟了。① 值得注意的是，编者们在随后重点讨论了一些诺亚洪水的实证性问题，比如诺亚洪水如何产生、诺亚方舟如何建造等问题，而编者关于这些问题所依赖的史料来源正是上文所提到的基歇尔、伯内特和惠斯顿等人的研究。

在文中编者们大量引用伯内特和惠斯顿的著作，并且处于宗教立场对这些观点做出评价。如在论述完伯内特的假说后，编者们提到，"编者认为，这一假说不仅与摩西的叙事相一致，回答了圣彼得的断言，即最开始的地球被大洪水所毁灭，而且也弥补了其他解释所存在的缺陷"。② 但是编者也承认伯内特的理论与摩西的记载并不完全相符，"他（伯内特假说）描述了洪水的逐渐上升和减弱，以及长时间的延续，而非一次剧烈的短暂的冲击。如果是几个小时的冲击，这种冲击不会持续太长时间"。③ 因此编者们又提到了另一种强调瞬间冲击的洪水假说，即惠斯顿的彗星假说。④ 随后编者们又根据伯内特和惠斯顿的假说讨论了诺亚洪水对地球地貌的形塑。编者首先引用了伯内特的观点，强调地球的变化是由于大洪水后黄赤交角改变，引起了四季交替。电闪雷鸣、冰雹狂风的出现造成了自然界的衰败。紧接着编者又提到了惠斯顿的

---

① *An Universal History from the Earliest Account of Time to the Present: Compiled from Original Authors and Illustrated with Maps, Cuts, Notes, Chronological and Other Tables*, Vol. 1, p. 97.

② *An Universal History from the Earliest Account of Time to the Present: Compiled from Original Authors and Illustrated with Maps, Cuts, Notes, Chronological and Other Tables*, Vol. 1, p. 100.

③ *An Universal History from the Earliest Account of Time to the Present: Compiled from Original Authors and Illustrated with Maps, Cuts, Notes, Chronological and Other Tables*, Vol. 1, p. 100.

④ *An Universal History from the Earliest Account of Time to the Present: Compiled from Original Authors and Illustrated with Maps, Cuts, Notes, Chronological and Other Tables*, Vol. 1, p. 101.

假说，认为大洪水的时候彗星中的物质与水结合，形成了新的地壳，塑造了新的地球。编者们吸收了伯内特和惠斯顿的观点，认为正是这两种变化塑造了现在的地球。① 在描绘诺亚方舟的建造时，编者们引用了基歇尔的《诺亚方舟》，编者们也提到了最近新发现的一些化石，并且用伍德沃德的"洪积论"来解释化石的产生。②

　　"萨尔《普遍史》"甫经出版便好评如潮，随着英文版的陆续出版，很快在欧洲其他地区推出了相应译本，畅销欧洲。值得注意的是，在当时出版大部头著作的缩略本非常流行，一些出版商为了争取更多的读者，会出版相应的缩略本。在英国，出版商也推出了"萨尔《普遍史》"古代部分的缩略本。③ 该书由威廉·格思里（William Guthrie）和约翰·格里（John Gray）负责编辑。在该书中也详尽描述了诺亚洪水的相关内容，并引用了伯内特、惠斯顿等人的著作中的观点来解释大洪水的成因。④ 该书只是缩略本，因此只是简要介绍了这些新的自然科学知识，并没有详尽展开讨论。

　　"萨尔《普遍史》"吸收了自然科学关于大洪水研究的最新成果，将其融合在原有的《圣经》框架中，塑造了新的诺亚洪水叙事。这一叙事也影响了后世的世界史书写。如德意志地区历史学家约

---

① *An Universal History from the Earliest Account of Time to the Present*：compiled from *Original Authors and illustrated with Maps*, *Cuts*, *Notes*, *Chronological and other Tables*, Vol. 1, p. 106.

② *An Universal History from the Earliest Account of Time to the Present*：Compiled from *Original Authors and Illustrated with Maps*, *Cuts*, *Notes*, *Chronological and Other Tables*, Vol. 1, pp. 99, 103.

③ 关于"萨尔《普遍史》"缩略本的相关介绍，可参见 Marcus Conrad, *Geschichte* (*n*) *und Geschäft*：*Die Publikation der* "*Allgemeinen Welthistorie*" *im Verlag Gebauer in Halle* (*1744 – 1814*), S. 189.

④ William Guthrie, John Gray, *A General History of the World*, *from the Creation to the Present Time*, London：1764, pp. 22 – 23.

翰·加特勒在其《普遍史手册》中肯定了大洪水塑造了当下地球的面貌①，并且认为关于大洪水的知识一方面来自《圣经》记载，一方面来自新的科学假说。② 约翰·阿德龙（Johann Christoph Adelung）则认为诺亚洪水叙事中存在难以解释的悖论，一方面诺亚洪水改变了地貌，由于陆地长时间被浸泡在洪水中，土壤的肥力遭到破坏，并在长时间内无法恢复。但是另一方面，洪水退却后诺亚派出的鸽子却能找到橄榄枝，而且诺亚和他的儿子们在洪水之后仍然可以耕种作物。③ 与加特勒相似，阿德龙提出的这一悖论，一部分来自新的科学知识，一部分来自《圣经》。通过考察加特勒、施洛策尔和阿德龙的著作，可以看到在当时关于诺亚洪水的新的科学知识被内化到普遍知识中，和《圣经》的记载一起成为新诺亚洪水叙事的组成部分。

传统观点认为"萨尔《普遍史》"的古代卷是一部较为保守的历史著作，富路特甚至认为"萨尔《普遍史》"只是扩展了世界史的范围，并没有摒弃神学观念。④ 但是，通过"萨尔《普遍史》"中讨论诺亚洪水的知识来源可以看到，其中吸收了大量当时自然科学的新知识，书写世界史不能再单纯依靠《圣经》。通过"萨尔《普遍史》"也可以看出在当时我们现代意义上的科学与宗教并非二元对立的两种事物，而是处于一种互相杂糅的状态。

① Johann Christoph Gatterer, *Handbuch der Universalhistorie nach ihrem gesamten Umfange von Erschaffung der Welt bis zum Ursprunge der meisten heutigen Reich und Staaten*, Göttingen: Verlag der Wittwe Bandenhoeck, 1765, S. 143 – 144.

② Johann Christoph Gatterer, *Handbuch der Universalhistorie nach ihrem gesamten Umfange von Erschaffung der Welt bis zum Ursprunge der meisten heutigen Reich und Staaten*, S. 143.

③ Johann Christoph Adelung, *Versuch einer Geschichte der Cultur des menschlichen Geschlechts*, Leipzig: Christian Gottlieb Hertel, 1782, S. 46 – 47.

④ Eduard Fueter, *Geschichte der neueren Historiographie*, S. 322.

四　小结

斯蒂芬·夏平在《科学革命》一书的开篇说道，"没有所谓的科学革命"①，这句话经常被研究"科学革命"的学者们所引用。夏平这一论断看似狂悖，然而却反映了科学革命研究领域所出现的一种新浪潮，即反思近代科学的兴起是否是对前近代的完全否定，进而从延续性的视角去看待近代科学，关注"科学革命"的多重面向。② 从纵向看，将时段拉长延伸到15—16世纪，讨论中世纪晚期和近代早期的技术实践对近代科学兴起的影响；从横向看，不仅关注那些科学巨擘的智力创造，而且关注具体的技术实践层面和科学知识的下沉。"萨尔《普遍史》"正是讨论科学知识传播的一个重要文本。

"萨尔《普遍史》"作为一部面向广大中等阶层的世界史作品，可谓是知识传播的重要媒介。在该书中可以看到编者们吸收了许多当时在学界热议的新科学发现，这些科学发现不仅作为一种知识被传递给广大中等阶层，而且作为一种新的思维方式冲击了传统的世界观。近代科学的兴起不仅是一种技术上的变革，而且也是一场弥散于欧洲的思想运动，它改变了人们认知世界的方式。"萨尔《普遍史》"中关于科学的描述正是反映了这一现象，近代科学的兴起改变了人们对于西方、对于世界的整体认识。虽然"萨尔《普遍史》"的编者并未引用多少牛顿等科学巨擘的著作，但是他们的知识来源的基础来自牛顿等学者，伯内特、惠斯特等人用接近日常生活的语

---

① Steven Shapin, *The Scientific Revolution*, p. 1.
② 当下许多科学史研究者不再使用"革命"这一具有极强断裂感的术语，而是采用17世纪科学、新科学之类的概念来指称近代科学兴起。参见 Pamela O. Long, *Artisan/Practitioners and the Rise of the New Sciences*, *1400 - 1600*, Corvallis：Oregon State University Press, 2011。

言来描述牛顿的理论，将其普遍化，一方面记录了科学革命的稳定成果①，另一方面也推动了这些成果的下沉，改变了人们的思维方式。

---

① 此处参考托马斯·库恩对常规科学的讨论，库恩认为科学革命之所以很难被感知是因为教科书和普及读物、哲学著作不可避免地隐瞒革命的存在，剔除科学研究的历史感。参见［美］托马斯·库恩《科学革命的结构》，金吾伦、胡新和译，北京大学出版社 2012 年版。

第 五 章

新史学观念的形成与
"萨尔《普遍史》"的衰落

　　"萨尔《普遍史》"是一部多卷本的集体工程，耗时半个多世纪才最终出版。该书在当时取得了极大的成功，它曾获得乔治二世的特许状，每一卷都献给名门望族。该书初版便预定出了700册，后来增到1000册。① 许多名流都曾阅读过该书，并对该书赞赏有加。如美国建国元勋托马斯·杰斐逊认为该书"内容广博，忠于史实，语言平实易懂"②，法国启蒙哲人伏尔泰、魁奈等人都曾或多或少受过该书的影响。③ 该书可谓是当时一代知识人了解异域知识的重要思想资源。该书在知识界的风行使得许多出版商从中看到商机，继"萨尔《普遍史》"英文版的陆续推出后，很快在欧洲其他地区也推

---

　　① Franz Borkenau-Pollak, "*An Universal History of the World from the Earliest Account of Times etc. 1736ff*", S. 4.

　　② 在杰斐逊的阅读书目中可以看到他曾阅读过该书的古代卷部分，并将该书推荐给乔治·华盛顿·路易斯，将其作为弗吉尼亚大学历史课程的读物。参见 E. Millicent Sowerby, *Catalogue of the Library of Thomas Jefferson*, Vol. 1, p. 59。

　　③ 伏尔泰关于德国史的讨论多引用"萨尔《普遍史》"中的近代德国史部分，魁奈的《中华帝国的专制制度》一书的主要史料来源也是"萨尔《普遍史》"。关于魁奈与萨尔《普遍史》的关系，笔者在前面讨论"萨尔《普遍史》"中国叙述中已经提及，便不再赘述。参见 Louis L. Martz, "Tobias Smollett and the Universal History", p. 6；[法] 弗朗斯瓦·魁奈：《中华帝国的专制制度》，第12—14页。

出了其他语言的译本，如 1732 年该书在英国开始出版发行不久，便
在海牙出版了法文本，后来又在阿姆斯特丹、巴黎陆续出版。① 而后
又出版了意大利文本和德文本，风靡欧洲各个地区。② 但是短短一个

---

① 据撒马纳扎回忆，当时该书英文版第一卷出版便收到了国内外许多学者的来
信。其中两位荷兰学者想将其翻译成法语和荷兰语，并且与英文版出版模式相同，每
月一期定期出版。参见 *Memoirs of ＊＊＊＊, Commonly known by the Name of GEORGE
PSALMANAZAR A Reputed Native of FORMOSA*, p. 300。当时的法文版如下 *Histoire Uni-
verselle depuis le commencement du monde jusqu'à present*［…］, à La Haye, chez P. Gosse,
H. Scheurleer, P. de Hondt, A. Moetjens, Vol. 1, 1732；Vol. II, 1738；*Histoire Universelle
depuis le commencement du monde jusqu'à present*［…］, à Amsterdam et Leipsick, chez
Arkstée et Merkus, Vols. 1 – 43, 1742 – 1782；Vols. 44（à Amsterdam et se trouve à Paris
chez Mèrigot le jeune）1788；Vol. 45（A Paris, chez Delalain fils）1802；*Histoire Universelle
depuis le commencement du monde jusqu' à present；composée en anglois par une société de gens
de lettres, nouvellement traduite en françois par une société de gens de lettres*, à Pairs, chez
Nicolas-Léger Moutard, 124 Vols. , 1779 – 1791；*Histoire Universelle traduite de I' anglois en
flamand*, à Utrecht, chez H. & J. Besseking. 关于法文版的具体情况可参见 Guido Abbattis-
ta, "The English Universal History：Publishing, Authorship and Historiography in an Europe-
an Project（1736 – 1790）", p. 101。

② 1734—1744 年在威尼斯出版普遍史的意大利版的第 1—7 卷，后来又在其他地
区陆续出版其他卷，并有各种版本出现。*Storia Universale dal principio del mondo fino al
presente, tradotta dall' inglese in francese e dal francese in italiano*, Venezia, A. Savioli Vols.
1 – 7, 1734 – 1736；Vols. 8 – 12 si vende presso Fenzo, 1737 – 1744；*Storia universale dal
principio del mondo fino al presente, scritta da una compagnia di letterati inglesi, ricavata da
fonti originali e illustrata con carte geografiche, rami, note, tavole cronologiche ed altre, tradot-
ta dall' inglese con giunta di note e di avvertimenti in alcuni luoghi*, Amsterdam［but Vene-
zia］, a spese di Antonio Foglierini, 59 Vols. , 1765 – 1794, Vols. 60 – 61, Venezia, Merletti,
1814 – 1821；*Storia universale dal principio del mondo fino al presente, scritta da una compag-
nia di letterati inglesi, ricavata da fonti originali e illustrata con carte geografiche, rami, note,
tavole cronologiche ed altre, tradotta dall' inglese con giunta di note e di avvertimenti in alcuni
luoghi*, Firenze, D. Marzi, Vols. 1 – 20, 1771 – 1776；G. Pecchioni, Vols. 21 – 41, 1776 –
1790；Eredi Pecchioni, Vols. 42 – 56, 1781 – 1793；*Storia universale dal principio del mondo
fino al presente, scritta da una compagnia di letterati inglesi, ricavata da fonti originali e illus-
trata con carte geografiche, rami, note, tavole cronologiche ed altre, tradotta dall' inglese con
giunta di note e di avvertimenti in alcuni luoghi*, Milano, Mainardi, 173 Vols. , 1801 – 1802。
关于意大利版的具体情况可参见 Guido Abbattista, "The English Universal History：Pub-
lishing, Authorship and Historiography in an European Project（1736 – 1790）", p. 101。

世纪之后却是另一番光景，许多世界史著作都将其作为批判的靶子，该书在传统史学史书写也被边缘化。为何会出现这一现象，这一变化折射出了什么样的学术风气？

德意志史学作为史学专业化的排头兵，其研究路径和史学思想对欧洲史学具有示范作用，因此通过探讨"萨尔《普遍史》"在德意志地区的传播可以展现当时欧洲史学风气一种面向。本章以"萨尔《普遍史》"在德意志地区的译介和接受过程为例，从史实、史观与史料三个维度分析"萨尔《普遍史》"为代表的百科全书式世界史书写的衰落以及这一现象所反映的近代历史意识转型。

一　"萨尔《普遍史》"在德意志地区的传播

正如上文所言，"萨尔《普遍史》"甫经出版便被翻译成荷、法、意、德等多国语言畅销欧洲。尤其在德意志地区，该书出版后不仅在商业上取得了极大的成功，还受到学者的广泛关注，成为当时德意志学者们书写世界历史必读的著作。该书在德意志地区的翻译并未完全"忠实"于"萨尔《普遍史》"的原本，而是对该书做了编译改写，带有强烈的德意志色彩。本章将结合"萨尔《普遍史》"的德文版与当时的出版商和编者、读者的互动信件钩沉当时出版的过程，展现德意志地区的学术风气。

"萨尔《普遍史》"在英国大获成功引起了德意志出版商的关注，1744 年哈勒出版商格鲍尔委托当时著名的神学家西格蒙德·鲍姆加滕（Siegmund Jakob Baumgarten，1706 – 1757）主持编译该书。鲍姆加滕将其命名为《英国学者写作的世界史总汇》（*Uebersetzung der Algemeinen Welthistorie, die in Engeland durch eine Geselschaft von Gelehrten ausgeferitiget worden*，注：此处书名原文如此）。1757 年鲍

姆加滕离世后，由其弟子约翰·萨罗莫·萨姆勒（Johann Salomo Semler，1725 - 1791）接手编译。由于两人风格不同，加之当时该书在德意志地区的境遇有所变化，因此可以将该书的翻译过程分为"鲍姆加滕阶段"（1744—1757）和"萨姆勒阶段"（1758—1766）。① 笔者将以这两个阶段为框架来勾勒"萨尔《普遍史》"在德意志地区的传播。

鲍姆加滕出生于沃米尔斯塔德（Wolmirstädt）的一个新教家庭，早年曾在哈勒大学（Universität Fridericiana Halee）学习，后留校担任神学教授。② 鲍姆加滕在哈勒期间学习数学、神学、哲学、文字学等相关内容，深受沃尔夫（Christian Wolff，1679 - 1754）的理性哲学和虔信主义（Pietismus）的影响，从他对"萨尔《普遍史》"的编译中也可以看到沃尔夫的影子。沃尔夫认为史学与哲学不同，强调史学是一种事实性知识。③ 鲍姆加滕受其影响关注一种经验基础上的整体性的历史知识，强调将所有知识统一到一个框架中，受当时"皮浪主义"④ 的影响，鲍姆加滕也曾多次讨论什么是可信的史料这一问题。在《世界史总汇》第一卷的前言部分，鲍姆加滕列举了"萨尔《普遍史》"的四大优点，

使用经真实性考证的可信史料；详尽描绘了语言知识

---

① 这一划分可参见 Marcus Conrad, *Geschichte（n）und Geschäft：Die Publikation der "Allgemeinen Welthistorie" im Verlag Gebauer in Halle（1744 - 1814）*, S. 17 - 149.

② Marcus Conrad, *Geschichte（n）und Geschäft：Die Publikation der "Allgemeinen Welthistorie" im Verlag Gebauer in Halle（1744 - 1814）*, S. 17.

③ 关于沃尔夫的历史观可参见 Arno Seifert, *Cognitio Historica，Die Geschichte als Namengeberin der frühneuzeitlichen Empirie*, Berlin：Duncker & Humblot, 1976, S. 163 - 178.

④ 皮浪主义得名于古希腊学者皮浪（Pyrrho），在当时欧洲主要表示对一切的怀疑，皮浪主义也是极端怀疑主义的代名词。当时的历史学研究也深受皮浪主义影响，如何辨别史料，使用可信的史料是当时学者们热议的话题。关于历史皮浪主义对近代欧洲历史学的影响可参见 Arnaldo Momigliano, "Ancient History and the Antiquarian", *Journal of the Warburg and Courtauld Institutes*, Vol. 13, No. 3/4, 1950, pp. 285 - 315。

（Sprachkunde）、地理、编年，并增添了最新的时人游记；详尽
讨论了宗教经典的历史，有力地辩驳了无神论者（Freigeister）
的最新谬论；将自然史、文化史、经济史和其他领域整合到普
遍的历史（allgemeine Geschichte）之中。①

通过这四个优点，我们可以看到，鲍姆加滕所关心的是如何采
用可信史料将历史知识整合到一个框架之中。在鲍姆加滕看来，历
史应该面面俱到包罗万象，"由于历史涉及范围广，对历史的叙述也
应详尽，因此除了以最重要的帝国及其交替来展现民族历史外，还
应该将自然、艺术、学术和宗教的历史纳入其中"。②

鲍姆加滕编译"萨尔《普遍史》"，并非单纯的翻译，而是将
自己的历史观念纳到翻译作品之中。③ 在具体的实践中，我们也可
以看出鲍姆加滕的历史观对"萨尔《普遍史》"德文版的影响，其
中尤其以德文版的插图最为典型。在"萨尔《普遍史》"的英文版
中，插图就是重要的一部分④，而德文版较之于英文版插图所占比
重更大。这一举措与鲍姆加滕的史料观密切相关。在鲍姆加滕看
来，插图并非只是为了增添阅读的趣味性，还要帮读者获得一种
"目击感"（Augenscheinlichkeit），从而更好地理解历史。鲍姆加滕
认为"对于事实的考证不仅应该依靠实际的历史著作，而且也应

---

① *Uebersetzung der Algemeinen Welthistorie*, *die in Engeland durch eine Geselschaft von Gelehrten ausgeferitiget worden*, Theil 1, Halle: Johann Justinus Gebauer, 1745, S. 46–47.

② *Uebersetzung der Algemeinen Welthistorie*, *die in Engeland durch eine Geselschaft von Gelehrten ausgeferitiget worden*, Theil 1, S. 46.

③ 阿巴蒂斯塔认为"萨尔《普遍史》"在欧洲的传播并非单纯只是一种单向性
的传播，而是各地区在自己的政治、民族和爱国主义的动机下去重写和解释"萨尔
《普遍史》"，参见 Guido Abbattista, "The English Universal History: Publishing, Author-
ship and Historiography in an European Project (1736–1790)", p. 101。

④ "萨尔《普遍史》"全称为 *An Universal History from the Earliest Account of Time to
the Present: Compiled from Original Authors and Illustrated with Maps, Cuts, Notes, Chrono-
logical and Other Tables.* 其中便包含图片。

该依靠那些公开的文献、记载历史事件的纪念碑、钱币、碑石和建筑上的铭文"。① 由此可见，他不仅关注传统历史著作，也把纪念碑、铭文、钱币、游记等视为重要的历史证据。以古埃及史部分为例，英文版中只有两幅关于埃及的插图，一幅为古埃及地图，一幅为以金字塔为背景的风景画。② 但是在鲍姆加滕编译的版本中删除了风景画，增添了一些近代早期东方学家对埃及城市、建筑研究的工程图，并且详细讨论了金字塔的相关构造。③ 这些在一定程度上也反映了鲍姆加滕的历史观。

据统计，"萨尔《普遍史》"的德文版最开始的销量并不理想，只有 4 人订购该书。④ 这主要由于当时大部分书籍都是从法文翻译而来，直接从英文版翻译的普遍史并没有很大市场。不过由于该书的价格优势，在后来吸引了一些读者。在当时该书定价为每卷 1 帝国塔勒（Reichstaler）12 格罗芬良币（Guter Groschen）⑤，相较于当时的其他书籍，该书定价并不算昂贵，很快便打开了市场，各地订单

① *Uebersetzung der Algemeinen Welthistorie*, *die in Engeland durch eine Geselschaft von Gelehrten ausgeferitiget worden*, Theil 1, S. 11.

② *An Universal History from the Earliest Account of Time to the Present*: *Compiled from Original Authors and Illustrated with Maps*, *Cuts*, *Notes*, *Chronological and Other Tables*, Vol. 1, pp. 192, 279.

③ 鲍姆加滕在德文版第一卷最后增添了当时的东方学家波考克关于埃及的研究，其中讨论了埃及的地理、城市、神殿、陵墓等内容。其中收录了几幅波考克所描绘的埃及城市、陵墓图，并且在最后附上金字塔的剖面图详细讨论金字塔的构造。参见 *Uebersetzung der Algemeinen Welthistorie*, *die in Engeland durch eine Geselschaft von Gelehrten ausgeferitiget worden*, Theil 1, S. 583 – 608。

④ 1742 年 5 月 2 日，当时的出版社合伙人克里斯托弗·史塔克（Christoph Starcke）在给格鲍尔的信中写道："近期世界史总汇的广告已经刊出，令我感到不安，只有 4 份预付款。"参见 Christoph Starcke an Gebauerm 02. 05. 1742（Frimennachlass Gebauer-Schwetschke, Nr. 1093）转引自 Marcus Conrad, *Geschichte（n）und Geschäft*: *Die Publikation der "Allgemeinen Welthistorie" im Verlag Gebauer in Halle（1744 – 1814）*, S. 74.

⑤ 帝国塔勒是中世纪及近代早期德意志地区流行的一种货币，18 世纪主要流行于德意志北部地区，1 帝国塔勒可兑换 24 格罗芬良币。

纷涌而至。① 该书出版模式仿效“萨尔《普遍史》”的英文版，由赞助人预定，定期出版。直至 1757 年鲍姆加滕去世，该书共出版十七卷，从创世历史一直到欧洲诸蛮族的历史。

　　鲍姆加滕去世后，其弟子萨姆勒继任主编，主要负责近现代史部分的翻译。萨姆勒时期的编译风格与鲍姆加滕有所不同。首先从插图上看，萨姆勒时期的世界史近现代卷插图所占比重大大缩小。② 而且在一些具体的细节上也有差异，鲍姆加滕编译的每一章的卷首一般喜欢采用一些抽象的花草图案作为装饰，而萨姆勒编译的卷首则多采用展现这一民族特色的图片。其次，萨姆勒更多考虑德意志读者的需求，尤其是对于史料来源的说明。他在每一卷前言中都会简述该书所讲内容以及所用史料。在第十七卷③的前言中萨姆勒提到了自己的研究过程：

　　　　出版商先生特别要求我在前言中论述历史的辅助知识和相关史料……我也勤奋地参考和使用了许多书籍，由于不需要说明，因此在前言中找不到这些材料的痕迹，但是并没有忽视这些只有我可能有的材料……我至少相比于英国的编者们更加勤奋，已经寻找了一些必须的史料。我承认在这一工作中，有时自己所处的其他环境会要求自己更快地解决这一问题和其他问题。然而，事实上我相信我的这种坦诚更有助于德意志的读者们。④

---

　　①　在当时德意志各地区均有订阅，如普鲁士、威斯特法伦、黑森、萨克森、巴伐利亚、符腾堡、波美拉尼亚、西里西亚等地均有订单。参见 Marcus Conrad, *Geschichte（n）und Geschäft：Die Publikation der “Allgemeinen Welthistorie” im Verlag Gebauer in Halle（1744 – 1814）*, S. 77。

　　②　关于插图比重的讨论可参见 André de Melo Araujo, “Translated Images：The Universal History and its European Translations in the Eighteenth-Century”, *Historia da Historiografia*, No. 26, 2018, pp. 69 – 100。

　　③　第十七卷出版于 1758 年，当时鲍姆加滕已经去世。但是这一卷的主要内容由鲍姆加滕主编，因此该卷仍由鲍姆加滕挂名，但前言却是萨姆勒所写。

　　④　*Uebersetzung der Algemeinen Welthistorie, die in Engeland durch eine Gesellschaft von Gelehrten ausgeferitiget worden*, Theil 17, Halle：Johann Justinus Gebauer, 1758, S. 2 – 4.

随后又系统讨论了这一卷编者们所用的史料，由于第十七卷主要涉及欧洲诸蛮族的历史，萨姆勒便系统归类讨论了历史上关于蛮族历史的相关史料。对于萨姆勒来说，他并不想从一个外部人的视角去看待异域历史。学习对象国语言，深入原始史料中是历史研究的应然之义。在第二十一卷的前言中他曾提到"因为我不懂阿拉伯语，因此必须通过艰苦的努力来认识那些我不想用外国人眼睛看到的东西"。①

"萨尔《普遍史》"的德文版不仅在商业上取得了巨大成功，而且也受到学术界的赞赏。约翰·米歇利斯（Johann David Michaelis，1717－1791）和约翰·加特勒（Johann Christoph Gattere，1727－1799）曾给该书撰写书评，米歇利斯认为该书史实可信，是一本非常重要的书，尤其夸赞了萨姆勒对史料的评注和在前言中对所用史料的梳理。② 加特勒则赞美该书中所附地图和插图内容详尽，只是翻译上存在一些瑕疵，并且忽视了一些重要的史料。③ 总体而言，米歇利斯和加特勒的书评肯定了萨姆勒编译的"萨尔《普遍史》"。萨姆勒也在后面的著作中对这些书评做出了相应回应："几乎所有的学报所刊书评都一致称赞这部书，尤其是德文版部分，内在安排合理，非常有用。此外，也不乏一些书信证明该书在学者中享有盛誉。"④

---

① *Uebersetzung der Algemeinen Welthistorie*, *die in Engeland durch eine Geselschaft von Gelehrten ausgefertiget worden*, Theil 21, Halle：Joh. Justinus Gebauers, 1760, S. 22.

② Marcus Conrad, *Geschichte（n）und Geschäft：Die Publikation der "Allgemeinen Welthistorie" im Verlag Gebauer in Halle（1744－1814）*, S. 109－110.

③ Marcus Conrad, *Geschichte（n）und Geschäft：Die Publikation der "Allgemeinen Welthistorie" im Verlag Gebauer in Halle（1744－1814）*, S. 109－110.

④ 在注释中萨姆勒专门提到了《哥廷根学报》所刊载的两篇书评，并积极回应了加特勒等人对该书的评价。在文中他提到："令我惊讶的是，有些读者对哥廷根学者们关于今年出版的第二十卷的书评的看法是不公正的，他们认为这一评论对该书是不利的。但是学识渊博的行家必然要比爱好者和读者在做出评判时，对该书的了解更为全面，也更能准确地指出该书的缺陷。因此即便这篇书评不偏不倚地指出了英文版中的缺陷，这部书对其他读者也是有益处的。" *Uebersetzung der Algemeinen Welthistorie*, *die in Engeland durch eine Geselschaft von Gelehrten ausgefertiget worden*, Theil 21, S. 22－23.

但是好景不长，1766 年另一位哥廷根大学教授奥古斯特·路德维希·施洛策尔发表了言辞激烈的书评，批评了萨姆勒编译的"萨尔《普遍史》"的俄国史和波兰史部分，认为这部分存在严重的翻译问题和史料缺失，在书评的最后施洛策尔言辞犀利地指出：

> 因此我们希望萨姆勒博士先生可以对这部作品还未出版的部分进行必要的补充和改进，如果他因为工作繁忙无法胜任这项任务，可以将此任务委托给另一个熟悉欧洲历史且工作勤奋的人。现在如果人们想要论证历史上的一些事情，这部作品是靠不住的。①

一石激起千层浪，施洛策尔尖锐的批评改变了"萨尔《普遍史》"德文版在德意志地区的普遍好评，激起了人们对该书的质疑，甚至有的读者给出版社写信要求重新修订该书。② 虽然萨姆勒回应了施洛策尔的批评，强调这本书的读者并非学院派人士，而是那些想从历史中获得愉悦的普通读者：

> 这篇措辞尖锐的书评最后说："现在如果人们想要论证历史上的一些事情，这部作品是靠不住的。"以前也有人说这项工作对德意志读者并没有什么益处。但是每个人都可以根据自己的良好品味或者出于公共的意愿或个别的需要去自由地评判所有

---

① "Rezension zu Uebersetzung der allgemeinen Welthistorie XXIX", *Göttingische Anzeigen von gelehrten Sachen*, 12. Stück, 27. Jan. 1766, S. 93.

② 1766 年 3 月赞助商哥特菲尔德·古尔纳（Gottfried Gruner）给出版商格鲍尔的信中提到："近期我阅读了哥廷根学报上关于《世界史》的第 11 卷或者第 29 卷的尖锐的批评，这真是一件遗憾的事情，如果这是真的，那么应该放弃这部作品，而非再加以改善。" Gottfried Gruner an Gebauer, 10. 3. 1766（*K35, Nr.* 9007），转引自 Marcus Conrad, *Geschichte（n）und Geschäft: Die Publikation der "Allgemeinen Welthistorie" im Verlag Gebauer in Halle（1744 – 1814）*, S. 129.

的书籍。懂历史的人、历史教师可以根据自己的职业去评判所有的史书，但是也需要根据该书的目的做出公正的评价。在英国，人们并不认为该书（代指"萨尔《普遍史》"）对休谟先生或者皮特先生有帮助，或者能够吸引到他们的继任者。同样很少有人会认为德文版可以帮助历史教师们缩短或者减轻他们的工作。但是这项工作（代指"萨尔《普遍史》"的翻译）在德意志是否就毫无用处呢？难道已经有许多这样的著作了吗？……德意志的读者难道都是由那些职业的历史学家和地理学家组成吗？那些想根据自己的情况掌握关于诸帝国和国家的历史知识的人都是效仿伟大的学者们来做判断么？这部历史书对许多读者来说是有用的，对鼓励大家根据自己的风格追求良好品位也很有帮助。即使他们有里米耶（Limiers）①、伏尔泰、拉·孔布（La Combes）②和其他的编纂者，他们也只是通过这些批判性的历史学者们获得一种增进崇高意识的消遣。我并不属于这样伟大的人物，因为无能而无法跻身这一行列之中。不过我还是可以在之前作品的前言中表达自己的观点，使读者和历史爱好者对这篇简短的概括以及从那些不可考的、广泛的、可疑的俄国历史中所挑选出的叙述感到满意，并希望看到这部作品继续出版并最终完成。③

但是这一回应收效甚微，施洛策尔尖锐的批判直接影响了该书其他卷的销量。据统计，第三十一卷出版后销量一路走低，本来萨姆勒预计能卖出 100 帝国塔勒，结果只卖出了 37 帝国塔勒 16 格罗

---

① 此处应指 18 世纪法国历史学家亨利·菲利普·德里米耶（Henri Philippe de Limiers），著有《法兰西君主年鉴》（*Anaeles de la Monarchie françoise*）。

② 此处应指 17 世纪西班牙历史学家弗朗西斯·孔布（Francisco Combés）。

③ *Uebersetzung der Algemeinen Welthistorie, die in Engeland durch eine Geselschaft von Gelehrten ausgeferitiget worden*, Theil 30, Halle：Johann Justinus Gebauer, 1766, S. 4 – 5.

芬良币，① 而且一些订阅者甚至要退订该书。② 为扭转颓势，出版商和编者们被迫做出调整。

　　为了修正"萨尔《普遍史》"德文版存在的一些专业性错误，格鲍尔邀请加特勒、施洛策尔等当时的著名历史学家参与到该书的编译修订之中。③ 题目也从原来的《英国学者写作的世界史总汇》改为《英国和德意志学者写作的世界史总汇续编》(*Fortsetzung der Algemeinen Welthistorie durch eine Gesellschaft von Gelehrten in Deutschland und Engeland ausgefertiget*，注：此处书名原文如此)。其中的第三十一卷和第三十二卷由施洛策尔负责。④ 随后该书又陆续出版其他卷，直至 1814 年出版完共计六十六卷。⑤ 与鲍姆加滕和萨姆勒主持编译的《世界史总汇》不同，《世界史总汇续编》由专业历史学者主持编纂，该书汇集了当时德意志著名的历史学家。除了上文提到的加特勒和施洛策尔外，还有其他学者参与编纂。如意大利史部分（第 40—46卷）由约翰·勒布莱特 (Johann Friedrich Le Bret, 1732 – 1807)⑥ 编

---

　　① Marcus Conrad, *Geschichte（n）und Geschäft：Die Publikation der "Allgemeinen Welthistorie" im Verlag Gebauer in Halle（1744 – 1814）*, S. 130.

　　② 路德维希·阿尔伯希特·盖布哈迪 (Ludewig Albrecht Gebhardi) 在第 50 卷的前言中提到"哥廷根书评导致许多预定被取消，出版社不再继续从事该书的翻译"。*Fortsetzung der Algemeinen Welthistorie durch eine Gesellschaft von Gelehrten in Deutschland und Engeland ausgefertiget*, Theil 50, Halle：Johann Jacob Gebauer, 1785, S. XIV.

　　③ 该书编译由盖布哈迪主导，并且邀请了当时德意志地区著名的历史学家尤其是哥廷根大学的历史教授们。参与此项目的主要历史学家有加特勒、施洛策尔、托马斯·阿伯特 (Thomas Abbt)、卡尔·豪森 (Carl Renatus Hausen)、约翰·米勒 (Johann Peter Miller) 等学者。参见 Marcus Conrad, *Geschichte（n）und Geschäft：Die Publikation der "Allgemeinen Welthistorie" im Verlag Gebauer in Halle（1744 – 1814）*, S. 130。

　　④ 萨姆勒虽已经编纂了第 31 卷，但由于销量走低，出版社改由施洛策尔重新编纂，并于 1771 年出版。

　　⑤ "萨尔《普遍史》"的德文版出版可以分为三个阶段，第一阶段为 1759—1766 年，由鲍姆加滕主持编译 1—17 卷；第二阶段为 1747—1765 年，由萨姆勒主持编译第 18—30 卷；第三阶段为 1768—1814 年，为出版该书的增补版，由盖布哈迪等人负责第 31—66 卷。

　　⑥ 勒布莱特为图宾根大学历史教授，专攻教会史。关于勒布莱特可参见 https：//www. deutsche – biographie. de/sfz49570. html#adbcontent，2020 年 1 月 5 日查询。

纂、英国史部分（第 47 卷）由马特亚斯·施普恩格（Matthias Christian Sprengel，1746 – 1803）① 编纂、德国史部分（第 53—62 卷）由约翰·加勒迪（Johann Georg August Galletti，1750 – 1828）② 负责，东欧史部分（第 48—49 卷）由施洛策尔的学生约翰·冯·恩格尔（Johann Christian Engel，1770 – 1814）③ 负责，瑞典史（第 63—66 卷）由弗里德利希·余斯（Friedrich Rühs，1781 – 1820）来负责。④ 虽然续编本也陆续出版近 20 年，但是影响力远不如早期的《世界史总汇》，由于出版社的代际更替，出版商自身兴趣发生转变，对该书的重视程度也大不如前。⑤

　　除此之外，七年战争普鲁士战胜法国，激发了德意志新教地区的民族自豪感。这种自豪感在史学研究中也有所表现，即用德语书写历史成为了一股新的潮流，加特勒曾撰文斥责德意志历史学家并不热心于用母语书写历史，批判德意志学界翻译成风，并认为这些翻译阻碍了德语原创作品的诞生。⑥ 在格鲍尔出版社的出

---

　　① 施普恩格曾求学于哥廷根大学，并在施洛策尔门下接受教育，后担任哈勒大学历史教授，专攻英属殖民地史。参见 https：//www. deutsche – biographie. de/sfz80841. html#adbcontent，2020 年 1 月 5 日查询。

　　② 加勒迪早年求学于哥廷根大学，曾受教于平特和施洛策尔，关于加勒迪可参见 https：//www. deutsche – biographie. de/sfz19833. html#adbcontent，2020 年 1 月 5 日查询。

　　③ 恩格尔早年求学于哥廷根大学学习历史和古典学，深受海因、加特勒和施洛策尔的影响。关于恩格尔参见 https：//www. deutsche – biographie. de/sfz13265. html#nd-bcontent，2020 年 1 月 5 日查询。

　　④ 关于各卷内容可参见 Marcus Conrad, *Geschichte（n）und Geschäft：Die Publikation der "Allgemeinen Welthistorie" im Verlag Gebauer in Halle（1744 – 1814）*, S. 249 – 276, S. 281 – 286。

　　⑤ 1776 年小格鲍尔（Johann Jacob Gebauer）的母亲去世，小格鲍尔一改之前其父老格鲍尔（Johann Justinus Gebauer）的出版兴趣，更加关注一些自然史著作的出版，《世界史总汇续编》失去了原有的关注。参见 Hans-Joachim Kertscher, *Literatur und Kultur in Halle im Zeitalter der Aufklärung：Aufsätze zum geselligen Leben in einer deutschen Universitätstadt*, Hamburg：Verlag Dr. Kovac, 2007, S. 339 – 358。

　　⑥ Johann Christoph Gatterer, "Zufällige Gedanken über die Verdienster der Teutschen um die Historie", in Johann Christoph Gatterer, Hrsg. , *Allgemeine Historische Bibliothek*, Bd. 9, Gebauer, 1769, S. 33；S. 56 – 57.

版倾向中也可看出这一变化，据统计，自 1766 年以来有关历史类的译著和外文原文书出版量持续下降，而德语历史书的出版量则持续上升。① 受这些因素影响，"萨尔《普遍史》"渐渐地在德意志学术界丧失了原有的地位，在史学史谱系中也逐渐被边缘化。

二 新世界历史书写观念的形成

由上文可知，"萨尔《普遍史》"在德意志地区的传播并非高歌猛进，最终该书被学术界淡忘，并在史学史谱系中被边缘化。究其原因，除了上文提到的该书自身固有的史料和翻译缺陷，以及出版商兴趣的转变以外，还存在另一个重要原因，即当时这种百科全书式的世界史书写已经不合时宜，在当时的德意志地区乃至整个欧洲出现了一股新的潮流，即背离传统的汇编式普遍史，开始寻求世界历史之间的联系。② 这一潮流体现在两个层面，一个层面是史学实践的层面，即以加特勒和施洛策尔为代表的哥廷根学派追求新的世界历史书写模式，从世界大事中寻求世界大势。另一层面则是从历史哲学的维度，哲学家希望从世界历史中找出历史发展的规律，构建新的宏大叙事。

---

① Daniel Fulda, "Ueberwiegend Uebersetzungen. Historische Publikationen im Gebau-er-Verlag（1744 – 1771）-zugleich eine Fallstudie zu einigen Strukturproblemen der deutschen Aufklärungshistoriographie", in Daniel Fulda und Christine Haug, Hrsg., *Merkur und Miner-va*, *Der Hallesche Verlag Gebauer im Europa der Aufklärung*, Harrassowitz Verlag, 2014, S. 130.

② Hans Schleier und Drik Fleischer, Hrsg., *Wissen und Kritik*, *Texte und Beiträge zur Methodologie des historischen und theologischer Denkens seit der Aufklärung*, Bd. 11, Waltrop: Verlag Hartmut Spenner, 1997, S. XXV.

18 世纪中叶到 19 世纪中叶，"哥廷根学派"① 被视为 "德意志历史研究的大本营"②，他们所关注的领域涉及各个方面，如国情学（Statistik）③、北方民族史、人类学、世界史等。由于本章主要讨论世界历史书写的新潮流，因此关注点首先将放在加特勒、施洛策尔的世界历史著作中，讨论他们对世界历史的认识，以及如何书写世界历史。其次本章将以施莱格尔的《普遍史讲义》为例，讨论在历史哲学的领域，学者们如何在世界历史中构建新的宏大叙事。

第一，加特勒、施洛策尔都认为，书写世界历史应该关注世界

---

① 哥廷根学派，主要指在 18 世纪中下叶至 19 世纪活跃于哥廷根大学的一批历史学家们，根据时间发展和师承关系可以分为两代，第一代为哥廷根大学草创时期在此执教的历史学家们，如格奥尔格·格鲍尔（Georg Christoph Gebauer）、约翰·史慕斯（Johann Jacob Schmauss）、约翰·科勒（Johann David Köhler），他们基本延续了传统的研究路径，而且彼此之间联系并不密切，并未形成一个较为统一的学术共同体。1759 年加特勒接替了科勒的席位，1769 年施洛策尔前往哥廷根执教，1779 年路德维希·施皮特勒（Ludwig Spittler）执教于此，1799 年阿诺德·黑伦接替了施皮特勒的教席。这四位历史学家可以称为哥廷根学派的第二代，在他们执教哥廷根时期，创办了一些专业历史期刊，如《万有历史文库》（Allgemeine Historische Bibliothek）、《历史期刊》（Historisches Journal），而且还成立了专业性的历史组织，通过这些组织和杂志形成统一的学术共同体。有关哥廷根学派的相关研究可参见 Georg Iggers, "The University of Göttingen 1760 – 1800 and the Transformation of Historical Scholarship", Storia della Storiografia, No. 2 (1982), pp. 11 – 37; Hartmut Boockmann und Hermann Wellenreuther, Hrsg., Geschichtswissenschaft in Göttingen: Eine Vorlesungsreihe, Göttingen: Vandenhoeck & Ruprecht, 1987; Luigi Marino, Praeceptores Germaniae, Göttingen 1770 – 1820, Göttigen: Vandenhoeck & Ruprecht, 1995; André de Melo Araujo, Weltgeschichte in Göttingen, Eine Studie über das spätaufklärerische universalhistorische Denken, 1756 – 1815, Bielefeld: transcript Verlag, 2012。

② Wilhelm Dilthey, Studien zur Geschichte des deutschen Geistes, Leipzig: B. G. Teubner, 1976, S. 261.

③ 国情学（Statistik）不同于现代意义上的统计学，而是类似于国情概览。早在 18 世纪中叶该词便在德语世界中使用，通常被视为"国家知识"（Staatskunde）或者"国家学"（Staatswissenschaft，也可翻译成行政学）的代名词。如在 1811 年的《高地德语方言语法批评词典》中将其定义为"一种有关一国的自然和政治制度的科学"。参见 Johann Christoph Adelung, Grammatisch-Kritisches Wörterbuch der Hochdeutschen Mundart, Bd. 4, Wien: Pichler, 1811, S. 304。

历史中的重大事件，展现世界历史发展的整体性。对于加特勒来说，普遍史并非只是一个单纯的历史体裁，而是认识历史的重要方法，"一个好的方法，无论对展现历史还是学习历史都非常重要。重大事件的范围无边无际，因此人们需要去挑选最重要最必须的事件。首要的基础是需要一部优秀的普遍史，人们可以借此用一种合适的视角去感知世界上诸帝国和国家的兴衰"。① 因此，加特勒并不赞同"萨尔《普遍史》"那样百科全书式的写法。在他看来，"萨尔《普遍史》"并不是一部普遍史，只是一部历史档案文集（ein allgemeines historisches Archiv），或者说是一部历史大全（*Corpus historicum*）。②

与加特勒相似，施洛策尔也不认可百科全书式的世界历史书写。1772—1773 年，施洛策尔出版《普遍史概论》（*Vorstellung seiner Universal-Historie*），在书中施洛策尔概述了他的普遍史思想。在前言中，施洛策尔便提到自己并不效仿英国的"世界史"。③ 对施洛策尔而言，普遍史并非一种面面俱到的资料库，而是应该展现历史大事——"我们从各地区、各民族、各个时代，从其原因和影响追溯东西方的人类历史的起源、兴起和衰落，并且用一种联系的视角考察世界大事（Weltbegebenheiten）。一言以蔽之，我们将这样研究普遍史"。④ 对此施洛策尔提出了两种不同的世界史研究方法，一种为所有特殊史（Specialhistorie）的聚合（Aggregat），施洛策尔认为这一研究方法只是一种事件的并列和汇总，另一种方法则是从聚合的特殊史中寻找材料，系统化书写世界历史。施洛策尔曾言："如果仅

---

① Johann Christoph Gatterer, "Von der Historie überhaupt und der Universalhistorie insonderheit", S. 306.

② Johann Christoph Gatterer, "Vom historischen Plan, und der darauf sich gründenden Zusammenfügung der Erzählungen", in Johann Christoph Gatterer, Hrsg., *Allgemeine Historische Bibliothek*, Bd. 1, Gebauer, 1767, S. 68.

③ August Ludwig Schlözer, *Vorstellung seiner Universal-Historie*, Vorrede, Johann Christian Dietrich, 1772.

④ August Ludwig Schlözer, *Vorstellung seiner Universal-Historie*, S. 1 – 2.

是一种聚合，没有系统，那么读者们便只是了解单一的民族，而非世界，亦不能了解人类历史。"① 施洛策尔强调一种整体的世界历史，在另一本世界史著作中施洛策尔也曾提到："世界历史应该成为一个图景，一个完整的统一体（Continumm）。"② 由此可见，他与加特勒都不再沿袭面面俱到的百科全书式世界史书写，而是力图描绘世界历史发展中的趋向。

第二，加特勒与施洛策尔都主张世界历史书写应该关注重大事件。1761 年加特勒出版《普遍史手册》一书，在书的开篇他便提到"历史是一门重大事件的科学"（Die Historie ist eine Wissenschaft merkwürdiger Begebenheiten）③。重大事件是加特勒普遍史书写的一大关键词。不过这种重大事件并非一成不变，而是根据不同立场的影响挑选出来。在加特勒看来："所有人都有他们自己的立场（Standort），都有他们自己的视角（Gesichtspunkt）。这些立场和视角使一件事、一种情况和事物的一面忽而重要、忽而不重要而不为人知，并且根据不同的预期（Aussichten）来决定事件的选择。"④ 这种立场受自身的经历、身份、时代背景等诸多外界原因所影响⑤，因此书写普遍史也应该从当下的立场出发挑选重大事件去描绘世界历史发展的趋向。施洛策尔也曾谈到，历史所写的都是国家值得关注的事

---

① August Ludwig Schlözer, *Vorstellung seiner Universal-Historie*, S. 14, S. 18.

② August Ludwig Schlözer, *Weltgeschichte nach ihre HauptTheilen im Auszug und Zusammenhange*, Verlag der Witwe Banbenhoek, 1785, Theil 1, S. 90.

③ Johann Christoph Gatterer, "Von der Historie überhaupt und der Universalhistorie insonderheit", in Horst Walter Blanke und Dirk Fleischer (Hrsg.), *Theoretiker der deutschen Aufklärungshistorie*, Bd. 1, fromman-holzboog, 1990, S. 303.

④ Johann Christoph Gatterer, "Abhandlung vom Standort und Gesichtspunkt des Geschichtsschreiber oder der teutsche Livius", in Johann Christoph Gatterer, Hrsg., *Allgemeine historische Bibliothek*, Bd. 5, Johann Justinus Gebauer, 1768, S. 6.

⑤ 约翰·克拉德尼乌斯（Johann Martin Chladenius）也曾提出类似观点，参见 Johann Martin Chladenius, "Allgemeine Geschichtswissenschaft", in Horst Walter Blanke und Dirk Fleischer, Hrsg., *Theoretiker der deutschen Aufklärungshistorie*, Bd. 1, S. 237 – 248。

务（*StatsMerkwürdigkeit*）。[①] 因此不同民族在世界历史中的地位也有所不同。施洛策尔根据不同民族在世界历史上扮演的角色不同，将民族分为三种，即"征服民族"（erobernde Völker），如波斯、鞑靼、蒙古；重要民族（wichtige Völker）[②]，他们并不去征服而是去改善，如埃及、腓尼基、希伯来和希腊；主要民族（Haupt- Völker），兼具征服和改善，如罗马、法兰克、阿拉伯、西班牙等。[③] 这些民族构成了世界历史的主体。

第三，加特勒与施洛策尔都认为书写世界历史应该用一种联系的视角，展现世界历史间的相互联系是世界史书写的核心。正如前文所言，加特勒主张从当下的立场挑选重要事件书写世界历史。对于加特勒而言，"当下的立场"便是展现世界诸帝国和国家间的相互联系。加特勒认为古代史与现代史的显著区别在于是否存在交往，"与现代世界史相比，古代世界史并不关注同时期诸民族和帝国间的联系和交往"。[④] 这一视角在加特勒的著作中也有所表现，例如他用大量篇幅讨论"民族大迁徙"（Völkerwanderung）[⑤]，将新大陆的发现视为近代史的开端，展现世界的整体相连。对此加特勒提出了书写普遍史的两项基本原则，即历时性和共时性原则。"第一项原则是，人们需要将每个民族和国家的重大事件按照时间顺序依次排序，以期获得一种关于一个国家先后变化发展的系统认识。第二项原则是，人们需要将存在于同一时期的帝国和王国用一种共时性的联系

---

① Ludwig August Schlözer, *Theorie der Statistik. Nebst Ideen über das Studium der Politik überhaupt*, Vandenkoek und Ruprechtschem Verlag, 1804, S. 93.

② 此处所指的"重要民族"并非通常意义上的重要，而是施洛策尔创造的一个概念，指的是那些不具有征服特质的民族。

③ August Ludwig Schlözer, *Vorstellung seiner Universal-Historie*, S. 20.

④ Johann Christoph Gatterer, "Von der Historie überhaupt und der Universalhistorie insonderheit", S. 307.

⑤ Martin Gierl, *Geschichte als präzisierte Wissenschaft*, *Johann Christoph Gatterer und die Historiographie des 18. Jahrhunderts im ganzen Umfang*, fromman-holzboog, 2012, S. 336.

的视角去叙述。"① 加特勒认为这两项原则缺一不可,但是如果只遵循历时性原则就会阻碍一种共时性的认识,如果只是遵循共时性原则,会导致这些历史脱节,历史事件被分割为独立的碎片。

与加特勒一样,展现世界历史间的相互联系也是施洛策尔世界史书写的重心。施洛策尔多次在自己的著作中提到要用联系的视角考察世界历史,并提出了展现世界历史之间联系性的两种方式,即"现实上的关联"(Realzusammenhang)和"时间上的关联"(Zeit-zusammenhang)。前者主要指的一种因果联系,"现实上的关联是一种事件间自然的、直接的、可见的联系,这些事件涉及同一个对象,并且彼此以因果关系为基础"。② 后者则是一种横向的共时性关联,"处于时间上的关联中的事件彼此并不相关,但是它们却同时发生。也就是说,这些事件同时发生在不同的国家或者不同的半球上"。③ 但是这两种关联并非能够在具体史学实践中完全一致,彼此甚至互相抵牾。

现实的关联和时间上的关联彼此相互冲突,不可能同时严格遵循两个原则。当我叙述从大流士到纳迪尔沙(Schah Nadir)的波斯史时,如果不关注同时期其他地区的历史,便失去了共时性。如果我将他们切割成碎片,再将其他民族的历史碎片叠加到这些历史碎片中,这样所有的历史都变成了共时性的碎片,但却丧失了现实的关联。人们必须首先遵循共同主题的原则,再遵循共时性原则来阅读世界上的大事件,除此以外别无他法。教授世界历史也必须将材料纳入共同主题和共时性的框架之中。④

---

① Johann Christoph Gatterer, "Von der Historie überhaupt und der Universalhistorie insonderheit", S. 307.

② August Ludwig Schlözer, *Vorstellung seiner Universal-Historie*, S. 46.

③ August Ludwig Schlözer, *Vorstellung seiner Universal-Historie*, S. 48 – 49.

④ August Ludwig Schlözer, *Vorstellung seiner Universal-Historie*, S. 57 – 58.

由此可见,整体性、重大事件和联系的视角成为加特勒与施洛策尔世界史书写的关键词。值得注意的是,两人不仅将这些观念用于自己的普遍史写作中,而且也用于教学之中。自 1759 年开始,加特勒便在哥廷根大学教授普遍史课程。从课程表中可以看出,加特勒在课程中也多次强调普遍史书写需要历时性和共时性的统一。而且他上课所采用的讲义正是自己所著的《普遍史手册》一书。[①] 施洛策尔也曾在哥廷根大学教授多年普遍史课程。自 1770 年回哥廷根后,施洛策尔便开始教授普遍史,有时施洛策尔单独授课,如 1775—1778 年夏季学期、1780 年冬季学期,其余大部分时间与加特勒同学期教授普遍史。[②]

因此加特勒与施洛策尔的这种新的世界历史书写理念也影响到了其他学者。如阿诺德·黑伦(Arnold Heeren,1760 – 1842)曾痛斥传统的事无巨细的世界历史书写,认为作为一个(历史)研究者(Forscher)应该有两大特征,第一是有一种整体的世界历史眼光,第二是致力于一种系统化(Systematisierung)的研究,不应在传统的知识中迷失方向。[③] 舍勒在《普遍史纲要》中讨论了"现实上的关联"与"时间上的关联",并且认为"世界历史以缩影的形式展现了多样的历史学的整个领域,并包含了所有特殊史的要素"。[④] 弗里德利希·提特曼(Friedrich Wilhelm Tittmann)认为普遍史是一种特

---

① 关于加特勒在哥廷根大学的授课情况可参见 Martin Gierl, *Geschichte als präzisierte Wissenschaft*, *Johann Christoph Gatterer und die Historiographie des 18. Jahrhunderts im ganzen Umfang*, S. 370 – 371。

② Lehrangebot mit weltgeschichtlichem Inhalt an der Universität zu Göttingen, 1756 – 1815 in André de Melo Araujo, *Weltgeschichte in Göttingen*:*Eine Studie über das spätaufklärerische universalhistorische Denken*, 1756 – 1815, transcript Verlag, 2012, S. 264 – 277.

③ Horst Walter Blanke, "Verfassungen, die nicht rechtlich, aber wirklich sind A. H. L. Heeren und das Ende der Aufklärungshistorie", *Berichte zur Wissenschaftsgeschichte*, 6/1983, S. 146.

④ Augustin Schelle, *Abriss der Universalhistorie zum Gebrauche der akademischen Vorlesungen*, S. 17 – 21, S. 23.

殊史的聚合，只有这一特殊事件在整体中有意义，或作为整体的代表，亦或因为它对整体产生了影响。① 这一新的理念在当时的史学方法论中也有所体现，卡尔·布雷耶（Karl Breyer）、弗里德利希·余斯等学者也都有过类似表述。②

加特勒、施洛策尔所提出的新的世界历史观适应了当时的社会，一种系统性的世界历史更有助于教学的需要③，用联系的观点整合世界历史，从世界大事中把握世界大势成为当时书写世界历史的一种共识，传统的百科全书式的世界历史书写形式已经不合时宜。世界史著作的篇幅也变得可大可小，当时甚至出现了一些写给儿童的历史口袋书。④

在整合世界历史这一进程中，还存在另一股与哥廷根学派代表的学院派所不同的潮流，他们采用另一种方式整合世界历史，即构建世界史背后的宏大叙事，寻找历史事件在世界历史上的意义。⑤ 欧洲社会的变化，尤其是科学革命和启蒙运动的推进，激发了人们通过历史哲学寻找历史背后规律的兴趣，这一兴趣在世界历史书写中

① Stefan Jordan, *Geschichtstheorie in der ersten Hälfte des 19. Jahrhundert*: *Die Schwellenzeit zwischen Pragmatismus und Klassischem Historismus*, Frankfurt am Main: Campus Verlag, 1999, S. 109.

② 关于这一新的世界历史书写观念在德意志地区的影响可参见 Hans-Jürgen Pandel, *Historik und Didaktik*: *Das Problem der Distribution historiographisch erzeugten Wissens in der deutschen Geschichtswissenschaft von der Spätaufklärung zum Frühhistorismus（1765 – 1830）*, frommann-holzboog, 1990, S. 67 – 68; Stefan Jordan, *Geschichtstheorie in der ersten Hälfte des 19. Jahrhundert*: *Die Schwellenzeit zwischen Pragmatismus und Klassischem Historismus*, S. 110。

③ Hans-Jürgen Pandel, *Historik und Didaktik*: *Das Problem der Distribution historiographisch erzeugten Wissens in der deutschen Geschichtswissenschaft von der Spätaufklärung zum Frühhistorismus（1765 – 1830）*, S. 70.

④ August Ludwig Schlözer, *Kleine Weltgeschichte*, Göttingen: Dieterich, 1769; *Vorbereitung zur Weltgeschichte für Kinder*, Wittwe Vandenhoek, 1779.

⑤ 对于世界历史的整合，许多学者都曾提及这两条路径，如 Ulrich Muhlack, *Geschichtswissenschaft im Humanismus und in der Aufklärung*: *die Vergangenheit des Historismus*, München: C. H. Beck, 1991, S. 118 – 144; Michael Harbsmeier, "World Histories Before Domestication, The Writing of Universal Histories, Histories of Mankind and World Histories in Late Eighteenth Century Germany", pp. 93 – 131.

表现为推演世界历史背后的宏大叙事。

　　早在启蒙时期，伏尔泰便在《风俗论》中批判了那种事无巨细的历史书写，认为"史书中那些不能说明任何问题的细节，就像一支军队的行李辎重，是个累赘"①，他尝试用一种线性进步的视角描绘人类如何走向理性状态。孔多塞在《人类精神进步史表纲要》中也阐述了人类如何走向完善。这种整合历史构建宏大叙事的努力在德意志地区表现最为突出，并深刻推动了近代德意志观念论哲学的发展。1764 年瑞士作家伊萨卡·伊赛林（Issak Iselin，1728 – 1782）出版《论人类历史》（*Über die Geschichte der Menschheit*）一书，在书中伊赛林沿用伏尔泰的观念，以文明为研究单位，在世界历史中展现人类如何走向完善。② 康德（Immanuel Kant，1724 – 1804）也曾讨论如何把全人类的历史当作一个整体进行哲学考察。③。在法国大革命的剧烈冲击下，德意志哲学家开始反思启蒙思想中的线性进步观，他们希望了解他们所生活的世界如何一步步演化而来，并尝试从世界历史中发现这一变化的动力和规律。18 世纪末至 19 世纪中叶，在德意志地区出现了许多讨论"世界历史"④ 的作品，如席勒（Friedrich Schiller，1759 – 1805）在耶拿大学关于"普遍历史"的演讲⑤，赫尔德

---

　　①　［法］伏尔泰：《风俗论：论各民族的精神与风俗以及自查理曼至路易十三的历史》（上册），梁守锵译，商务印书馆 2000 年版，第 9 页。

　　②　Ulrich Muhlack，*Geschichtswissenschaft im Humanismus und in der Aufklärung：die Vergangenheit des Historismus*，S. 139 – 140.

　　③　［德］康德：《历史理性批判文集》，何兆武译，商务印书馆 1996 年版，第 18—21 页。

　　④　在当时存在许多有关世界历史的作品，但他们的使用的词汇不一，如 Universalgeschichte、allegemeine Geschichte、Weltgeschichte、Menschengeschichte 等，但在这些作品中大都区分了自己与传统的 Universalhistorie，希望摆脱传统的关注每个细节的普遍史，对世界历史进行一种整合。

　　⑤　席勒认为普遍史的内容和目的是"教养"（Bildung），普遍史学者们挑选出那些对当今生活有着影响的事件，构建过去与现在的联系。参见［德］席勒《何为普遍历史？为何学习普遍历史》，卢白羽译，刘小枫主编《从普遍历史到历史主义》，华夏出版社 2017 年版，第 158—178 页。

的《论人类形成的另一种哲学》(*Auch eine Philosophie der Geschichte zur Bildung der Menschheit*)①、威廉·洪堡 (Wilhelm von Humboldt,1767 – 1835) 的《对世界历史的思考》(Betrachtungen über die Weltgeschichte)② 以及黑格尔的《历史哲学》③ 等都属于这一类型。其中弗里德利希·施莱格尔 (Carl Wilhelm Friedrich von Schlegel,1772 – 1829) 的《普遍史讲义》也是这一尝试的代表。施莱格尔本人曾求学于哥廷根大学,深受加特勒、施洛策尔等人的影响④,作为哲学家,他系统地讨论了如何书写普遍史,而且将自己的普遍史理念用于史学实践之中,塑造了一种与哥廷根学院派所不同的整合世界历史的新路径。

提到施莱格尔,人们通常会将他视为哲学家、文学家,很少有人将他与历史学家联系起来,在近现代史学史谱系中,施莱格尔也

---

① 早在 1772 年施洛策尔的《普遍史概论》甫经出版,赫尔德便写了一篇措辞严厉的书评,在文中赫尔德讥讽施洛策尔的计划只是一种夸夸其谈,但是他并未否认寻找世界历史连贯性这一目的。赫尔德认为寻找世界历史的连贯性与每个民族的独立价值并行不悖,但最终人类将走向"完善"。参见 "Rezension von A. L Schlözers Vorstellung seiner Universal-Historie",*Frankfurter gelehrte Anzeigen*,Frankfurt am Main:Eichenbergischen Erben,1772,S. 473 – 478.

② 威廉·洪堡认为世界历史的动力是生长 (Zeugung)、教养 (Bildung) 和惯性 (Trägheit)。洪堡批判了那种启蒙思想家所构建的世界历史观,即只关注文化和文明,头脑里只有不断的完美 (Vervollkommnung)。在洪堡看来,世界历史的核心是民族和个体,世界历史应该表现从每个民族和个体中展现出的整体性,展现每个时代人群间的内在联系。Albert Leitzmann,Hrsg.,*Wilhelm von Humboldts Werk*,Bd. 3,Berlin:B. Behr's Verlag,1904,S. 350 – 359.

③ 在《历史哲学》中,黑格尔提出世界精神这一概念,认为世界历史背后的推动力是世界精神,世界历史是专门从事于表现"精神"怎样逐渐地达到自觉和真理的欲望。参见 [德] 黑格尔《历史哲学》,王造时译,上海世纪出版集团 2006 年版。

④ 施莱格尔早年曾在哥廷根大学学习,并师从古典学家克里斯蒂安·海因 (Christina Gottiob Heyne) 学习文字学,而且也曾阅读过加特勒、施洛策尔和雷摩尔等人的著作,对哥廷根学派的世界历史书写有一个比较清晰的认识。参见 https://www.deutsche-biographie.de/sfz78430.html#ndbcontent,2020 年 1 月 5 日查询,Friedrich Schlegel,*Vorlesungen über Universalgeschichte*,Paderborn:Ferdinand Schöningh,1960,S. xxv – xxvii。

处于边缘。① 但若回到施莱格尔所处的年代，则会发现，在当时施莱格尔不仅被视为哲学家和文学家，而且还被视为历史学家。② 他曾在1805—1806 年讲授普遍史，后人整理其手稿后，冠以《普遍史讲义》之名出版。在书的开篇，施莱格尔便指出"历史是最普遍、最具一般性、最高的科学"③，基于此，他区分了两类历史，即"普遍史"（Universalgeschichte）和"专门史"（Spezialgeschichte）。在他看来，"专门史是纯历史，是实际的历史（eigentliche Geschichte），而普遍史则是一种哲学的历史"。④ 普遍史不仅是一种历史，而且是哲学，因此书写普遍史的目的不仅是呈现历史事件，更重要的是追寻历史发展的规律。施莱格尔把普遍史研究的对象限定为宗教和政治。

---

① 有关施莱格尔的历史哲学研究可谓汗牛充栋，但施莱格尔的作品一般不被视为历史书写，在史学史上处于边缘位置，参见 Stefan Jaeger, *Performative Geschichtsschreibung*: *Forster*, *Herder*, *Schiller*, *Archenholz und die Brüder Schlegel*, Berlin und Boston: Walter de Gruyter GmbH & Co. KG. 2011, S. 311。对施莱格尔的历史观的研究是近些年德国浪漫主义研究的重点，但多从历史哲学入手，具体可参见 Klaus Behrens, *Friedrich Schlegels Geschichtsphilosophie (1794 – 1808)*. *Ein Beitrag zur politischen Romantik*, *Tübingen*, 1984; Ernst Behler, "Unendliche Perfektibilität Goldenes Zeitalter. Die Geschichtsphilosophie Friedrich Schlegels im Unterschied zu der von Novalis", in Klaus Detlef Müller et. al., Hrsg., *Geschichtlichkeit und Aktualität. Studien zur deutschen Literatur seit der Romantik*, Tübingen: Niemeyer, 1988; Edith Höltenschmidt, *Die Mittelalter-Rezeption der Brüder Schlegel*, Paderborn: Ferdinand Schöningh, 2000; Walter Jaeschke, "Die durchaus richtige Bestimmung des Begriffs. Zum Geschichtsdenke des frühen Friedrich Schlegel", in Bärbel Frischmann, Elizabeth Millan-Zaubert, Hrsg., *Das neue Licht der Frühromantik. Innovation und Aktualität frühromantischer Philosophie*, Paderborn: Ferdinand Schöningh, 2009, S. 97 – 110。

② 1813年路德维希·瓦赫勒（Ludwig Wachler）在《历史研究与艺术的历史》（*Geschichte der historischen Forschung und Kunst*）中两次提到施莱格尔的著作。参见 Ludwig Wachler, *Geschichte der historischen Forschung und Kunst*, *seit der Wiederherstellung der litterärischen Cultur in Europa*, Göttingen: Johann Friedrich Römer, 1813, S. 893, S. 897。

③ Friedrich Schlegel, *Vorlesungen über Universalgeschichte*, S. 3.

④ Friedrich Schlegel, *Vorlesungen über Universalgeschichte*, S. 5.

包括宗教和政治在内的道德发展（die moralische Entwick-lung）是普遍史真正的研究对象，在人类历史上科学和艺术的进步，比如技术发明，并不属于这类范畴。它们只能间接地属于普遍史，特别是后者只有在与整体历史相联系的时候才属于普遍史。①

施莱格尔关注历史上的政治和宗教的发展，并且强调这一发展具有连续性。他从一种当下的视角出发去追溯德意志的历史，由此梳理出一条从印度到当下的线性叙事。该书的第一部分便讨论了"印度的形成"（indische Bildung）②，在他看来印度是最为古老的文明，世界其他文明史不过是印度文明扩散的历史，从其他文明中可以看到印度文明的影子，埃及文明不过是印度文明的复本。③

通过《普遍史讲义》的主要内容框架也可以看出施莱格尔如何整合世界历史，勾勒历史发展的规律。《普遍史讲义》共分为四卷，第一卷为"不可考的古代史"（die dunkle alte Geschichte，注：原文如此）④，主要讲述了从史前史到古希腊罗马的早期历史，其中主要涉及印度、埃及、巴比伦、波斯、古希腊罗马以及斯基泰和日耳曼

---

① Friedrich Schlegel, *Vorlesungen über Universalgeschichte*, S. 3.

② 在这里 Bildung 并不是通常意义上的教育、教化之意，而是指其原意即按照某种形象塑造成型。Bildung 这一概念的使用正好契合施莱格尔的世界历史观，即世界诸文明的原型是印度文明。关于 Bildung 这一概念的不同意涵可参见谷裕《德语修养小说研究》，北京大学出版社 2013 年版，第 3—17 页。

③ Friedrich Schlegel, *Vorlesungen über Universalgeschichte*, S. 19，在另一处关于埃及历史的描述中，施莱格尔认为埃及曾经是印度的殖民地，参见 Friedrich Schlegel, *Vorlesungen über Universalgeschichte*, S. 31。

④ 施莱格尔的这一划分与施洛策尔大体一致，施洛策尔将世界历史划分为六个时代，即原初世界（UrWelt）、黑暗世界（Dunkel Welt）、前世界（VorWelt）、古代世界（Alte Welt）、中世纪（MittelAlter）、新世界（Neue Welt），其中前三个时代由于没有确信的历史，被施洛策尔视为黑暗（dunkel），此处 dunkel 可译为不可考。参见 Andreas Pigulla, "Zur Chinarezeption in der Europäischen Aufklärungshistoriographie", *Bochumer Jahrbuch zur Ostasienforschung*, Bd. 10, Bochum: Studienverlag Dr. Norbert Brockmeyer, 1987, S. 299。

民族的历史。第二卷称为"可考的历史"（die bekannte alte Geschichte），该卷从马其顿帝国一直写到穆罕默德，其中涉及亚历山大帝国、罗马帝制、民族大迁徙、基督教和伊斯兰教的兴起等内容。第三卷为中世纪的历史，详细介绍了中世纪时期欧洲各国的等级制，以及在中世纪发生的一些重大历史事件，如十字军东征，最后还论及蒙古和土耳其的历史。第四卷主要是近代史部分，以及施莱格尔对整个世界历史发展阶段的哲学化总结。

纵观《普遍史讲义》，可以看到其背后隐藏着一种深层次的结构，即借助中世纪普遍史书写结构"六大时代"和"帝权转移"所构建的宏大叙事。在最后部分的哲学化概括中，他将世界历史分为七个阶段，历史最终走向神的王国，每个时代都有不同的时代精神，这些时代精神是神的准则在不同时代的具象表现。[1] 除了六大时代的书写框架，施莱格尔也借用了传统的"帝权转移"框架，他提出世界历史上存在三个普世帝国（Universalmonarchien），从亚洲到地中海最后到德意志。有学者曾指出，德意志普世帝国是施莱格尔的普遍史发展的终结（Fluchtpunkt）。[2]

施莱格尔的《普遍史讲义》所呈现的内容代表了当时德意志历史哲学界的一种普遍观念，即构建世界历史背后的宏大叙事。他们

---

[1] 在《普遍史讲义》的最后一章中，施莱格尔从哲学的视角总结了历史上的各时代的特征。他将世界历史划分为七个阶段，从人类诞生到永恒的上帝之国。第一阶段和最后阶段分别是伊甸园和上帝之国，这是一种没有时间维度的时代，即人类背离上帝秩序和回归上帝秩序的永恒时代。紧接着第一阶段的第二个阶段，人类已经堕落。这个时代动荡不安，在这一时期宗教出现，神的准则通过英雄精神来展现。第三阶段则是通过教化展现神的规则，这种教化并非是自然，而是可以从更早的历史中的神的准则和更高的天启（Offenbarung）中找到踪迹，这一时期对应人类历史的古典时代。第四阶段是爱的宗教和秩序的回归，特征主要表现为基督教和等级制，这一时期主要对应中世纪。第五阶段和第六阶段主要对应宗教改革以来的历史，敌基督已经显现，历史将终结于上帝之国。参见 Friedrich Schlegel, *Vorlesungen über Universalgeschichte*, S. 250 – 252。

[2] Stefan Jaeger, *Performative Geschichtsschreibung: Forster, Herder, Schiller, Archenholz und die Brüder Schlegel*, S. 329.

与加特勒和施洛策尔为代表的哥廷根学派在具体实践上有所不同。哥廷根学派所奉行的是一种"文化史"路径的世界历史，力图描绘世界历史上诸重大文明发展的全貌，如施洛策尔在《普遍史概论》中提到"重大事件并不只是国家史，亦或只是宗教史、贸易史、艺术史或者学术史，而是所有这些内容的整合。这其中包含了人类重大变革的原因。历史学家不仅应该描绘如洪水、地震、瘟疫、饥荒等毁灭性的事件，而且也应该详细描绘处于黑暗之中，沉默的声音，如那些立法者和民族的善人，他们不被关注，却又改善了这个世界。火、面包和白兰地的发明也是重要的事情，它们与阿拉贝战役、扎马战役和马格德堡战役一样重要"。① 相反，施莱格尔强调政治和宗教在世界历史书写中的地位，施洛策尔所提倡的科技和艺术进步的历史在施莱格尔的世界史中没有位置。

但是，无论哥廷根学派为代表的学院派还是历史哲学派，他们都主张整合世界历史，描绘重大事件，展现历史发展的大趋势，这成为当时德意志学术界的一股潮流，因此萨尔那种面面俱到的百科全书式普遍史，没有主线，没有重点，最后变得不合时宜，沦为后世批判的对象。

三 近代史料等级制的形成与百科全书式书写形式的衰落

通过梳理"萨尔《普遍史》"在德意志地区传播的史实可知，该书在德意志地区的传播并非高歌猛进，在当时遭到了学术界的批判。虽然之后出版商格鲍尔邀请批判者加特勒、施洛策尔等历史学家参与编译修订，但是并未能改变颓势。除了上文提到的出版商兴趣转变、民族意识兴起后翻译著作受到冲击以及新的世界历史书写

---

① August Ludwig Schlözer, *Vorstellung seiner Universal-Historie*, S. 29 – 30.

观念的形成，还存在更深层次的原因。史料作为历史书写的基础，不同史料观指导下的历史书写也会呈现不同的状态。"萨尔《普遍史》"作为一部处于新旧史料观更替之间的史学作品，带有一定的过渡性质。当新的史料等级制出现并成为一种新的传统后，基于旧有史料观的历史书写形式变得不合时宜。本节将以史料观的转型为基础去讨论百科全书式历史书写的边缘化。

1766 年施洛策尔强烈批评了萨姆勒编译的"萨尔《普遍史》"的俄国史和波兰史部分。研读这份尖锐刻薄的书评可以看到，施洛策尔主要将炮火集中于以下三点，其一为史料使用不当，其二为翻译和史实错误，其三为篇幅处理不平衡。施洛策尔用大量篇幅讨论该书的史料问题，如作者没有使用研究著作的最新版、使用伏尔泰等人关于俄国的糟糕论述，所用史料存在具体的史实错误，比如对《往年纪事》的错误使用。[①] 但是若回头看鲍姆加滕对"萨尔《普遍史》"的评价以及萨姆勒自己所写的前言，史料是他们非常看重的内容。鲍姆加滕在给"萨尔《普遍史》"的德文版前言中提到了该书的四大优点，其中一条便是"使用经真实性考证的可信史料"[②]；萨姆勒自己在第 17 卷前言中也提到，自己勤奋地参考和使用了许多书籍，并且寻找到一些新的必须的史料。[③] "萨尔《普遍史》"所使用的材料，与当时的历史著作相比可谓非常丰富多元，比如该书关于中国古史的论述使用了当时已知的所有关于中国的描述。[④] 但是，在施洛策尔等学者看来，该书的最大弊病却是史料问题。由此可见，曾经引以为傲的优点，在施洛策尔等学者看来却是不能容忍的缺陷，同

---

① "Rezension zu Uebersetzung der allgemeinen Welthistorie XXIX", S. 90 – 92.

② *Uebersetung der Algemeinen Welthistorie, die in Engeland durch eine Gesellschaft von Gelehrten ausgefertiget worden*, Theil 1, S. 46.

③ *Uebersetung der Algemeinen Welthistorie, die in Engeland durch eine Gesellschaft von Gelehrten ausgefertiget worden*, Theil 17, S. 2 – 4.

④ Andreas Pigulla, "Zur Chinarezeption in der Europäischen Aufklärungshistoriographie", *Bochumer Jahrhundert zur Ostasienforschung*, S. 275.

样是处理史料,"萨尔《普遍史》"编者们对史料的态度与施洛策尔等学者并不相同,这一差异反映了传统史料观与新史料观之间存在冲突。

中世纪以来,基督教在思想领域占据主导地位,历史书写的目的是要在历史发展中展现上帝的意志。在这一观念的指导下,史学为经学服务,史学书写的目的不是现代意义上的求真,而是教诲训导和修辞,因此展现神意和文辞优美是衡量历史书写优劣的标准。比如马姆斯伯里的威廉(William of Malmesbury)在《盎格鲁诸王纪》中力图公正地批判征服者威廉的功过。[①] 在这一观念指导下,中世纪的历史书写并不存在现代意义上的史料批判,也没有对史料进行严格分等。

文艺复兴时期出现了一种新的史料观,学者们开始强调使用可信史料,并且追求叙述历史的真相,在新史料观念影响下出现了一种"史艺"理论,涌现出一大批讨论"历史之艺"的小册子。[②] 人文主义学者们在书中探讨了历史著作的真实性,如让·勒克莱尔(Jean Le Clerc)深入批判分析罗马史家昆图斯·库尔提乌斯·鲁弗斯(Quintus Curtius Rufus)的作品,论证其内容的可信度,尤其批判了鲁弗斯为达到叙述的在场感而虚构演说词。在勒克莱尔看来,历史学家的首要职责是讲述真相。这一观念在当时并非孤例,除勒克莱尔外其他一些学者也持有类似观点,如佩利佐尼乌斯(Perizonius)批判虚构演说词和书信的行为,沃西乌斯在其著作《历史之艺》(Ars historica)中也曾质疑演说词被纳入史学作品的合理性。[③] 自古典时代以来,虚构演说词在史家看来并无大碍,甚至到了文艺复兴

---

① Justin Lake, ed., *Prologues to Ancient and Medieval History*, *A Reader*, Toronto: University of Toronto Press, 2013, p. 202.

② 关于近代早期的"历史之艺"可参见 Anthony Grafton, *What Was History*: *The Art of History in Early Modern Europe*, Cambridge: Cambridge University Press, 2007; 吴树博《近代早期欧洲历史观念的内涵及其形态转变》,《世界历史》2016 年第 2 期。

③ Anthony Grafton, "The Identities of History in Early Modern Europe: Prelude to a Study of the Artes Historicae", in Gianna Pomata and Nancy G. Siraist, eds., *Historia*: *Empiricism and Erudition in Early Modern Europe*, Cambridge: MIT Press, 2005, pp. 41 – 51.

时期也有许多史家为了叙述需要虚构演说词，比如素以史料批判著称于世的洛伦佐·瓦拉在《驳君士坦丁赠礼》中杜撰了罗马元老、君士坦丁诸子和教宗的演说。① 然而，自 17 世纪以来，虚构演说词变得不合时宜，这一转变背后反映了一种新的观念的出现。历史不再单纯是一种修辞手段和教化方式，史家有讲述真相的职责，因此如何阅读书写历史成为当时学者们思考的问题。在当时出现了许多讨论研究历史的小册子，其中便讨论了历史叙述与演说的区别，比如有人认为"相较于演说，历史叙述包含更多的细节，演说家只是为了他的目的使用其中的一些细节"②，也有学者批判先前史家将真实信息与虚假信息混为一谈，强调在阅读和书写历史时应该谨慎辨别真实与虚假，"由于谎言往往与真相相似，因此需要大量的谨慎和智慧，对其进行准确的区分，从其貌似真实的表述中揭示真实动机"。③

虽然 17 世纪以来许多学者都开始关注历史书写的真实性，讨论如何在阅读和研究中辨别真实历史，但是这些讨论都只是局限于去伪存真，通过一些常识和逻辑来判断历史真实性，并没有人涉及深层次的史料等级制。在一些史学方法的书籍中，作者更多关注史家是否能不偏不倚地使用史料，并没有太多涉及史料等级的内容。比如英国学者所著的《执中批判》一书将公正评判视为书写历史的准则之一，在谈及修昔底德时特别赞扬了他使用了雅典和斯巴达双方的材料。④ 虽然书写可信历史成为史家们的共识，不过对于什么是可信史料，学者们没有一个统一的标准，史料并没有严格分等，不同

---

① Anthony Grafton, *What Was History*, *The Art of History in Early Modern Europe*, p. 36.

② M. de Vallemont, *Ductor Historicus*: *or a Study of that Science*, London, 1698, p. 108.

③ *The Modest Critick*: *or Remarks upon the most Eminent Historians*, *Ancient and Modern*, London: John Barnes, 1689, p. 21.

④ *The Modest Critick*: *or Remarks upon the most Eminent Historians*, *Ancient and Modern*, pp. 4, 23.

学者对于可信史料有不同的认识。佩利尼佐乌斯强调纪念碑、钱币、档案都是可信史料①，而伯纳德·蒙福孔（Bernard de Montfaucon）认为纪念碑的真实性高于文字和口述传统，② 甚至也有一些学者将赞美诗视为承载历史真实记忆的纪念碑。③ 虽然他们对可信史料的标准有所不同，但是背后共享一套相同的史料观，即"目击性"史料具有更高的真实性，这种真实性一方面来自《圣经》的赋予，另一方面来自目击所带来的即时感。

基督教主导下以《圣经》为基础的宗教经典是历史真实性的来源，因此历史书写评判的权威是教会。近代以来随着文艺复兴、新航路的开辟，古典知识被重新发掘出来，大量异域知识被带到了欧洲。虽然这些新知识对基督教主导的知识体系有所冲击，但是并没有触及中世纪史料观的基础。值得注意的是，文艺复兴时期人文学者将古典史学的"历史"传统发掘出来，受此影响如游记、纪念碑等"目击性"史料备受学者关注。在当时形成了一种新旧融合的史料观，既有旧有的以宗教经典为基础的史料等级制，也包含了对游记等目击史料的重视。但是这一史料观的核心仍然是基督教所塑造的知识体系，《圣经》及其相关宗教史料是历史真实性的最高来源，下面的史料并没有明确的等级划分。

这一史料观也表现在"萨尔《普遍史》"中，"萨尔《普遍史》"作为一部百科全书式的世界史，它将新旧知识纳入基于《圣经》的知识框架之中，因此《圣经》记载是"萨尔《普遍史》"的最高知识来源。"萨尔《普遍史》"的编者们力图将新知识与《圣经》记载相调和，当两者发生冲突时，编者则会通过各种方式论证

---

① Anthony Grafton, "The Identities of History in Early Modern Europe: Prelude to a Study of the Artes Historicae", p. 49.

② Lisa Regazzoni, "Unintentional Monuments, or the Materializing of an Open Past", *History and Theory*, No. 2, June 2022, p. 255.

③ Lisa Regazzoni, "Unintentional Monuments, or the Materializing of an Open Past", p. 250.

《圣经》记载的权威性。① 与此同时，游记是"萨尔《普遍史》"编者使用的重要史料，使用游记也成为"萨尔《普遍史》"的一大优点，如鲍姆加滕曾在该书德文版的第一卷前言中总结了"萨尔《普遍史》"的四大优点，其中便包括增添最新的时人游记。② 除此之外，鲍姆加滕强调"对事实的考证不仅应该依靠实际的历史著作，而且也应该依靠那些公开的文献、记载历史事件的纪念碑、钱币、碑石和建筑上的铭文"。③ 但是这些史料之间并不存在一种高下之分，而且"萨尔《普遍史》"中的考订史料，与我们现在意义上的考订史料也并不相同。编者在"萨尔《普遍史》"中并没有过多讨论史料的问题，虽然编者自我标榜讲述历史的真实性，但是这里的真实更大程度上是一种对历史的中立态度。在文中编者使用了许多不同立场的史料进行互证，比如在讨论埃及历史时，编者提到："如果我们采用曾经没有注意到的东方作家所提供给我们的埃及王表，可以看出希腊和拉丁作家留下的诸王王表有所删改，这也便是为何我们要注意东方史家记载的那些名字和他们的事迹，并让读者们去评判它们真实与否。"④ 在"萨尔《普遍史》"编者眼中，除最高权威的《圣经》外，其余史料的地位都是相同的，没有高下之分，自然也不存在现代意义上的史料等级制。

　　"萨尔《普遍史》"的编者们尝试将新知识纳入旧有的知识框架之中，但是随着更多新知识的出现，原有以《圣经》为基础的知识框架已经不能容纳这些新知识，旧知识框架遭受巨大冲击，人们开

---

　　① 关于"萨尔《普遍史》"中论证《圣经》的权威性可参见张一博《"萨尔普遍史"的中国历史建构与欧洲近代学术转型》，《江海学刊》2022 年第 2 期。

　　② *Uebersetzung der Algemeinen Welthistorie, die in Engeland durch eine Geselschaft von Gelehrten ausgeferitiget worden*, Theil 1, S. 46 – 47.

　　③ *Uebersetzung der Algemeinen Welthistorie, die in Engeland durch eine Geselschaft von Gelehrten ausgeferitiget worden*, Theil 1, S. 11.

　　④ *An Universal History from the Earliest Account of Time to the Present: Compiled from Original Authors and Illustrated with Maps, Cuts, Notes, Chronological and Other Tables*, Vol. 1, p. viii.

始质疑《圣经》唯一权威的地位。启蒙运动则给《圣经》知识传统最重要一击，启蒙哲人对基督教的批判，使《圣经》走下神坛，不再是唯一的权威来源，因此以《圣经》为基础的旧史料观变得不合时宜。18世纪出现了一种新的史料观，这一史料观不再以《圣经》作为最高真实性的来源，而是关切还原历史真实，因此不再以宗教权威为真实性的标准，而是以距离事件发生的时序为标准，形成了一套严密的史料等级制。

18世纪末开始形成新的史料观与近代早期的史料观相比，存在以下几点不同。首先，《圣经》不再是最高权威，它只是众多历史文本中的一种，可以被质疑、被批判。如施洛策尔并不认可《圣经》的记载，他在其《普遍史概论》中质疑《圣经》记载的真实性，声称"历史并非从创世开始，而是从有书写记载开始"。① 施洛策尔对诺亚洪水的普世性也提出质疑，认为诺亚方舟不可能将所有的动物都容纳其中，而且并不存在一场淹没全世界的大洪水，洪水没有能够影响到阿尔卑斯山、西伯利亚高地等地。② 施洛策尔的这一观点也引起了一些学者的批评，如卡尔·米歇埃勒便驳斥了施洛策尔的观点。但是米歇埃勒并不能再像中世纪和近代早期的学者那样将这种观点斥为悖逆狂言，打入另册，而是只能无奈地表示这是因为上帝具有更高的能力，但是对这些动物如何进入方舟的过程并不能给出明确的答案。③ 由此可见，《圣经》不再是一种不证自明的最高权威，它可以被质疑、被讨论，即使捍卫《圣经》权威的人也需要去正面回应对《圣经》的质疑。

宗教经典不再是历史真实性的最高权威来源，史料成了证明历史真实性的来源。18世纪末开始，学者们对史料日益重视，史料成

① August Ludwig Schlözer, *Vorstellung seiner Universal-Historie*, S. 61.

② August Ludwig Schlözer, *Vorstellung seiner Universal-Historie*, S. 12.

③ Karl Michaeler, *Historisch-Kritischer Versuch über die ältesten Völkerstämme und ersten Wanderungen*, *nebst weiterer Verpflanzung nach Amerika*, *zur Entwickelung des dunkeln Zeitalters*, S. 14.

了支撑历史书写的基础，因此史料批判也开始备受学者关注。如施洛策尔曾言："通过批判之艺，光明与真相从那些最为愚蠢的空话、最为可笑的时代错置和最为严重的矛盾中显露出来。"[①] 威廉·瓦克斯穆特也提到："证据必须要被检查，只有这样它们才能显现在正确之光中，才能确保从其中获取历史真相。"[②] 重视史料批判不仅体现在历史学家的前言中，也渗透在史学实践的各个方面。史料不再是一堆杂乱的拼盘，而是一座整齐有序的金字塔。虽然在 17 世纪已经出现了一些讨论史学方法的书籍，但那些著作多是教给人们如何阅读历史，并不涉及史料的具体分类和讨论，但是 18 世纪末受新史料观的影响，史料批判成为讨论史学方法论的书籍的重头戏。比如 1802 年约翰·菲斯迈尔（Johann Fessmaier）出版的《历史辅助科学大纲》开头便提到了史料的分类，在之后又花费大量笔墨讨论史料与历史真实性之间的关系。在菲斯迈尔看来，历史真实性的来源是距离事件发生时间的远近，"距离事件越远的作者，他对这一事件的了解越少"[③]。这一观念也影响到具体的世界史书写中，如奥古斯丁·舍勒（Augustin Schelle）在《普遍史纲要》中根据所描绘历史真实的程度将史料分为三等，第一等是纪念碑和档案，第二等为同时代作者对事件的记载，第三等为以纪念碑、档案或可信记载为基础的后世作家的记录。[④] 由此可见，划分这三种史料的标准是距离历史事件的远近，距离历史事件越近越真实。

　　史料分等意味着史料不再是处于平等位置，曾经混为一谈的史料出现了高下之分。这一变化具体体现在两个方面，一方面为口述

---

① August Ludwig Schlözer, *Kritisch-historische NebenStunden*, Göttingen: Vandenhoet & Ruprechtschem Verlage, 1797, S. II.

② Wilhelm Wachsmuth, *Entwurf einer Theorie der Geschichte*, Halle: Hemmerde und Schwetschke, 1820, S. 88.

③ Johann Georg Fessmaier, *Grundriss der historischen Hilfswissenschaften*, Landshut: Anton Weber, 1802, S. 295.

④ Augustin Schelle, *Abriss der Universalhistorie zum Gebrauche der akademischen Vorlesungen*, Salzburg: Hof und akademischen Waisenhausbuchhandlung, 1782, S. 2 – 3.

材料不再被视为承载历史真实性的重要史料。在中世纪和近代早期，口述材料是史家所依据的重要材料，甚至被视为和档案、纪念碑同等重要的史料。但是18世纪以来，口述材料的真实性开始遭到学者的怀疑。比如舍勒便曾抨击口述史料，认为"口口相传会扭曲事件，一个事件口传越久就会越扭曲"。① 一些学者在具体的史学实践中也开始批判口述传统，中世纪史家保罗·奥斯特海希（Paul Oester-reicher）借助档案、印章以及同代人的记载等史料来论证口述材料的真实性，在他看来，如果这些口述的材料得不到印章、信件以及同时代人的记载的佐证的话，那么它们只能被解释为一个空洞的传说。②

　　另一方面，在新史料观的影响下学者们开始在研究中区分原始史料与二手研究文献。在中世纪和近代早期，学者们并不会过多关注原始史料与二手文献的不同，也并没有太多去讨论不同时代历史记载之间的区别。但是18世纪以后，受新的史料观影响，学者们开始讨论原始史料与二手文献的区别。在《历史辅助科学大纲》中，菲斯迈尔已经提到了如何看待当代学者的研究。菲斯迈尔认为："如果那些距离我们更近的历史书写者根据真正的史料研究古老的历史，引用这些史料的话，我们不应该谴责他们。如果他们使用了一些不为人知的史料，则应受到赞扬。"菲斯迈尔随后列举了一些应受到赞扬的二手研究，如吉本的《罗马帝国衰亡史》、格梅奈尔的《弗里德利希一世治下的巴伐利亚公国史》。③ 由此可见，在当时已经出现了原始史料与二手研究的区分，但是这一区分并不是特别明显。在舍勒的《普遍史纲要》中区分了原始史料与二手研究，将二手研究视为第三等的史料。这一区分也被运用在具体的史学实践和史学教

---

① Augustin Schelle, *Abriss der Universalhistorie zum Gebrauche der akademischen Vorlesungen*, S. 4.

② Philipp Müller, *Geschichte machen, Historisches Forschen und die Politik der Archive*, Göttingen: Wallstein Verlag, 2019, S. 398 – 402.

③ Johann Georg Fessmaier, *Grundriss der historischen Hilfswissenschaften*, S. 295.

学中。在早年的史料批判课程上，已经出现了对原始史料和二手研究文献的区分，比如约翰·霍廷格（Johann Jakob Hottinger）在苏黎世大学开设的瑞士史研讨课上，便将中世纪的编年史与当时的史学家约翰尼斯·穆勒（Johannes Müller）的《瑞士史》进行对读，将它们放在不同的时代背景下进行分析。虽然在当时已经出现了从各个方面区分原始史料与二手史料的意识，但是并没有形成一套系统的共识，在18世纪60年代之前，这些史料仍然可以被统称为"文献"（Literatur）。18世纪60年代以后，原始文献与二手文献的区分日益明显，史料出现了"去文献化"的倾向。①

　　由此可见，18世纪以来逐渐形成了一种较为粗浅的史料等级制，虽然这种新的史料观和19世纪中后期形成的严密的史料等级制仍存在差别，但与近代早期的史料观已有所不同。在近代早期的史料观影响下，"萨尔《普遍史》"为代表的百科全书式历史书写，并不关注史料的等级。一方面，当时基督教仍然占据主导地位，《圣经》的权威性不可撼动，旧有的以《圣经》为基础的史料观仍在其中扮演着重要角色。另一方面，在当时学者看来，历史书写的功用在于通过历史知识获得教益。在这一观念指导下，史料无须分等。但是18世纪以来，随着《圣经》走下神坛，传统的史料观被一种新的史料等级制所取代，这种不经分等地使用史料的方式成为批判的靶子，因此以"萨尔《普遍史》"为代表的百科全书式历史书写也变得不合时宜。

四　小结

　　萨尔的这种百科全书式的普遍史面面俱到，事无巨细，可谓

---

① Daniela Saxer, *Die Schärfung des Quellenblicks*, *Forschungspraktiken in der Geschichtswissenschaft 1840 – 1914*, Oldenburg: De Gruyter, 2014, S. 112 – 137.

"一片两片三四片，五片六片七八片"，可是这些碎片化的各民族史并没有串成一条主线，最终只能"飞入芦花皆不见"。但是这并非仅是一部书的命运沉浮，其背后折射出学术风气的变化，即从一种莱顿式的博学鸿儒向哥廷根式的历史研究者的转变，又反映出近代历史意识的转型。

"萨尔《普遍史》"面向的读者并非学院派的历史学家们，据圭多·阿巴蒂斯塔对该书订阅者的量化分析表明，中等阶层在订阅者中所占比重最大。[1] 在德意志地区也存在类似现象，从 1714—1799 年沃芬比尔特的奥古斯特公爵图书馆（Herzog August Bibliothek Wolfenbüttel）的借阅单可以看出，当时借阅"萨尔《普遍史》"德文版的读者主要是宫廷官僚、中层官僚、医生、学生、教师等人。[2] 编者编写此书的目的也是希望读者能从中获取知识，并受到教益，如"萨尔《普遍史》"开篇便提到："毫无疑问，历史是最有教育意义和有用的，作为一种文学，它还能使人愉悦；尤其是它不仅局限在某一特定时空，而是拓展到整个时空之中。"[3] 这一观念在当时极为流行，也成为当时许多人书写历史的目的所在。因此当施洛策尔批判该书的德文版史料错误时，编者萨姆勒为该书辩护的理由是该书的读者并非学院派的历史学家。[4]

据德国概念史家莱茵哈特·科塞勒克研究，1750—1850 年这一"鞍形期"中历史意识发生转变。传统观念中人类处于一个连续性的"经验空间"（Erfahrungsraum）之中，历史是生活之师（*historia*

---

① Guido Abbattista, "The Business of Paternoster Row: Towards A Publishing History of The Universal History (1736 – 65)", p. 26.

② Marcus Conrad, *Geschichte (n) und Geschäft: Die Publikation der "Allgemeinen Welthistorie" im Verlag Gebauer in Halle (1744 – 1814)*, S. 84 – 85.

③ *An Universal History from the Earliest Account of Time to the Present: Compiled from Original Authors and Illustrated with Maps, Cuts, Notes, Chronological and Other Tables*, Vol. 1, p. v.

④ *Uebersetzung der Algemeinen Welthistorie, die in Engeland durch eine Geselschaft von Gelehrten ausgeferitiget worden*, Theil 30, S. 4 – 5.

magistra vitae），过去就像一个宝库，从历史中人们可以论证一切。但 1750 年之后所发生的社会巨变，尤其是在法国大革命的冲击下，经验空间的连续性被打破，历史上的事例不再能指导现实生活，历史只是过去。[①] 但是这一过程并非一种直线型的发展，而是两种观念互相斗争交互进行。在世界历史书写中也可以看到这一趋向，哥廷根学派和历史哲学家们，批判面面俱到的"萨尔《普遍史》"，力图书写一部整合性的世界历史，但是他们仍然希望读者能从书中获取教益，只不过教益的具体含义发生了变化。"萨尔《普遍史》"展现了历史上的所有事实，编者们希望人们通过阅读这一本书便可了解古今所有事情，通过历史上的具体事例为世人的现实行动提供指导。但哥廷根学派和历史哲学家们则希望人们通过阅读世界历史大事，了解世界历史大势，最终的目的指向如何培养市民意识。这既与博学鸿儒时代的百科全书式历史书写不同，也与专业化后奉行兰克"如实直书"（wie es eigentlich gewesen）、只是以呈现真实历史为目标的专业化史家不同。

---

① Reinhart Koselleck, "Historia Magistra Vitae: über die Auflösung des Topos im Horizont neuzeitlich bewegter Geschichte", in *Vergangene Zukunft: Zur Semantik geschichtlicher Zeiten*, S. 38 – 66；黄艳红：《欧洲历史中的过去与未来：简析科泽勒克和阿尔托格的历史时间研究》，《史学理论研究》2014 年第 4 期。

第 六 章

史学专业化与世界史书写间
不同模式的竞争

    19 世纪以来，受到哥廷根学派和历史哲学派的双重影响，摒弃百科全书式的世界历史书写，构建世界历史间的关联性成为德意志学术界的共识，在这一背景下"萨尔《普遍史》"成为了一个饱受攻击的对象。19 世纪也是历史学学科建制化的时期，在这一过程中，历史学通过建立基于史料批判的学术研究方法，确立了自己的学科地位。然而，这一学术研究方法并不能完全适用于以整合历史为导向的世界史书写，如何整合历史与史料批判之间的矛盾成为当时世界史书写所面临的重要问题。笔者拟以兰克和施洛塞尔关于世界历史的书写为中心，讨论两者在面临世界历史书写中的困境时，如何基于自己对历史的理解给出不同的答案。笔者希望能通过兰克与施洛塞尔的例子，展现史学专业化过程中的多元图景。在笔者看来，史学专业化并不只是由兰克一派所推动的一种新范式，而是当时历史学界不同学派的历史学家所共享的一种理念和方法。通过兰克与施洛塞尔不同形式的历史书写，我们可以看到史学专业化过程中更为多元的图景。而且兰克与施洛塞尔都曾受到哥廷根学派的影响，在自己的世界史书写中也都曾批判性地继承"萨尔《普遍史》"和哥廷根学派的遗产，通过本章对兰克和施洛塞尔的讨论，笔者也希望呈现"萨尔《普遍史》"的史学观念与当时的德意志史学界主流的一种互动。

一　普遍史书写的困境

普遍史兼具哲学和历史的双重特性。一方面，普遍史书写需要依托可信的具体史实；另一方面，普遍史又要涵盖近乎整体世界的历史，以期把握世界历史发展的主线。在实际操作中协调两者并非易事，往往充满张力。德国学者斯蒂凡·耶格尔（Stephan Jaeger）曾把普遍史书写所面临的挑战总结为两点："其一，由于普遍史的混杂性，它是历史也是哲学，人们很难选择合适的体裁去书写普遍史；其二，普遍史家面对来自不同时代和文化的史料和事件时，不可能独立地进行批判性研究。"[1] 诚然，18 世纪末至 19 世纪中叶正值德意志地区史学科学化，其中用系统化的史料批判方法研究历史成为当时的一股潮流。在这一思潮影响下，如何处理史料批判与世界历史书写之间的张力，成为当时普遍史书写所面临的一大挑战。

早在哥廷根学派时期，已经有学者关注到这一问题。当"萨尔《普遍史》"被翻译成德文后，受到了哥廷根学派的批评，虽然加特勒和施洛策尔对该书的主要抨击点在于这部书主题涣散，但值得注意的是，史料批判也是当时学者很关注的内容。施洛策尔在一篇评价"萨尔《普遍史》"的德文版书评中认为，该书在有关俄国史和波兰史部分存在史料缺失，并不能满足当下的研究。[2] 但在当时大多数人更关心的是如何构建世界历史的一致性（coherence, Zusammen-

---

① Stefan Jaeger, *Performative Geschichtsschreibung*: *Forster*, *Herder*, *Schiller*, *Archenholz und die Brüder Schlegel*, S. 326.

② "Rezension zu Uebersetzung der allgemeinen Welthistorie XXIX", *Göttingische Anzeigen von gelehrten Sachen*, 12. Stück, 27. Jan. 1766, S. 90 – 93.

hang)①，即使是施洛策尔的普遍史，时人也多关注它如何展现一个整体的世界历史。如卡尔·布雷耶（Carl Friedrich Breyer，1771 – 1818）在《论普遍史概念》（*Ueber den Begriff der Universalgeschichte*）一文中，回顾了德意志启蒙时期的普遍史书写，将施洛策尔与莱辛、赫尔德、席勒归在一起，认为施洛策尔旨在用普遍史的方法研究历史上人类的理念。② 在当时颇为流行的史学方法论丛书中提到普遍史，也是强调它整合历史的一面，如弗里德利希·提特曼认为普遍史是一种特殊史的聚合（Aggregat），这一特殊事件只有在整体中才有意义，或做为整体的代表，亦或因为它对整体产生了影响。③ 同期的其他学者也多强调普遍史的整合，布雷耶、余斯等人在其方法论著作中都持有此观点，强调赫尔德在这一进程中的重要贡献，认为他是从人类的历史学家（Historiker der Menschheit）走向了真正的历史哲学家。④

但是同时期仍然有另一种与之相对立的声音，即批判普遍史哲学化。19 世纪是现代人文学科独立成型的时代，从传统"哲学"⑤中分离出来的诸学科都希望能够通过制定一套系统的研究方法，从而与其他学科相区分，借此确立自己的学科主体性，因此在 19 世纪上半叶出现了大量的方法论丛书。这一现象在历史学领域也有所表

---

① Zusammenhang 德语原意为相互关联，但在世界史书写中多表示将世界历史视为一个相互联系的整体。

② D. Carl Wilh. Friedrich Breyer，*Ueber den Begriff der Universalgeschichte*，Landshunt：Weber'schen Bunchhandling，1805，S. 16.

③ Stefan Jordan，*Geschichtstheorie in der ersten Hälfte des 19. Jahrhundert：Die Schwellenzeit zwischen Pragmatismus und Klassischem Historismus*，Frankfurt am Main：Campus Verlag，1999，S. 109.

④ Stefan Jordan，*Geschichtstheorie in der ersten Hälfte des 19. Jahrhundert：Die Schwellenzeit zwischen Pragmatismus und Klassischem Historismus*，S. 110.

⑤ 这里的哲学并非我们现在意义上狭义的哲学，而是泛指所有以追求真理为目标的学科，在学科建制上，它与神学、法学、医学并称为"四大系科"。在 19 世纪初，Philosophy 几乎涵盖了现今所有的人文社会科学和自然科学。参见吕和应《德罗伊森时代的学科之争——兼论德国近现代史学的诞生》，《历史研究》2015 年第 3 期。

现，即这一时期出版了大量论述史学方法的书籍。在这些书籍中史料批判成为历史学研究的重要准则，其中以余斯和威廉·瓦克斯穆特的著作最为流行。而作为处于历史学与哲学尴尬境地的普遍史，则成为他们所批判的靶子。余斯在《历史研究教学法论稿》（*Entwurf einer Propädeutik des historischen Studiums*）中曾批评普遍史的哲学化，即构建世界历史发展的普遍规律。他批判康德、孔多塞、伊赛林、赫尔德等早期历史哲学家对普遍史的哲学化尝试，即希图呈现历史上有着固定方向的普遍准则。他认为"强加一种历史中的普遍准则，这是极大的错误，像普遍史那样，人类的历史（die Geschichte der Menschheit）不再是史学了（historisch），而哲学化的普遍史是完全从观念中所构建出的，它抛却了所有的事实和事件发生的条件，只是属于哲学"。[①] 与余斯同时期的瓦克斯穆特，也表达过类似的观点，他反对人类史中"思辨的阴霾"（Nebelwolken der Speculation），并列举了三条非历史的研究方法，其中一条便是"哲学化的处理方式"。[②] 由此可见，他们明面上批判普遍史，实则是借普遍史来批判哲学的方法，当然他们并非将哲学视为整体攻击的对象，而是将这种依靠纯理性来推演世界历史发展普遍规律的方法视为异端，通过确立历史学与哲学的不同方法来确立历史学的独立性。[③]

---

① Friedrich Rühs, *Entwurf einer Propädeutik des historischen Studiums*, Berlin: Realschulbuchhandlung, 1811, S. 12 – 13.

② Wilhelm Wachsmuth, *Entwurf einer Theorie der Geschichte*, Halle: Hemmerde und Schwetschke, 1820, S. 46.

③ 在余斯看来，哲学也是历史研究的一种辅助知识，余斯将历史研究的辅助学科分为三种，即历史研究的方法，历史的基础科学和史学批判的辅助学科，其中哲学被归入历史的基础科学。而瓦克斯穆特也承认哲学对历史研究的重要性，认为人类史（文化史）不是一种纯粹历史材料的混合，而且阐明历史与哲学的科学的关系，以及历史哲学的概念是非常重要的。参见 Friedrich Rühs, *Entwurf einer Propädeutik des historischen Studiums*, S. 1 – 2, Wilhelm Wachsmuth, *Entwurf einer Theorie der Geschichte*, S. 46。

　　批判的另一层面则是强调史料批判对普遍史书写的重要性。史料批判一直是历史研究的基石，但多数强调的是在单一领域下进行的史料批判，而余斯则认为普遍史书写也要对每个部分做精细研究。但是如何处理涉及历史上各个时期和民族的庞杂史料，余斯并没有给出一个具体的方法。在他看来书写普遍史不可能达到完美，它是一种理念，是历史的原型（der Urtypus der Geschichte），存在于每个人的脑海中。① 如果说整合历史，构建世界历史发展规律是普遍史的"道"，那么基于史料批判的历史书写则可谓是"术"，在19世纪上半叶史学开始走向专业化的时代，通过对史料进行批判、甄别、分类来研究历史，成为历史学的不二法门。② 在这一进程中，普遍史书写中道术分裂，哲学化的普遍史被历史学家贬斥为非历史的哲学著作。面对浩如烟海的世界各地的史料，历史学家应该如何运用史学方法去书写普遍史，如何弥合整合历史与史料批判之间的张力？这一系列的问题，在19世纪中下叶，现代历史学业已形成的时候进一步凸显，不同的历史学家面对这些问题给出了不同的解决思路。在这一时期甚至出现了以兰克为首的柏林学派，与以施洛塞尔为首、秉持传统史学研究方法的海德堡学派之间的攻讦与争辩。这场争辩不仅是方法之争，更是一场道路之争和立场之争。

---

　　①　Friedrich Rühs, *Entwurf einer Propädeutik des historischen Studiums*, S. 11 – 12.

　　②　斯蒂凡·约尔丹将19世纪上半叶的德意志历史学称为"过渡时期"（Schwellenzeit），即处于摆脱启蒙史学的实用主义，但还没有彻底走向历史主义的过渡阶段。这一阶段已经出现了大量系统论述史学研究方法的书籍，但是在他们看来史料批判是历史研究的核心，历史研究只需呈现真实史料即可。如何将这些史料相勾连，构造一种叙事，并基于此对历史进行理解和解释，则是兰克和德罗伊森所做的工作。参见 Stefan Jordan, *Geschichtstheorie in der ersten Hälfte des 19. Jahrhundert: Die Schwellenzeit zwischen Pragmatismus und Klassischem Historismus*；吕和应《19世纪德国史学中的"研究"概念》，《浙江大学史学理论前沿论坛会议论文集》，2017年，第114—130页。

二　兰克的世界史书写

利奥波德·冯·兰克（Leopold von Ranke，1795 – 1886）经常被人视为近代德国"历史学之父"，他的名言"如实直书"被后世许多历史学家奉为圭臬。时至今日，兰克关于科学客观性（wissenschaftliche Objektivität）和个人无先见之见（persönliche Unvoreingenommenheit）的理想主张仍然被许多人所提及。甚至在讨论后近现代史学中如何区分历史事实和历史撰述时，也会谈及这一点。① 若谈到兰克的贡献，不外乎客观治史、民族国家叙事和史料批判，因此兰克被后世纳入历史主义的谱系之中，如梅尼克，吕森都将兰克视为历史主义的代表。②。殊不知，兰克一生不仅有许多有关西欧民族国家的研究，如《英国史》《宗教改革之后的德国史》等，而且还在晚年致力于世界史的书写。③ 值得注意的是，在时人看来兰克与浪漫主义密不可分，如当时兰克的弟子便认为兰克的著作是浪漫的想象、情感的支撑和批判的语文学的混合。④当时的史学史著作也认为兰克与浪漫主义有着密切关系，如与兰克同时代的史学史家弗兰茨·韦格勒（Franz von Wegele，1823 – 1897）便

---

① ［德］利奥波德·冯·兰克：《近代史家批判》，孙立新译，北京大学出版社2016 年版，第 2 页。

② 参见［德］弗里德利希·梅尼克《历史主义的兴起》，陆月宏译，译林出版社 2009 年版；Jörn Rüsen und Friedrich Jaeger, *Geschichte des Historismus*: *Eine Einführung*, Müchen: C. H. Beck, 1992.

③ 虽然兰克早年便对世界历史书写有所思考，据埃伯哈德·柯塞尔（Eberhard Kessel）研究，早在 19 世纪 30 年代兰克首次提出"普遍历史"这一观念，但是兰克正式写作世界历史则是到了晚年，笔者主要基于对兰克晚年的《世界史》的观察，探讨在具体的史学实践中兰克如何协调史料批判与整合历史之间的张力，有关兰克整体的世界历史观念不再赘述。

④ Kasper Risbjerg Eskildsen, "Leopold Ranke's Archival Turn: Location and Evidence in Modern Historiography", *Modern Intellectual History*, Vol. 5, No. 3, 2008, p. 441.

认为兰克深受浪漫派影响，尤其强调约翰尼斯·米勒（Johannes von Müller, 1753 – 1809）① 对他的影响。② 富艾特的《近代史学史》将兰克纳入浪漫主义史学谱系之中，并且强调 "兰克拒绝浪漫主义的思辨的教条式的建构，而接受了与自己对现实的经验观察相一致的浪漫主义的学说"。③ 为何时人会将兰克与浪漫主义联系在一起？在他的历史作品中又反映了什么样的浪漫主义色彩？由于兰克一生所著丰富，涉及领域非常之广，而且兰克思想复杂多面并非一种思想流派可以概括，若对兰克生前著作做一通观研究，笔者力有未逮，而且与所论主题并不相符。因此笔者将集中于兰克的世界史书写，试图回答兰克如何在世界史著作中思考世界历史的发展，又如何解决史料批判与整合历史之间的张力。

在此笔者将略述现代兰克研究的一些新趋势。兰克被誉为 "近代史学之父"，有关他的研究可谓汗牛充栋，但关于兰克的世界史书写学界讨论相对较少。相关论文关注两个方面，其一为兰克世界史观与民族国家观念的关系。早在 1977 年，列奥那德·克瑞格（Leonard Kreiger）便提及这一问题。他指出，兰克力图从德意志的视角出发书写世界历史，他的民族史背后亦以世界史观念为支撑。④ 此后，一些学者在克瑞格研究的基础上更进一步，讨论兰克的世界

---

① 约翰尼斯·米勒为瑞士历史学家，曾著有《瑞士史》《欧洲各国通史》等著作，他也曾受教于哥廷根大学。在他的历史书写中更多关注情感的作用，如斯塔尔夫人便曾称赞他的著作以一种诗化的情感来描写历史中的人和冲突。米勒的作品在德意志地区颇为流行，也影响到了兰克、施洛塞尔等人。参见易兰《西方史学通史》第五卷，第 122—129 页。

② Franz von Wegele, *Geschichte der Deutschen Historiographie*, München und Leipzig: R. Dldenbourg, 1885, S. 1044.

③ Eduard Fueter, *Gechichte der neueren Historiographie*, S. 474.

④ Leonard Krieger, *Ranke*, *The Meaning of History*, Chicago: The University of Chicago Press, 1977; Wermer Berthold, "Die Konzeption der Weltgeschichte bei Hegel und Ranke", in Wolfgang J. Mommsen, Hrsg., *Leopold von Ranke und die moderne Geschichtswissenschaft*, Stuttgart: Klett-Cotta, 1988, S. 72 – 90.

史与民族国家史之间的关系。恩斯特·舒林（Ernst Schulin）指出，兰克的世界史关注国家体系，尤其是 16 世纪以来欧洲近代国家体系的形成。① 其二为兰克世界史观念的哲学基础。埃伯哈特·柯瑟尔在整理兰克早年的"论普遍历史"演讲手稿所写的专文中提到兰克史学背后的普遍历史观念，它反映了特殊与普遍之间的张力。② 富尔维奥·特西托勒通过兰克早年关于路德的研究，探讨兰克的普遍史观念与路德主义之间的关系，认为兰克借助路德主义反对目的论的理性主义。③ 维纳·巴特霍德则比较了黑格尔和兰克的世界史观念，认为两者虽然有所差异但却拥有共同的政治立场。④ 国内学者易兰在其博士论文中也关注到了兰克的世界历史与宗教的关系。⑤ 之前学者对兰克世界史的研究多是从观念上出发，探讨兰克思想中的世界史观，鲜有学者讨论兰克晚年的《世界史》中的世界历史观念，值得注意的是国内学者景德祥关注兰克晚年的世界史实践，关注兰克如何协调个案研究与宏观叙述之间的张力，并且批判了兰克《世界史》中的西方中心论倾向。⑥ 本章则希望关注兰克的世界史实践，尤其是曾被之前学者所忽视的《世界史》第三卷第二部分的古代史家批判，并将其放在 19 世纪史学专业化的背景下，讨论兰克如何处理普遍史内部整合历史与史料批判之

---

① Ernst Schulin, "Universalgeschichte und Nationalgeschichte bei Leopold von Ranke", in Wolfgang J. Mommsen, Hrsg., Leopold von Ranke und die moderne Geschichtswissenschaft, Stuttgart: Klett-Cotta, 1988, S. 37 – 71.

② Eberhard Kessel, "Rankes Idee der Universalhistorie", *Historische Zeitschrift*, Bd. 178, 1954, S. 269 – 308（中译本:《兰克的普遍历史观念》，王师译，刘小枫主编《从普遍历史到历史主义》，华夏出版社 2017 年版，第 296—316 页）

③ Fulvio Tessitore, "Ranke 'Lutherfragement' und die Idee der Universalgeschichte", in *Leopold von Ranke und die moderene Geschichtswissenschaft*, S. 21 – 36.

④ Wermer Berthold, "Die Konzeption der Weltgeschichte bei Hegel und Ranke", in *Leopold von Ranke und die moderene Geschichtswissenschaft*, S. 72 – 90.

⑤ 易兰:《兰克史学研究》，博士学位论文，复旦大学，2005 年。

⑥ 景德祥:《兰克的世界史理念及实践》，《光明日报》2017 年 10 月 30 日第 14 版。

间的张力。

对此笔者将简要概述兰克的世界史，并着重分析兰克如何通过评判前人的世界历史书写以表明自己的世界历史观念。兰克一生著述颇丰，但多集中于民族国家史书写，直至晚年才开始着手写作世界历史。[①] 兰克 85 岁时动笔写作世界史，最终只写到近代史部分。1881—1885 年，兰克出版了世界史的前六卷，在他去世后，第七卷才正式面世。而后由阿尔弗雷德·多弗（Alfred Dove，1844－1916）、格奥尔格·温特尔（Georg Winter，1856－1912）和特奥多·魏德曼（Theodor Wiedemann，1823－1901）共同接续兰克的工作，并将兰克曾给巴伐利亚国王马克西米利安二世所做讲座的讲义放入其中，于1888 年出版该书第九卷。多佛、温特尔和魏德曼不仅续编了兰克的世界史，而且也修订了兰克先前所著七卷世界史，将每卷一分为二，并且进一步修正和补充第一卷、第四卷和第五卷的史料。[②] 通过三人的修订，兰克的世界史上启古典时期，下迄近代早期，成为我们今天所见到的样子。

在第一卷序言部分，兰克梳理了近代早期普遍史"世俗化"的发展。他认为，自古以来历史学家一直遵循四大帝国的模式来书写世界史，直到 18 世纪这一传统才发生变化，世界历史书写不再以四

[①] 兰克当时已经目盲，主要靠口述进行。关于兰克使用 Universal History 与 Weltgeschichte 的区分，兰克并没有刻意区分"普遍史"（Universalgeschichte）与"世界史"（Weltgeschichte），通过兰克开设的世界历史课程，可知早期兰克曾使用"普遍史"这一概念，如他在法兰克福的文理中学任教时，曾开设"普遍史"（Universal-gechichte）相关课程，而后 1825 年曾在柏林大学开设"世界通史"（Allgemeine Welt-geschichte），次年开设"在普遍关联中的世界史"（Weltgeschichte in universalem Zusammenhang），但而后将该课程改为"普遍史"（Die Universalgeschichte）。由此可见，兰克并没有刻意去区别这两个概念，在兰克那里两个概念是可以混用的。参见 Leonard Krieger, *Ranke*, *The Meaning of History*, Chicago: The University of Chicago Press, 1977, p. 369。

[②] Andreas Pigulla, *China in der deutschen Weltgeschichtsschreibung vom 18. bis zum 20. Jahrhundert*, S. 172－173.

大帝国为核心，而是以整体生活的进步为主线①，在这一过程中，"萨尔《普遍史》"可谓是这一转型的代表。与加特勒、施洛策尔等哥廷根学派历史学家一样，兰克对"萨尔《普遍史》"的面面俱到也持批判态度。他认为：

> 描绘每个民族的历史是不可能的。一个诸民族史的汇集，无论它所涉范围大小，绝不是我们意谓的"世界史"②，因为如果这样，那么本书的相互的联系性就要隐晦了；欲认识此种关系，就必须探索那些结合及支配所有民族的伟大事件及其命运的序列，而这是世界史研究的任务。③

虽然在如何整合历史的态度上，兰克与哥廷根学派相一致，但是兰克并没有完全服膺于德意志启蒙史家和历史哲学家所构建的世界历史书写框架，即关注文明的发展历程。兰克认为"历史发展的并不只是依靠于文明的推动，而是受许多不同因素的刺激，尤其是不同民族间为了获得领土和霸权的相互对抗"。④ 因

---

① 在英文版与德文版中关于"整体生活的进步"表述并不相同，德文版为 der Fortgang des allgemeinen Lebens，而英文版则将其翻译为"文明的普遍进步"（the general progress of civilisation），这也反映了兰克对近代早期世俗化的世界史的认识，即强调这种世界史涵盖一切且具有线性进步的特征。Leopold von Ranke, *Weltgeschichte*, *Die älteste historische Völkergruppe und die Griechen*, Erster Theil, Erster Abtheilung, Leipzig: Verlag von Duncker und Humblot, 1881, S. VII; Leopold von Ranke, *Universal History*, *The Oldest Historical Group of Nations and the Greeks*, G. W. Prothero, ed. , New York: Charles Scribner's Sons, 1884, p. xi。

② 此处德文用的是"世界史"，而英译本为"普遍史"（Universal History），参见 Leopold von Ranke, *Weltgeschichte*, *Die älteste historische Völkergruppe und die Griechen*, Erster Theil, Erster Abtheilung, S. VII; Leopold von Ranke, *Universal History*, *The Oldest Historical Group of Nations and the Greeks*, p. xi。

③ Leopold von Ranke, *Weltgeschichte*, *Die älteste historische Völkergruppe und die Griechen*, Erster Theil, Erster Abtheilung, S. VI – VII.

④ Leopold von Ranke, *Weltgeschichte*, *Die älteste historische Völkergruppe und die Griechen*, Erster Theil, Erster Abtheilung, S. VIII.

此对于兰克而言，世界史研究的主题也应为各民族间的政治竞争。

　　除了批判面面俱到的"萨尔《普遍史》"，兰克也回应了当时普遍史书写所面临的张力，即如何协调史料批判与整合历史之间的矛盾。正如笔者前文所言，在19世纪上半叶已经出现了普遍史属于哲学还是历史的讨论，支持普遍史哲学化的一方反对面面俱到地描绘历史事件，主张整合历史，构建历史发展规律；而批判普遍史哲学化的一方则反对对世界历史进行通约化的解释，认为这不是历史学的方法，希望借批判普遍史哲学化捍卫历史学的地位。两派彼此相互攻讦，争论不休。兰克正是处于这一背景下去思考如何书写世界历史，为协调史料批判与整合历史寻找新的出路。兰克认为："如果缺乏以民族史为坚实基础，那么世界史将会沦为幻想和哲学论断。但也不能仅依赖国别史。国家的历史应该放在人类历史中去理解。"[1] 对此，兰克认为应该将具体的国别史研究与世界历史发展统合在一起：

　　　　我们难道应该只去研究和理解人类的整体生活，而不去探求那些重要民族的特殊性吗？人们不能忽视历史批判原则，即研究每一处细节。所以只有批判性地研究历史事件才能被称为历史。我们也应该有一种整体性的视角去理解历史，但是错误的前提将会导致错误的结论。一方面是批判性研究，另一方面是整体性的理解，两者必不可少。[2]

　　虽然兰克提出了将具体的史料批判和整合历史相结合，而且认为这是书写世界历史的原则，但是兰克也意识到这件事并不容易做

---

　　① Leopold von Ranke, *Weltgeschichte, Die älteste historische Völkergruppe und die Griechen*, Erster Theil, Erster Abtheilung, S. VIII – IX.

　　② Leopold von Ranke, *Weltgeschichte, Die älteste historische Völkergruppe und die Griechen*, Erster Theil, Erster Abtheilung, S. IX.

到。据他自己所述，他曾与好友讨论这一问题，最终结论是"虽然要做到完美很难，但我们必须要去尝试"。[1] 值得注意的是，兰克的这一观念在当时并不新奇，早在 18 世纪上半叶，余斯便提出普遍史书写要对每一部分都做精细研究，但是余斯只是把这种方法当作一种理念，认为普遍史并不能成为实践，它只是人们脑海中的一种理想。然而兰克则更进一步，不仅提出整合历史与史料批判的结合，而且还将其用到了具体的历史实践之中，而他的《世界史》便是这一原则的具体表现。那么，在具体实践中，兰克又将如何贯彻这一原则呢？

为回答这一问题，首先笔者想先概述兰克《世界史》的主要内容。正如前文所述，该书共九卷，前七卷为兰克所做，后两卷由其弟子根据兰克生前著述中有关近代史的内容编辑而成。第一卷为"最古老的历史族群和希腊人"，讲述了埃及、犹太、亚述、波斯帝国以及希腊的历史，在第二卷中则重点描绘了罗马共和国的历史，第三卷为罗马帝国的历史，在此之后则将重点放在了欧洲中世纪，如加洛林王朝、德意志帝国（神圣罗马帝国）的兴衰、叙任权之争等内容，并提及了东罗马帝国和阿拉伯的历史。上述内容主要为兰克《世界史》前七卷的内容，即兰克亲自书写的世界史的内容。

通览兰克的《世界史》则会发现，兰克论述的中心是西方的历史，换言之是欧洲民族国家如何形成的历史，其他非西方国家在兰克的世界史中并没有位置。以中国为例，据皮谷拉研究，在兰克的整部世界史中只有 20 次提到了中国。[2] 而诸如印度等古老文明的历史也被兰克排除在世界史之外。这一点与先前的世界历史书写并不相同。兰克自己曾强调"世界史不是尽可能地呈现所有已知民族，

---

[1]　Leopold von Ranke, *Weltgeschichte, Die älteste historische Völkergruppe und die Griechen*, Erster Theil, Erster Abtheilung, S. IX.

[2]　Andreas Pigulla, *China in der deutschen Weltgeschichtsschreibung vom 18. bis zum 20. Jahrhundert*, S. 173.

而是呈现'占支配地位的民族'（vorwaltende Nationen）"。值得注意的是，兰克所指的占支配地位的民族，和哥廷根学派所指的"重要民族"并不是一个概念。如施洛策尔、加特勒虽然也主张关注重大民族的重要事件，但是他们所列举的重大民族并不单纯指西方国家，如阿拉伯、中国等非西方世界在他们的历史叙述中也有相应位置。[1]当时普遍史哲学化作为整合历史的另一股潮流，也没有完全忽视非西方历史。如施莱格尔在其《普遍史讲义》中也主张以西方历史为主，但是他仍然会关注印度文明，并且强调印度文明是西方文明的母本。[2]然而兰克的《世界史》并无意去构建一条印度文明向世界扩散的历史发展路径，而是关注于西方内部的兴起。为回答兰克为何将非西方历史排除在世界史之外，学界多关注兰克的民族国家观念及其背后的西方中心意识，有关这方面的研究已非常充分。[3]诚然，近代民族国家的兴起刺激了兰克的历史观的形成，兰克关注民族国家的演进与竞争，在兰克看来非西方国家一直处于"停滞"状态没有发展，更没有形成民族国家。但我们若从兰克的史料观出发则可发现，兰克的这一处理反映了他为协调史料批判与整合历史寻找出路。

正如埃伯哈特·柯塞尔（Eberhard Kessel）所言："对个别研究越是精确，对世界历史的理想图景越是广阔，那么这一任务看上去就越是艰巨。"[4]兰克在世界史书写上也面临这一问题，既要详细地

---

① 施洛策尔关注那些在世界上或者大部分地区发挥重要作用的民族，并且根据他们在历史上所发挥的作用分为"征服民族""主要民族"和"重要民族"，其中阿拉伯被归入"主要民族"之中，而在他的普遍史中中国历史也占较大比重，同时期的加特勒在他的普遍史著作中对中国历史也有很多描绘。可参见 August Ludwig Schlözer, *Vorstellung seiner Universal-Historie*, S. 20；. Andreas Pigulla, *China in der deutschen Weltgeschichtesschreibung vom 18. bis zum 20. Jahrhundert*, S. 89 - S. 90。

② Friedrich Schlegel, *Vorlesungen über Universalgeschichte*, S. 19.

③ 可参见刘小枫《兰克的〈世界史〉为何没有中国》，《中国文化》第 43 期。

④ Eberhard Kessel, "Rankes Idee der Universalhistorie", *Historische Zeitschrift*, Bd. 178, 1849, S. 271.

考证史料，又要去勾勒世界历史演变的面貌。① 兰克在《世界史》的序言中便指出："只有批判性地研究历史事件才能称之为历史"②，因此甄别选择史料是兰克书写世界史的一个基本原则，而文字记载是兰克所倚重的重要史料。在前言中兰克便强调文字史料的重要性：

> 可信的文字记录关系到历史从何处开始。但是这一领域所涉繁多。我们将从这一意义（代指上文文字记录关系历史开端）上把历史与文字联系在一起，世界历史包含所有民族和所有时代的事件，但是应该认识到，这并不是进一步地去测定历史的起源，而是去科学地探究世界历史。③

在论述古代东方历史时，兰克主要采用《圣经》和希罗多德的记载，论述的中心为埃及、犹太、波斯等地区，对于中国并没有相应记载。而且在处理编年问题上，兰克将《圣经》编年与希腊罗马的历史记载相对比，但是却排斥中国的纪年，认为中国的纪年过于夸张。④

兰克不仅将世界史研究的范围缩至有文字史料记载的西方的历史，而且还对所使用的史料进行系统性的批判。在第三卷第二部分中，兰克甄别分类了古代史所用的史料，而且对其真实性进行了系

---

① 兰克在《世界史》中多次强调这一点，不仅在第一卷导言中曾提到应该将个别的研究与整体的视角相结合，而且在之后的叙述中也经常提及这一点。如在第三卷中兰克便指出"本书的任务一方面包含整体，同时也要对细节进行研究"。参见 Leopold von Ranke, *Weltgeschichte*, *Das altrömische Kaiserthum*, *Mit kritische Erörterung zur alten Geschichte*, Dritter Theil, Zweite Abtheilung, Leipzig: Verlag von Duncker und Humblot, 1883, S. IX。

② Leopold von Ranke, *Weltgeschichte*, *Die älteste historische Völkergruppe und die Griechen*, Erster Theil, Erster Abtheilung, S. IX.

③ Leopold von Ranke, *Weltgeschichte*, *Die älteste historische Völkergruppe und die Griechen*, Erster Theil, Erster Abtheilung, S. VI.

④ Andreas Pigulla, *China in der deutschen Weltgeschichtesschreibung vom 18. bis zum 20. Jahrhundert*, S. 186.

统性的探究。在该卷开篇,兰克便提出:"通过对不同的记载(Zeugnisse)的比较研究将可以尽可能地获取事实的真相,而这些内容可以成为本部书的基础。"① 在这一卷中兰克系统探究了诸如约瑟夫斯、西西里的狄奥多罗斯(Diodorus Siculus)、阿庇安(Appian)、波利比乌斯以及塔西佗等古典作家的作品,结合他们的生平、作品内容以及比较所载内容与其他作家所记载的内容,以此判断哪些记载是真实可信的。

以西西里的狄奥多罗斯为例,兰克对他的评价并不高,在开篇兰克便说,"在希罗多德、修昔底德这样的历史书写者登上世界舞台之时,也存在另一种形式的历史学家(Historiker)②,他只是将事件简单地排列,既不像希罗多德的作品那样主张一种艺术性的表达,也不像修昔底德那样主张一种批判性的研究。狄奥多罗斯便是这种形式的历史书写者"。③ 随后兰克又比较了狄奥多罗斯的记载与普鲁塔克、修昔底德等人所载有何不同,兰克指出狄奥多罗斯在叙述雅

---

① Leopold von Ranke, *Weltgeschichte*, *Das altrömische Kaiserthum*, *Mit kritische Erörterung zur alten Geschichte*, Dritter Theil, Zweite Abtheilung, S. X.

② 值得注意的是,兰克在这里并没有严格区分"Geschichtsschreiber"与"Historiker",而是将这两个概念混用,如兰克将希罗多德和修昔底德视为"历史书写者"(Geschichtsschreiber),而将狄奥多罗斯称作"历史学家"(Historiker),但是在后面的行文中又将狄奥多罗斯称为"历史书写者"。19 世纪中叶以来,"历史学家"的德语单词发生了变化,Geschichtsschreiber 逐渐被 Geschichtsforscher 或 Historiker 所取代,前者指古典史家及其近代的效仿者,而后者则是指强调考证的历史研究者,如在《近代史家批判》中兰克批判的对象便是近代的那些"历史书写者"(Geschichtsschreiber),不过由于《近代史家批判》作为一个"过渡文本"有时也会混用这两个概念,但到了1828 年在提及近代史家时,兰克则开始使用 Historiker 来代指近代史家,但是在兰克晚年的《世界史》中却混用 Geschichtsschreiber 和 Historiker,这也从侧面反映出 Historiker 在当时已经是一个非常流行的用法,无须再去加以辨析。关于 Geschichtsschreiber 与 Historiker 在 19 世纪上半叶的使用可参见吕和应《兰克〈罗曼与日耳曼民族史·第一版序言〉的思想史解读》,《世界历史评论·当代史学主流:主题与结构》,上海人民出版社 2017 年版,第 76—77 页,注释 5。

③ Leopold von Ranke, *Weltgeschichte*, *Das altrömische Kaiserthum*, *Mit kritische Erörterung zur alten Geschichte*, Dritter Theil, Zweite Abtheilung, S. 42.

典瘟疫时曾引用修昔底德的著作，但是却偏离了修昔底德的记载。①
然而兰克并没有因此彻底否定狄奥多罗斯的著作，"我将指出，不应
像前人那样轻易否定狄奥多罗斯的记载，而且在没有查明哪些权威
人士曾效仿狄奥多罗斯时，更不应轻易否定"。② 在兰克看来，狄奥
多罗斯有关亚历山大大帝的记载最为值得关注，兰克对照研究了狄
奥多罗斯与阿里安（Arrian，92 - 175）的记载，"当我们将（狄奥
多罗斯）的记载和其他的记载，特别是阿里安的相关记载联系起来
看，便可以去阐明狄奥多罗斯记载的价值"③。随后系统探究了亚历
山大东征中的诸多细节以及亚历山大的家庭生活，并希望通过这种
研究来解决两个问题。一方面，了解狄奥多罗斯关于细节方面的一
些记载有哪些是真实可信的；另一方面则要探讨这些记载之间是否
存在联系，因为我们可以通过了解狄奥多罗斯著作的特征去弥补无
法查明原始来源这一缺陷。④

　　除了通过对读同时期古典史家的作品来判断哪些内容可信，在
这一卷中兰克还运用"史源学"的方法来探究古典作品的史料来源。
兰克通过比较阿庇安与普鲁塔克的具体叙述，尤其是用词上的同一
性，研究得出他们拥有共同史料来源，即他们都采用了阿西纽斯·
波利奥（Asinius Pollio，75BC - AD4）的相关记载。但是对于通过这
些散见于其他著作中的片段来重构波利奥的著作，兰克对此表示怀
疑，认为这将是一项"危险的工作"（periculosae plenum opus ale-

---

① Leopold von Ranke, *Weltgeschichte*, *Das altrömische Kaiserthum*, *Mit kritische Erörterung zur alten Geschichte*, Dritter Theil, Zweite Abtheilung, S. 43.

② Leopold von Ranke, *Weltgeschichte*, *Das altrömische Kaiserthum*, *Mit kritische Erörterung zur alten Geschichte*, Dritter Theil, Zweite Abtheilung, S. 44.

③ Leopold von Ranke, *Weltgeschichte*, *Das altrömische Kaiserthum*, *Mit kritische Erörterung zur alten Geschichte*, Dritter Theil, Zweite Abtheilung, S. 45.

④ Leopold von Ranke, *Weltgeschichte*, *Das altrömische Kaiserthum*, *Mit kritische Erörterung zur alten Geschichte*, Dritter Theil, Zweite Abtheilung, S. 47.

ae）。①

如兰克在序言中所言，世界史书写的任务是整合历史与史料批判相结合，除考证历史细节外，勾勒世界历史发展的主要脉络也是兰克书写世界史的重要目的，即西方民族国家是如何从世界历史中脱胎而来，有关这一脉络在具体行文中随处可见。然而，在这一脉络的背后还隐藏一种中世纪的普遍史叙事结构，即"帝权转移"，这一观念也与浪漫主义思潮有关。早在 19 世纪初施莱格尔在《普遍史讲义》中便借用"帝权转移"的框架提出世界历史上存在三个普世帝国（Universalmonarchien）②，而兰克的观念与施莱格尔很相似，也提出与普世帝国相类似的概念。在第三卷前言中兰克认为罗马帝国肩负着一种普遍史的使命，即将那些地中海周边的不同起源的民族整合在一起，形成一个同质的共同体。③ 而后的叙述中也多涉及帝权观念，如论及拜占庭帝国乱象时候，兰克提出帝权将从东方转移到西方，即从拜占庭转移到加洛林王朝，而这一帝权又为奥托一世所继承，即罗马帝国的法权为德意志所继承。德国中世纪史家维尔纳·格兹（Werner Goez）曾这样评价兰克的"帝权转移"理论："对于兰克来说'帝权转移'终归是将世间的最高的权力象征转移到另一个国家。围绕自己的意志用最为重要的方式来展现有序的世俗权力，这也属于帝国的形式之一。而在中世纪德意志人承担了这一使命，这便是兰克所谓的'帝权转移'。"④

---

① Leopold von Ranke, *Weltgeschichte*, *Das altrömische Kaiserthum*, *Mit kritische Erörterung zur alten Geschichte*, Dritter Theil, Zweite Abtheilung, S. 204 – 237.

② 关于施莱格尔的"帝权转移"观念可参见 Stefan Jaeger, *Performative Geschichtsschreibung*：*Forster, Herder, Schiller, Archenholz und die Brüder Schlegel*, S. 329。

③ Leopold von Ranke, *Weltgeschichte*, *Das altrömische Kaiserthum*, *Mit kritische Erörterung zur alten Geschichte*, Dritter Theil, S. 4.

④ Werner Goez, *Translatio Imperii*, *Ein Beitrag zur Geschichte des Geschichtsdenkens und der politischen Theorien im Mittelalter und in der frühen Neuzeit*, Tübingen：J. C. B. Mohr Verlag, 1958, S. 395.

三　施洛塞尔的世界史书写

兰克的《世界史》在当时风靡一时，但值得注意的是，在 19 世纪末出现了形形色色的世界史著作，兰克的《世界史》只是其中的一部。据德国思想史家迪尔特·朗格维什（Dieter Langewiesche）研究，1900 年德国市面上有 20 部世界史著作，其中多为面向公众的大部头作品。这些作品语言通俗，并且附有大量插图。在当时也有许多面向学生的世界史教科书，在 1895 年这类教科书便有 43 种之多。[①] 在这些种类繁多的世界史著作中，施洛塞尔的世界史著作最为知名。

谈到施洛塞尔，学界并不陌生。在传统史学史书写中，施洛塞尔通常被视为逆历史科学化大潮的"顽固派"。当人们提到施洛塞尔，想到的是他如何批评兰克的"如史直书"，坚守传统的启蒙史学。似乎在历史上施洛塞尔只是一个逆潮而动的跳梁小丑。早在 1846 年，兰克的弟子、中世纪史家格奥格尔·魏茨（Georg Waitz）在评论当代德意志史家时，将德意志地区史学家分为北德和南德两大流派，施洛塞尔是南德学派的代表。魏茨认为北德的历史学家是博学的、客观的，而且致力于不偏不倚地展现历史真相；南德的历史书写者们则更多从当下视角出发，并不放弃对历史发展的评判。[②] 与此同时，聚贝尔也有过类似表述，认为兰克注重史料

---

① Dieter Langewiesche，"Die Geschichtsschreibung und ihr Publikum，Zum Verhältnis von Geschichtswissenschaft und Geschichtsmarkt"，in Dieter Hein，Klaus Hildebrand und Andreas Schulz，Hrsg.，*Historie und Leben*，*Der Historiker als Wissenschaftler und Zeitgenosse*，*Festschrift für Lothar Gall zum 70. Geburtstag*，München：R. Oldenbourg Verlag，2006，S. 319.

② Georg Waitz，"Deutsche Historiker der Gegenwart"，W. Adolf Schmidt（Hrsg.），*Allgemeine Zeitschrift für Geschichte*，Bd. 5，Berlin：Verlag von Veit und Comp，1846，S. 520 – 535.

批判，而施洛塞尔的历史书写带有主观的哲学色彩。① 魏茨、聚贝尔的这一划分也影响了后世史学史家对德意志史学的判断，如韦格勒在其著作中便提到兰克学派和海德堡学派两个概念。前者以兰克为代表，强调史料批判，后者则以施洛塞尔为代表，注重从当下视角看历史。② 富艾特在《近代史学史》中也强调施洛塞尔继承了启蒙史学的传统。③ 德语学界的这一论断也影响到了英语学界对近代德国史学的认识，如阿克顿勋爵受魏茨、聚贝尔等学者的影响，在《德国历史学派》一文中认为施洛塞尔的作品并没有什么价值，以施洛塞尔为代表的这批史学家们并不去研究史料。④ 这一观点被古奇和汤普森所接受，在他们的史学史著作中施洛塞尔被塑造成一个兰克的反对者，逆史学科学化的保守派。⑤ 由于古奇和汤普森的史学史被后世奉为经典，是后人认识近代历史学发展的重要作品，因此他们对施洛塞尔的描绘也影响了后世对施洛塞尔的认识。

若我们回到施洛塞尔的年代则会发现，施洛塞尔的著作在当时备受好评，他的世界史在当时非常流行⑥，在 1842 年，当施洛塞尔计划要着手书写多卷本世界历史时，《汇报副刊》（*Beilage zur Allgemeinen Zeitung*）甚至评价说，在世的这些德国史家们，没有谁比施洛塞尔更合适去追求历史的尊严，承担这项任务。而且《汇报副刊》作者认为施洛塞尔有着"对真相的爱""客观""不

---

① Heinrich von Sybel, "Zur Beurteilung Friedrich Christoph Schlosser's", *Historische Zeitschrift*, Bd. 8, 1862, S. 117 – 140.

② Franz von Wegele, *Geschichte der Deutschen Historiographie*, S. 1061 – 1068.

③ Eduard Fueter, *Geschichte der neueren Historiographie*, S. 411 – 413.

④ Lord Acton, "German Schools of History", *The English Historical Review*, Vol. 1, No. 1, Jan., 1886, pp. 7 – 42.

⑤ ［美］J. W. 汤普森：《历史著作史》，孙秉莹、谢德风译，李活校，商务印书馆 1992 年版，第三分册，第 193—194 页；［英］乔治·皮博迪·古奇：《十九世纪历史学与历史学家》，耿淡如译，商务印书馆 1998 年版，第 216—222 页。

⑥ Franz von Wegele, *Geschichte der Deutschen Historiographie*, S. 1068.

偏不倚"等特质。① "对真相的爱""客观""不偏不倚"这些我们现在看来应该属于兰克学派的特征，却在当时用于赞美兰克的对立者施洛塞尔，为何当时人们会这样评价施洛塞尔？施洛塞尔为何会被后世被塑造成兰克的反面？同样面对史料批判与整合历史之间的矛盾，施洛塞尔在他的世界史中又将如何处理这一困境？

在回答这一问题之前，笔者将对施洛塞尔的相关研究做简要回顾。施洛塞尔去世后不久，奥托卡·洛伦兹（Ottoka Lorenz）便对施洛塞尔的历史观展开了研究，他指出，施洛塞尔代表主观史学而兰克代表客观史学的观点，这是当时人们对施洛塞尔的刻板印象。洛伦兹认为，两者的分歧不在于主客观，而在于对历史评判的认识。洛伦兹关注施洛塞尔的历史观与哲学的关系，强调康德、赫尔德对施洛塞尔世界史书写的影响。② 同时期的格奥尔格·韦伯（Georg Weber）在施洛塞尔传记中也批判了将施洛塞尔视为主观史学的代表的观点，他从历史书写既是科学也是艺术这一角度出发讨论了施洛塞尔的历史观，并多次提到施洛塞尔对史料批判的关注。③ 狄尔泰将施洛塞尔归入启蒙史学之中，强调他的思想与康德历史哲学的关系。在狄尔泰看来，施洛塞尔的世界史读者是德意志大众，书写历史的

---

① "Schlosser und seine neue Weltgeschichte", *Beilage zur Allgemeinen Zeitung* (30. Mai. 1842)，笔者所用版本为慕尼黑巴伐利亚图书馆所藏 *Allgemeine Zeitung für das Jahr 1842*，笔者于 Google Books 上下载。https: //books. google. co. jp/books? id = g – dDAAAAcAAJ&pg = PA1201&dq = Schl% C3% B6sser + und + seine + neue + Weltgeschichte + Beilage + zur + Allgemeinen + Zeitung&hl = zh – CN&sa = X&ved = 2ahUKEwj9u9zt8tHqAhXEdd4KHSGLBKMQ6AEwAHoECAUQAg#v = onepage&q = Schl% C3% B6sser% 20und% 20seine% 20neue% 20Weltgeschichte% 20Beilage% 20zur% 20Allgemeinen% 20Zeitung&f = false，2020 年 7 月 16 日查询。

② Ottokar Lorenz, *Friedrich Christoph Schlosser und über einige Aufgaben und Principien der Geschichtschreibung*, Wien: Commission bei Karl Gerold's Sohn, 1878.

③ Dr. Georg Weber, *Friedrich Christoph Schlosser der Historiker. Erinnerungsblätter aus seinem Leben und Wilken*, Leipzig: Verlag von Wilhelm Engelmann, 1876.

目的是教化民众，历史的功用在于评判。① 近年来，随着历史主义史学研究的兴起，一些学者开始关注启蒙史学到历史主义史学的转型，学者们将施洛塞尔放在这一转型过程中进行研究。如米歇尔·高特鲁博（Michael Gottlob）考察了施洛塞尔将史料批判与启蒙思想相结合的途径，并将施洛塞尔视为启蒙史学与历史主义史学之间的代表。② 国内学者关于施洛塞尔的研究较少，易兰曾将施洛塞尔归入浪漫主义史学流派中讨论他的历史观。③

兰克与施洛塞尔作为近代德国史学中的两位重要人物，自 19 世纪以来便有学者将两者进行比较。早在 19 世纪末 20 世纪初，格奥尔格·韦伯便将兰克与施洛塞尔比作文学史中的歌德与席勒，但这些多是泛泛之论，鲜有学者将其放在 19 世纪德意志史学背景下做系统分析。近年来，人们开始关注复数的史学专业化，不再将史学专业化视为一个同质的范式，而是关注其中的多样性。在这个背景下，一些学者开始系统地讨论兰克与施洛塞尔的异同。施蒂格穆勒（Dagmar Stegmüller）认为兰克学派与施洛塞尔对史学功用的认识存在差异，在前者看来，历史要呈现历史的世界，而后者则注重历史的功用。在史学专业化的背景下，史料批判成为历史学家身份的象征，于是施洛塞尔成为了批判的对象。④ 荷兰学者赫尔曼·保罗（Herman Paul）借助"学者角色"这一概念分析兰克与施洛塞尔的论战，认为它所呈现的是两种不同学者美德的斗争，施洛塞尔在史学史中的衰落代表着传统学者美德的衰落。⑤

————————

① Wilhelm Dilthey, *Vom Aufgang des geschichtlichen Bewusstseins*, *Jugendaufsätze und Erinnerungen*, Göttingen: Vandenhoeck & Ruprecht, 1988.

② Michael Gottlob, *Geschichtsschreibung zwischen Aufklärung und Historismus*, *Johannes von Müller und Friedrich Christoph Schlosser*, Frankfurt am Main: Peter Lang, 1989.

③ 易兰：《西方史学通史》第五卷，复旦大学出版社 2011 年版，第 150—152 页。

④ Dagmar Stegmüller, "Friedrich Christoph Schlosser und die Berliner Schule", S. 49 - 60.

⑤ Herman Paul, "Ranke vs. Schlosser: Pairs of Personae in Nineteenth-Century German Historiography", pp. 36 - 52.

接下来笔者将简要概述施洛塞尔的世界史作品，并进一步讨论他在书写历史时如何处理史料批判与整合历史之间的关系。同时代史学史家韦格勒曾言："施洛塞尔带有 18 世纪人的思维方式和教养，但又经历了 19 世纪之初德意志民族的形成和历史学的兴起等巨变。"① 因此我们可以看到在施洛塞尔的身上既保留有 18 世纪启蒙的传统，又带有法国大革命所诱发的强烈的德意志民族意识。在历史书写的层面则体现为启蒙的实用主义史学观念与新形成的现代历史意识的混杂。与当时诸多历史学家一样，施洛塞尔也曾求学于哥廷根大学。他曾于 1794—1797 年在哥廷根大学学习神学、古典语文学、国家学和历史。在当时哥廷根聚集了德意志地区最为知名的历史学家们，施洛塞尔本人在哥廷根学派的代表人物施洛策尔门下学习，也曾师从于施皮特勒和艾希霍恩（Johann Gottfried Eichhorn，1752 – 1821）。② 哥廷根的经历使施洛塞尔对当时哥廷根学派所奉行的实用主义历史学有了深入的了解，尤其是对施洛策尔的世界历史观产生了浓厚的兴趣，这也影响了施洛塞尔自己对历史书写的认识，即如何将史学的功用与史料批判相结合。施洛塞尔在其著作中曾这样评价施洛策尔：

> 对此人们必须承认，虽然施洛策尔在他那狂悖的方式上走得很远，但是他却为我们这一时代所需要的历史研究方式开辟了一条道路。他将伏尔泰、博林布鲁克的基本理念融入我们的历史研究中，但是他也将伏尔泰、博林布鲁克所缺乏的史料批判，即学术性研究、细节性的基础知识和历史学的辅助学科，与启蒙式的历史观念相结合。③

① Franz von Wegele, *Geschichte der Deutschen Historiographie*, S. 1062.

② https：//www. deutsche – biographie. de/sfz78528. html#ndbcontent，2020 年 8 月 17 日查询。

③ Friedrich Christoph Schlosser, *Geschichte des achtzehnten Jahrhunderts und des ne-unzehnten bis zum Sturz des französischen Kaiserreichs*, Dritter Band bis 1788, Heidelberg: academische Verlagehandlung von J. C. B. Mohr, 1843, S. 236.

由于施洛塞尔成长于 18 世纪至 19 世纪之交,这一时期正值浪漫主义思潮兴起,因此他的作品在保有传统启蒙色彩的同时也被深刻打上了浪漫主义的烙印。施洛塞尔曾深入研究康德、费希特、谢林的著作,也曾对施莱格尔兄弟的著作保有兴趣,在施氏身上我们可以看到浪漫主义的影子,其中最明显的是如何从历史中塑造德意志民族。与施莱格尔等人不同,施洛塞尔并未将自己的政治理想投射到遥远的中世纪,而是将视角放在现代,尤其是那场改变欧洲的法国大革命。施洛塞尔将新时代的光明战胜中世纪的黑暗视为 18 世纪的历史主线,他书写 18 世纪的历史是为展现自由的市民阶层的兴起。①

与兰克一样,施洛塞尔在书写世界历史时同样面临着整合历史与史料批判之间的张力。普遍史究竟是历史还是哲学? 如何在历史书写中呈现整合历史与史料批判的结合? 关于这一问题施洛塞尔给出与兰克不同的答案。正如笔者前文所述,施洛塞尔早年在哥廷根大学学习,服膺于哥廷根学派的世界历史观,认为传统的百科全书式普遍史已经不合时宜,展现世界历史的发展主线是书写历史的一个重要目的。对于施洛塞尔的这一主张,从他的作品标题中便可见一斑。早在 1811 年,施洛塞尔便开始酝酿写作世界史,后来以《世界历史综述》(*Weltgeschichte in zusammenhängender Erzählung*) 为名出版,后又出版《普遍史视角下的古代世界与文化的历史》(*Universalhistorische Uebersicht der Geschichte der Alten Welt und ihrer Kultur*)。从书名便可以看出,用一种整体的视角看待历史是施洛塞尔世界史书写的重点。而他的《18—19 世纪史》虽然没有冠以世界史的名字,但也是用一种整体的视角关注历史。

---

① Michael Gottlob, *Geschichtsschreibung zwischen Aufklärung und Historismus*, *Johannes von Müller und Friedrich Christoph Schlosser*, S. 260 – 261. 值得注意的是,施洛塞尔的这一观念与传统浪漫主义史家不同,这也引起了当时一些天主教史家的尖锐批判。如约翰·波默尔 (Johann Friedrich Böhmer) 曾评价施洛塞尔的著作,认为这些代表群氓的观点令人作呕。参见 Thomas Brechenmacher, *Großdeutsche Geschichtsschreibung im neunzehnten Jahrhundert*, *Die erste Generation* (*1830 – 48*), Berlin: Dunker & Humblot, 1996, S. 461。

　　这一观念不仅体现在书名上，也体现在施洛塞尔的具体论述中。在他的《普遍史视角下的古代世界与文化的历史》一书开篇，施洛塞尔区分了普遍史和世界史①，并进一步阐释自己对世界史的认识：

　　　　在此，我们在一定程度上质疑那种对普遍史和世界史等同的表述，因为我们将前者视为人类的历史，将其作为一种综合性的整体来看待，而将后者视为按照时间顺序排列的各民族的历史。研究每一个时代所发生的事情，研究它们的原因，它们所发生的方式，并且为后世保存下来。或者从大量被保存的材料中整理出对时代有益的内容，这是书写政治史的任务，尽可能不让他的思想干涉研究，这是他的最高准则。但若是展现个体与整体的联系，并通过他的整体叙述去贯彻他的思想，他必须要去表达自己的观点，也必须放弃从档案、文献和实物材料中去揭示那些只能猜测而无法证明的内容；他也将谨慎地避免把自己的判断和历史本身混为一谈。②

　　虽然施洛塞尔将历史视为"一种联系性的整体"（ein zusammen-hängendes Ganze），但是他并没有完全沿袭施洛策尔的世界历史的观念③，而是认为施洛策尔对世界历史的认识过于强调物质性，忽视了

----

　　①　据施洛塞尔所言，《普遍史视角下的古代世界与文化的历史》的底本为《世界历史综述》的古代部分，施洛塞尔对前者进行了进一步的加工和修订。但这种区别很微妙，如在后面的表述中施洛塞尔也经常混用普遍史与世界史这两个概念。值得注意的是，施洛塞尔所主张的世界史也是一种整合性的世界历史。

　　②　Friedrich Christoph Schlosser, *Universalhistorische Uebersicht der Geschichte der alten Welt und ihrer Kultur*, Ersten Theils, Ersten Abtheilung, Frankfurt am Main: Franz Barrentrapp, 1826, S. 1 – 2.

　　③　施洛策尔区分了两种世界历史，一种是特殊史的聚合，施洛策尔认为这只是一种事件的并列和汇总，而另一种方法则是从聚合的特殊史中寻找材料，对世界史进行系统化整合。关于施洛策尔的世界史观念可参见 André de Melo Araujo, *Weltgeschichte in Göttingen*, *Eine Studie über das spätaufklärerische universalhistorische Denken*, *1756 – 1815*, Bielefeld: transcript Verlag, 2012.

诗和哲学在历史中的作用。在施洛塞尔看来，施洛策尔的普遍史建构只是一种物质性的机械主义的因果关系。因此对施洛塞尔而言，施洛策尔的普遍史"并不能从整体上去了解人类本质上对自由的必然需求，而只是去认识物理性的舒适和物质上的富裕"。①

施洛塞尔的世界历史观念不仅与施洛策尔不同，而且与同时期的兰克也有很大差异。兰克力图勾勒近代民族国家的发展，将史料批判视为世界历史书写的基础，对世界史哲学化予以驳斥，认为它们只是一种空想。在具体操作中，兰克将目光更多放在重大政治事件中，对于文化思想发展着墨较少。施洛塞尔则与之不同。诚然，在史学专业化的浪潮下史料批判已经成为一种共识，因此施洛塞尔也主张史料批判是世界历史书写的关键，他也曾为准备写世界史前往巴黎档案馆去搜集史料。② 但是他并未将哲学贬斥为异端，而是主张批判性方法只是第一步，随后则应该去进行一种哲学化的构建，并采用当代的视角去看待历史。③ 因此米歇尔·高特鲁博评价道："对施洛塞尔而言，史料研究与哲学的结合是历史意识的基础。"④

通过比较施洛塞尔与施洛策尔、兰克的世界历史观念，可以看出施洛塞尔对世界历史的理解既不同于传统哥廷根学派以文化史为导向的世界史，又与兰克所奉行的以政治史为导向的世界历史有所不同。施洛塞尔将历史分为"内史"和"外史"两种，内史即文学

---

① Friedrich Christoph Schlosser, *Geschichte des achtzehnten Jahrhunderts und des neunzehnten bis zum Sturz des französischen Kaiserreichs*, Bd. 4. Heidelberg: academische Verlagehandlung von J. C. B. Mohr, 1853, S. 229.

② 在施洛塞尔自传中曾提到过在巴黎查找档案，为自己写作世界史做准备。参见 Friedrich Christoph Schlosser, "Schlossers Selbstbiographie", in Dr. Georg Weber, *Friedrich Christoph Schlosser der Historiker*, *Erinnerungsblätter aus seinem Leben und Wirken*, S. 46 – 47。

③ Franz von Wegele, *Geschichte der Deutschen Historiographie*, S. 1063 – 1064.

④ Michael Gottlob, *Geschichtsschreibung zwischen Aufklärung und Historismus*, *Johannes von Müller und Friedrich Christoph Schlosser*, S. 212.

性的意识①，而外史则是政治关系。在施洛塞尔看来，内史与外史的结合是世界历史书写的重要内容，即"新时期的政治史和整体的文学的历史的结合"②。这种结合的目的是为展现一个时代的精神需求和民族的整体精神。以《18—19世纪史》为例，施洛塞尔将18世纪分为四个阶段，每个阶段都存在与当时的政治环境相对应的思想，如第一阶段为绝对主义国家背景下激进文学的兴起，之后是内部危机和新思想意识如何冲击传统封建社会，第三阶段为进步观念的兴起和德意志传统社会的土崩瓦解，最后是传统的没落，法国文学的衰落和德意志文学的兴起，以及最后的复辟时代。这一时期的历史汇聚成一条主线，即古老的、以贵族制为标志的旧欧洲的衰落和新的、以市民阶层的兴起为象征的社会的出现。③

与兰克不同，施洛塞尔并未将史料局限于所谓的档案，亦或是描绘政治事件的材料，而是将文学作品也纳入其中。这一技术性操作背后反映了施洛塞尔对于历史的一些理论性思考。与兰克强调历史上各国政治竞争是历史主线不同，施洛塞尔将历史视为一种文化史，其中文学作品作为一种史料，对于历史认识具有特殊意义。以莱辛为例，施洛塞尔认为，莱辛的作品是文学在历史产生效用的典范。④ 其中最重要的便是莱辛的作品在德意志教养形成中所发挥的重要作用。

　　　　莱辛通过无与伦比的修辞学和文学，以及这个时代不会再出现的

---

① 施洛塞尔此处所讲的文学并非狭义的文学，而是含括文学、哲学、神学等所有精神层面的内容，施洛塞尔也将其称为"教养史"（Bildungsgeschichte）。

② Friedrich Christoph Schlosser, *Geschichte des achtzehnten Jahrhunderts und des neunzehnten bis zum Sturz des französischen Kaiserreichs*, Bd. 1. Heidelberg: academische Verlagehandlung von J. C. B. Mohr, 1843, S. 1.

③ Michael Gottlob, *Geschichtsschreibung zwischen Aufklärung und Historismus*, *Johannes von Müller und Friedrich Christoph Schlosser*, S. 282 - 283.

④ Michael Gottlob, *Geschichtsschreibung zwischen Aufklärung und Historismus*, *Johannes von Müller und Friedrich Christoph Schlosser*, S. 250.

一种批判方式，完成并巩固了新德意志的教养。在他身上不仅凝聚了成为一个德意志思想生活的改革者所必备的才能，而且为完成这项事业，他将性格与信念也融为一体，这通常是罕见的。莱辛对真理充满了纯粹的热情，他从迂腐、空洞，那种德意志学术界的弊病中脱离出来。①

施洛塞尔不仅在史料的界定上与兰克等人不同，而且对于当时以兰克为代表的许多历史学家所奉行的史料等级制也持批判态度。自19世纪以来，系统性批判研究史料成为研究历史的核心，在此基础上形成了一整套史料批判方法，其中史料分等是史料批判的基础。史料根据产生时间与历史事件发生时间的亲疏关系被分为"原始史料"和"二手史料"，并且以这一分等为基础去整理、辨别、对勘史料，成为研究历史的基本功。虽然不同学者对史料具体划分不同，但大多基本沿用这一二分模式，如在当时颇为流行的史学方法论书籍中史料等级是论述的重头戏。受史料等级制的影响，引证新史料是历史学家研究的基础。这一倾向在兰克身上表现得尤为明显，如兰克在《近代史家批判》中列举了圭恰迪尼作品中的种种错误，而之所以会有这些错误则是由于圭恰迪尼没有使用原始史料。②诚然，新材料可以产生新的研究，但是在世界史书写中却面临巨大困难，由于历史学家个人能力有限，使用原始材料去书写世界历史势必会导致论述范围狭窄化。如兰克虽然系统批判研究所使用的史料，但是多是集中于西方历史，其他民族的历史无从涉及。

施洛塞尔并未服膺于当时流行的"史料等级观"，在他的《世界历史综述》第一卷开端，施洛塞尔便辛辣地讽刺了这种史料等级

---

① Friedrich Christoph Schlosser, *Weltgeschichte für das deutsche Volk*, Frankfurt am Main, 1855, Bd. 17, S. 113.

② [德] 利奥波德·冯·兰克：《近代史家批判》，第16—31页。

观下"无史料便无史学"的倾向："在今天，书写和对待历史的方法已经发生翻天覆地的变化，特别是在追溯史源上，像我们的父辈那样去夸大史料变得相当罕见。因此我必须要去讨论这一问题，但是可能也只是无济于事。那些在最近的德国史前言中所提到的人们，他们可笑地将引文比作建筑的框架，他们不会去读我的著作，也不会从整体上做出评论。"① 值得注意的是，施洛塞尔并非像传统史学史所批判的那样，只是一个逆史学科学化大潮而动的顽固派，而是开辟了一条与兰克等人所不同的新道路。对于史料，施洛塞尔有着与兰克等人所不同的理解。他并不否认史料批判，而且认为对史料进行系统性研究是历史书写的第一步。他只是对兰克那种将史料局限于档案，将历史局限于政治史的做法感到不满，施洛塞尔并不认为仅从外交文件、档案中能够获得许多内容。② 历史并非只是外交史，而是要去展现一种时代整体的精神风貌，是政治史和文学史的结合。③

　　施洛塞尔对世界历史的理解和他的史料观进而也影响了他的历史实践。如何书写世界历史，如何认识非西方文明，施洛塞尔在具体的史学实践中给出了与兰克所不同的答案。以中国为例，在兰克的世界史中，并没有中国的位置，其重要原因在于兰克认为有关中国历史的记载都不真实。然而，在施洛塞尔的世界史中，中国具有重要位置。在《普遍史视角下的古代世界与文化的历史》一书的开篇，施洛塞尔便提到了中国，认为中国是最为古老的民族之一。他并没有像近代早期普遍史那样去讨论中国上古历史的

　　① Friedrich Christoph Schlosser, *Weltgeschichte in zusammenhängender Erzählung*, Bd. 1, Frankfurt am Main: Franz Barrentrapp, 1815, S. VII.

　　② Michael Gottlob, *Geschichtsschreibung zwischen Aufklärung und Historismus, Johannes von Müller und Friedrich Christoph Schlosser*, S. 214.

　　③ 因此施洛塞尔的世界史核心是政治史和文化史，对于当时德国颇为流行的法制史和民族经济史基本没有涉及。施洛塞尔的研究在当时也遭到了一些学者的批判，如韦格勒便认为施洛塞尔并不能写出政治史，他虽然尝试去理解历史人物，但却充满了偏见。参见 Franz von Wegele, *Geschichte der Deutschen Historiographie*, S. 1067。

真实性，而是直接从夏商周三代开始讲起，施洛塞尔认为，夏商历史已经无从可考，真正的历史则是从周朝开始。关于中国的叙述，施洛塞尔主要采用传教士的回忆录，所述内容不仅包括中国历史上的一些重大政治事件，而且也包含中国的行政制度、宗教、思想、文学、教育等内容。①

这些内容后来也被吸收进《给德意志民族的世界史》之中，在该书第一卷中施洛塞尔便提到了中国，简要论述了中国的历史并较为详尽地讨论了有关中国的诸多方面，如政府、宗教、思想、文化等。但值得注意的是，虽然在施洛塞尔的世界史中对中国的描绘较之兰克所占篇幅较多，但是在施洛塞尔笔下的中国与当时其他学者对中国的认识别无二致，都强调中国是一个停滞的帝国。如在《普遍史视角下的古代世界与文化的历史》中，施洛塞尔提到中国的制度自古以来没有发生很大变化②，在《给德意志民族的世界史》中施洛塞尔也提到在中国的思想中缺乏进步发展。③ 为何施洛塞尔一方面着重描绘中国历史，另一方面却并未对中国历史有着积极评价？这与施洛塞尔对历史的理解密切相关，施洛塞尔认为研究历史的重要目的在于评判，即用一种当下的视角去看待历史。历史并只是专业历史学家才能涉足的领域，施洛塞尔的预设读者是广大德意志人民，了解异域知识是民众阅读历史的重要目的。④

---

① Friedrich Christoph Schlosser, *Universalhistorische Uebersicht der Geschichte der alten Welt und ihrer Kultur*, Ersten Theils, Ersten Abtheilung, Frankfurt am Main: Franz Barrentrapp, 1826, S. 72 – 105.

② Friedrich Christoph Schlosser, *Universalhistorische Uebersicht der Geschichte der alten Welt und ihrer Kultur*, Ersten Theils, Ersten Abtheilung, S. 72.

③ Friedrich Christoph Schlosser, *Weltgeschichte für das deutsche Volk*, Oberhausen und Leipzig: Verlagshandlung von Ad. Spaarmann, Bd. 1, 1876, S. 24.

④ 关于兰克与施洛塞尔的预设读者对其历史书写的影响，可参见 Herman Paul, "Ranke vs. Schlosser: Pairs of Personae in Nineteenth-Century German Historiography", pp. 36 – 52。

四 小结

19世纪中叶随着史学科学化的发展，学科之争日益激烈，历史学需要建立一套自己的方法论确立自己的学科地位。在这一背景下，普遍史书写作为一种混杂历史与哲学双重特质的体裁遭到许多历史学家的质疑。普遍史属于历史还是哲学？如何处理普遍史内部史料批判与整合历史之间的张力？这成为当时许多历史学家所思考的问题，其中兰克和施洛塞尔也处于这一语境之中。他们面对同样的问题给出了看似不同的解决方式，但通过深入探究两者具体的世界历史书写，可以看出看似不同的路径背后其实存在一些共享的历史观念。

首先，史学科学化已经成为当时史家的广泛共识，无论是兰克还是施洛塞尔，他们都遵循一种系统的研究方法，彼此之间的批判也是从是否客观的角度去展开。其次，他们虽然都在书写世界历史，但是落脚点却都是德意志。兰克曾提到帝权最终落在了德意志的身上，而他书写德意志历史怀揣着一种爱国主义的情愫。① 施洛塞尔历史书写的落脚点也是德意志民族，从他的书名《给德意志民族的世界史》便可以看出这一点。他希望通过历史去激发德意志民族情感。这一时期的世界历史书写深受民族主义的影响，通过书写历史塑造民族精神成为世界史的主题。

在传统近代德国史学史叙事中，以兰克为代表的"柏林学派"以柏林大学为阵地倡导史学专业化，被视为德国史学的标杆。而执教于海德堡大学的施洛塞尔一派则被传统史学史叙事贬斥为"逆流"。正如上文所言，19世纪是学科之争的时代，历史学为了确立

---

① Werner Goez, *Translatio Imperii*, *Ein Beitrag zur Geschichte des Geschichtsdenkens und der politischen Theorien im Mittelalter und in der frühen Neuzeit*, S. 393.

自己的学科主体性，需要一套与其他学科不同的系统的研究方法。兰克正好提供了这样一套新的研究方法与目标，并借此与启蒙史学分离。施洛塞尔主张的更为广泛的文化史与启蒙史学更为密切，并没有旗帜鲜明地提出新的研究方法与目标。因此，以兰克为代表的"柏林学派"成为史学专业化的主力军，在传统史学史的叙事中施洛塞尔成为北德学者塑造出来的一个靶子。但是我们若回到历史现场则会看到两派共享的价值比分歧要大得多。"史学专业化"并不是一个固定的、单数的模式，而是当时学者们的共识。兰克和施洛塞尔的历史观虽然有所差异，但是他们都共享史学专业化的价值，都在用一种专业化的方式和术语表达自己的观点。彼此的观点立场被专业化话语所包裹，隐匿在密密麻麻的注释和客观的历史论述中。

结　　语

　　17—18 世纪作为西方现代社会形成的时期，在世界历史上备受学者瞩目。它上承文艺复兴、宗教改革，下启双元革命①，被世人视为现代社会的转型期的重要阶段。提到这一时期的代表人物，或许人们首先想到的是那些光辉的思想家、科学家们，如笛卡尔、牛顿、伏尔泰、康德等，他们都有一个共同特征便是科学与理性。因此17—18 世纪也被视为科学的时代、理性的时代。然而，"萨尔《普遍史》"这部在 18 世纪风靡欧洲的世界史却给我们描绘了一个不一样的 17—18 世纪。通过"萨尔《普遍史》"，我们可以看到当大量异域知识和科学发现冲击传统基于宗教的世界观时，学者们如何去将这些新知识纳入传统知识框架，新知与旧识如何相互融合，最终形成新的现代世界图景。但是这一过程并不是一夜之间便日月换新天，而是一场漫长的非线性的进程。在"萨尔《普遍史》"中可以看到，在当时科学与宗教并非水火不容、泾渭分明，科学与宗教的斗争也不是传统理解的西风压倒东风，而是新的科学知识从旧有的知识框架中脱胎而出，宗教与科学相互胶着，互相融合。我们现在看来荒诞不经的事情，在当时学者眼中却被视为是科学的。比如用牛顿的万有引力定律去解释大洪水的成因，用《圣经》中的记载去

---

　　① 英国史家艾瑞克·霍布斯鲍姆（Eric Hobsbawn，1917－2012）将英国工业革命和法国政治革命称为"双元革命"，"双元革命"不只是单属于英法两国的历史事件，而是扩展到整个欧美地区，推动欧美现代社会形成的重要事件。参见［英］艾瑞克·霍布斯鲍姆《革命的年代：1789—1848》，王章辉等译，中信出版社 2014 年版。

解释新知识，将中国人的起源和美洲人的起源纳入基于《圣经》的诺亚谱系。这些研究在现在看来无异于是蒙昧无知的猜想，但当时的学者们却在用科学的语言去解释这些看似荒诞的问题，而且参与其中的学者也不乏那些被后世贴上"科学和理性"标签的哲人们。

从思想性上看，"萨尔《普遍史》"并不是那种蕴含巨大思想能量的传世经典，而是一部包罗万象的资料汇编。包罗万象意味着该书可以为读者提供一个关于世界的概览，也正是包罗万象这一特征使得该书囊括了当时学者们对新知识的认识和讨论，通过阅读研究该书，我们也可以去窥探当时人们对世界的认识。"萨尔《普遍史》"作为一部面向中等阶层的历史读物，其功用是使读者从历史知识中获取教益。这一功用也使它成为思想从上向下流动的媒介，在这一媒介中我们可以看到那些新的高层思想如何被纳入人们熟悉的知识框架，思想如何在下沉过程中发生转型。

史学史作为一门学科史，承载着总结历史学演变的作用。虽然早在16世纪，法国学者朗瑟罗·德·拉波佩里尼埃尔（Lancelot Voisin de la Popelinière，1541－1608）便著有《史学史》（*L'histoire des histoires*）一书，作者在书中根据著史体裁的变化总结以往历史著述的演变，① 之后也有一些论述史学发展的著作。但是，直到19世纪中叶才开始出现对史学史的系统研究。19世纪末至20世纪初出现了一些总结、概括前人史学研究的相关著作。如德国学者富艾特的《近代史学史》、英国学者乔治·古奇（George Peaboby Gooch，1873－1968）的《十九世纪的历史学与历史学家》以及美国学者汤普森的《历史著作史》便是其中的代表。这三部作品从自身时空脉络出发，回顾过去的史学发展，概括近代西方塑造的史学模式的形成和影响。虽然他们的侧重点有所不同，但都借回顾过去表达自己所处阶段的独特历史意义，即表现史学专业化在史学发展中的重要位置。富艾

---

① Lancelot Voisin de la Popelinière, *L' histoire des histoires*, Paris: Iean Hovzé au Palais, 1599.

特、古奇和汤普森对近代西方史学的叙述成为后世认识近代西方史学发展的重要参考。然而，这类叙述却带有明显的历史辉格解释①的色彩，即将史学专业化这一已经存在的历史现象加以合理化，从当下的视角出发勾勒出一条通往史学专业化的线性道路。

诚然，"走向史学专业化"作为一种统摄性的解释框架，勾勒出了一条清晰的近代西方史学发展的脉络，映照出传统史学与近现代史学之间的巨大变化。但是，这一解释框架也将复杂多元的历史过程抽象成一条清晰可循的线性脉络。在这一解释路径下，近代历史书写发展的目的便是通向专业化，而专业化的核心则是客观治史与解释。受此影响，专业化之前的史学被用专业化的标准所衡量，从近代早期甚至更古老的古典时代中去寻找专业化的因素。一些史学作品得以凸显，被经典化，另一些史学作品则在传统史学史中被边缘化。"萨尔《普遍史》"便是这类被边缘化作品的代表。虽然在传统史学史中该书并没有什么位置，但是这并不意味着该书没有价值。"萨尔《普遍史》"作为在当时流行欧洲的一部世界史著作，它也是近代史家们整合异域知识，构建新的世界图景的一个缩影。虽然在历史时空中历史书写的图景纷繁复杂，"萨尔《普遍史》"只是其中的冰山一角，但通过研究"萨尔《普遍史》"这一个案，可以进一步帮助我们去反思如何突破史学史叙述的辉格叙事，展现近代早期不同于传统史学史叙事的一个面向。

在全球化的今天，如何书写全球史成为学者们所关切的问题。20世纪下半叶，全球史从美国兴起，它从一种力图突破西方文明史叙事的课程设置发展为一股新的史学思潮席卷世界，至今方兴未艾。② 全球史给学者们打开了一个新的研究视野，在今天，形形色色的全球史著作层出不穷。但是，全球史研究在受到赞誉的同时，在

---

① 关于辉格史观可参见［英］赫伯特·巴特菲尔德《历史的辉格解释》，张岳明、刘北成译，商务印书馆2017年版。
② 关于全球史研究可参见王晴佳、张旭鹏《当代历史哲学和史学理论：人物、派别、焦点》，社会科学文献出版社2020年版。

学界也存在一些批评的声音，例如并未能真正突破西方中心论、碎片化、未能很好地处理史料批判与整合历史之间的张力。如何解决这些问题，书写新的全球史成为当今学者所热议的话题。"萨尔《普遍史》"在当时也面临类似的问题。通过研究"萨尔《普遍史》"的命运浮沉可以使我们更好地认识全球史书写所面临的问题和挑战，18 世纪这部"全球史"或许可以为我们提供书写另一种全球史的可能性。

参考文献

一　原始文献

（一）出版物

Adams, John, *A View of Universal History, from the Creation to the Present Time. Including an Account of the Celebrated Revolution in France, Poland, Sweden, Geneva, and together with An Accurate and Impartial Narrative of the Late Military Operations; and Other Important Events*, London: 1795.

Allgemeine Historische Bibliothek von Mitgliedern des königlichen Instituts der historischen Wissenschaft zu Göttingen, Bd. 1. Halle: Gebauer 1767.

Allgemeine Historische Bibliothek von Mitgliedern des königlichen Instituts der historischen Wissenschaft zu Göttingen, Bd. 4. Halle: Gebauer 1767.

An Universal History from the Earliest Account of Time to the Present, compiled from Original Authors and illustrated with Maps, Cuts, Notes, Chronological and other Tables, 7 Vols. London: 1736 – 1744.

An Universal History from the Earliest Account of Time to the Present, Compiled from Original Authors. Additions, London: 1750.

An Universal History from the Earliest Account of Time to the Present, compiled from Original Authors and illustrated with Maps, Cuts, Notes, Chronological and other Tables, New Edition, 21 Vols. London: 1747 – 1754.

Anquetil, Louis-Pierre. *A Summary of Universal History*; *in Nine Volumes. Exhibiting the Rise, Decline, and Revolutions of the Different Nations of the World, From the Creation to Present Time.* London: 1800.

"A Plan of the Universal History", *Country Journal or the Craftsman* (Saturday, November 29, 1729).

Ashley-Cooper, Anthony, earl of Shaftesbury, *Characteristics of Men, Manner, Opinions, Times*, Vol. 1. London: 1711.

Breyer, Friedrich Wilh. Carl, *Ueber den Begriff der Universalgeschichte*, Landshunt: Weber'schen Bunchhandling, 1805.

Burnet, Thomas, *The Theory of the Earth: Containing an Account of the Original of the Earth, and of all the General Changes Which It Hath Alredy Undergone, or Is to Undergo till the Consummation of All Things*, London: 1697.

de Acosta, Jose, *The Natural and Moral History of the Indies*, Trans. Frances Lopez-Morillas, Durham, NC: Duke University Press, 2002.

de Vallemont, M., *Ductor Historicus: or a Study of that Science*, London, 1698.

Fessnaier, Johann Georg, *Grundriss der historischen Hilfswissenschaften*, Landshut: Anton Weber, 1802.

S. Noves, Edward, ed., *The Letters of Tobias Smollett*, M. D., Cambridge: Harvard University Press, 1926.

Gottfried, Eichhorn, Johann, *Ueber den Umfang und die Methode Akademischer Vorlesungen über die Universalgeschichte*, Jena: Felix Fickelscherr, 1777.

—*Geschichte der alten Welt*, Göttingen: Johann Georg Rosenbusch, 1799.

—*Weltgeschichte*, Göttingen: Johann Friedrich Röwer, 1804.

Gatterer, Johann Christoph, *Handbuch der Universalhistorie nach ihrem gesamten Umfange von Erschaffung der Welt bis zum Ursprung der meisten heutigen Reiche und Staaten*, Göttingen: Verlag der Witwe Vandenhoeck, 1761.

—*Handbuch der Universalhistorie nach ihrem gesamte Umfange bis auf unsere Zeiten fortgesezt*, Göttingen: Verlag der Witwe Vandenhoeck, 1764.

—*Abriß der Universalhistorie in ihrem gesamten Umfange von Erschaffung der Welt bis auf unsere Zeiten, nebst einer vorläufigen Einleitung von der Historie überhaupt und der Universalhistorie insonderheit, wie auch von den hieher gehörigen Schriftsteller*, Göttingen: Verlag der Witwe Vandenhoeck, 1765.

— "Vom historischen Plan, und der darauf sich gründenden Zusammenfügung der Erzählungen", in *Allgemeine Historische Bibliothek*, No. 1, 1767, S. 15 – 89.

— "Vorred von der Evidenz in der Geschichtkunde", in *Die Allgemeine Welthistorie*, Halle: Johann Justinus Gebauer, 1767, S. 1 – 38.

—*Einleitung in die synchronische Universalhistorie zur Erläuterung seiner synchronistischen Tabellen*, Göttingen: Verlag der Witwe Vandenhoeck, 1771.

Hakluyt, Richard, *The Principal Navigations, Voyages, Traffiques, and Discoveries of the English Nation*, 16 Vols. Edinburgh: E & G. Goldsmid, 1884 – 1890.

Historisches Journal, von Mitgliedern der Königlichen historischen Instituts zu Göttingen, Erster Theil, Göttingen: Vandenhoeck, 1773.

Humboldt, Wilhelm von. Betrachtung über dieWeltgeschichte, in Albert Leitzmann, Hrsg., *Wilhelm von Humboldts Werke*, Bd. III. Berlin: Behr's Verlag, 1904.

—über die Aufgabe des Geschichtschreibers, in Albert Leitzmann, Hrsg., *Wilhelm von Humboldts Werke*, Bd. IV. Berlin: Behr's Verlag, 1905.

Iselin, Isaak, *Ueber die Geschichte der Menschheit*, Basel: Johann Schweighauser, 1786.

Lacroza, Jean Comand de. , *A Historical Grammar: or A Chronological A-*

bridgement of Universal history. To Which Is Added, *an Abridged Chronology of the Most Remarkble Discoveries and Inventions Relative to the Arts and Sciences*, *& c. Designed Principally for the Use of Schools and Academies*, Boston, 1802.

las Casas, Bartoloé de. , "Log of Columbus's First Voyage, 1492", in Geoffrey Symcox and Blair Sullivan, eds. , *Christoph Columbus and the Enterprise of the Indies*, Boston: Bedford Books, 2005.

— "On Columbus's Third Vayage, ca. 1527 – 1563", in Geoffrey Symcox and Blair Sullivan, eds. , *Christoph Columbus and the Enterprise of the Indies*, Boston: Bedford Books, 2005.

Memoirs of * * * *, *Commonly Known by the Name of GEORGE PSALMANAZAR A Reputed Native of FORMOSA*, London, 1764.

Michaeler, Karl, *Historisch-kritischer Versuch über ältesten Völkerstämmen*, *und ihre ersten Wanderung*, *nebst weiterer Verpflanzung nach Amerika*, *zur Entwicklung des dunkeln Zeitalters*, Wien: Anton Pichler, 1802.

Newton, Issac, *The Chronology of Ancient Kingdom Amended*, London: 1728.

—. *Observation upon the Prophecies of Daniel*, *and the Apocalypse of St. John*, London, 1733.

Noyes, Edward, eds. , *The Letters of Tobias Smollett*, Cambridge: Harvard University Press, 1926.

Otto, Bishop of Freising, *The Two Cities: A Chronicle of Universal History to the Year* 1146 *A. D.* , Trans. Charles Christopher Mierow, Columbia University Press, 2002.

Peyère, Issac la. , *A Theological System upon Presupposition*, *That MEN Were before Adam*, London, 1655.

—*Men before Adam or A Discourse upon the Twelfth*, *Thirteenth*, *and Fourteenth Verses of the Fifth Chapter of the Epistle of the Apostle Paul to the Romans*, *by Which Are Prov'd*, *That the First Men Were Created before*

Adam, London, 1655.

"Proposals for Printing an Universal History, From the Earliest Account of Time, to the Present", *Country Journal or the Craftsman* (Saturday, November 29, 1729).

Proposal for Printing by Subscription, in Twenty Volumes Octavo, An Universal History, From the Earliest Account of Time, London, 1746.

Proposal for Republishing the Ancient Part of the Universal History: In Twenty-one Volumes: To be Followed, without Interruption, by the Modern Part: Which will Perfect the Work, and Render It a Complete Body of History, From the Earliest Account of Time, to the Present, London: 1752.

Proposals for Publishing the Modern Part of the Universal History, London, 1758.

Ranke, Leopold von. *Weltgeschichte*, Leipzig: Verlag von Duncker und Humblot, 1881 – 1888.

"Rezension von A. L Schlözers Vorstellung seiner Universal-Historie", *Frankfurter gelehrte Anzeigen*, Frankfurt am Mayn: Eichenbergischen Erben, 1772, S. 473 – 478.

Robertson, William, *The History of America*, Philadelphia: Johnson & Warner, William Greer, Printer, 1812.

Rühs, Friedirch, *Entwurf einer Propädeutik des historischen Studiums*, Berlin: Realschulbuchhandlung, 1811.

Schelle, Augustin, Abriss der Universalhistoire zum Gebrauche der akademischen Vorlesungen, Satzburg: Hof und akademischen Waisenhausbuchhandlung, 1782.

Schlegel, Friedrich, *Vorlesungen über Universalgeschichte*, Paderborn: Ferdinand Schöningh, 1960.

—*Kritische und theoretische Schriften*, Stuttgart: Philipp Reclam jun. GmbH & Co. , 1978.

Schlosser, Friedrich Christoph, *Weltgeschichte in zusammenhängender Erzählung*, 4 Bde. Frankfurt a. M: Franz Barrentrapp, 1815 – 1841.

—*Universalhistorische Uebersicht über die Geschicht der alten Welt und ihrer Cultur*, Frankfurt a. M: Franz Barrentrapp, 1826 – 1834.

—*Geschichte des achtzehnten Jahrhunderts und des neunzehnten bis zum Sturz des französischen Kaiserreichs*, Dritter Band bis 1788, Heidelberg: academische Verlagehandlung von J. C. B. Mohr, 1843.

—*Weltgeschichte für das deutsche Volk*, Bde. 19. Berlin: 1844 – 1857.

"Schlosser und seine neue Weltgeschichte", *Beilage zur Allgemeinen Zeitung* (30. Mai. 1842).

Schlözer, August Ludwig, *Allgemeine Nordische Geschichte*, Halle: Johann Christian Dieterich, 1768.

—*Vorstellung seiner Universal-Historie*, Halle: Johann Christian Dietrich, 1772.

— "Ueber die Geschichtsverfassung. (1784)", in Horst Walter Blanke und Dirk Fleischer, Hrsg. , *Theoretiker der deutschen Aufklärung-shistorie*, Bd. 2, Stuttgart: frommann-holzboog, 1990, S. 590 – 599.

—*WeltGeschichte nach ihren HauptTheilen im Auszug und Zusammenhange*, Erster Theil, Göttingen: Verlag der Witwe Vanderhoeck, 1785.

—*Allgemeines StatsRecht und StatsVerfassungslere*, Göttingen: Verlag der Witwe Vanderhoeck, 1793.

—*Theorie der Statistik*, Göttingen: Vanderhoeck und Ruprecht, 1804.

Shuckford, Samuel, *The Sacred and Profane History of the World Connected, From the Creation of the World to the Dissolution of the Assyrian Empire at the Death of Sardanapalus and to the Declension of the Kingdoms of Judah and Israel, under the Reigns of Ahaz and Pekah: Including The Dissertation on the Creation and Fall of Man*, London: William Baynes, Paternoster Row, 1819.

The Darly Post, Friday (November 14, 1729).

The Modern Part of an Universal History from the Earliest Account of Time, 44 Vols, London, 1759 – 1766.

The Modest Critick: or Remarks upon the most Eminent Historians, Ancient and Modern, London: John Barnes, 1689.

Turnbull, H. W., ed., *The Correpondence of Isaac Newton*, Vol. 2, Cambridge: Cambridge University Press, 1960.

Übersetzung der Allgemeinen Welthistorie, die in Engeland durch eine Gesellschaft von Gelehrten ausgefertiget worden, Theile 1 bis 17. Hrsg. v. Siegmund Jacob Baumgarten, Halle: Gebauer, 1744 – 1758.

Übersetzung der Allgemeinen Welthistorie, die in Engeland durch eine Gesellschaft von Gelehrten ausgefertiget worden, Theile 18 bis 30. Hrsg. v. Johann Salomo Semler, Halle: Gebauer, 1759 – 1766.

Wachsmuth, Wilhelm, *Entwurf einer Theorie der Geschichte*, Halle: Hemmerde und Schwetschke, 1820.

Webb, John, *An Historical Essay Endeavoring a Probability that the Language of the Empire of China is the Primitive Language*, London: Nath. Brook, 1669.

Whiston, William, *A Vindication of the New Theory of the Earth from the Exceptions of Mr. Keill and Others*, London: Printed for Benj. Tooke, 1698.

—*A New Theory of the Earth, From Its Original, to the Consummation of All Things*, London: Printed by R. Roberts, for Benj. Tooke, 1696.

Woodward, John, *An Essay toward a Natural History of the Earth*, London, 1695.

（二）数据库

17 th and 18 th Century Burney Collection Newspaper

Bayerische Staatsbibliothek

Deutsche Biographie

Early English Books Online

Eighteenth Century Collection Online

Enzyklopädie der Neuzeit Online

Google Books

Göttinger Digitalisierungszentrum

Internet Archive

二　二手文献
（一）外文研究著作

Abbattista, Guido, "The Business of Paternoster Row: Towards a Publishing History of The Universal History (1736 – 65)", *Publishing History*, Vol. 17, 1985.

Allen, Don Cameron, *The Legend of Noah, Renaissance Rationalism in Art, Science, and Letters*, Urbana: University of Illinois Press, 1963.

Appleby, Joyce, *Shores of Knowledge: New World Discovery and the Scientific Imagination*, New York: W. W. Norton & Company, 2013.

Araujo, André deMelo, *Weltgeschichte in Göttingen, Eine Studie über das spätaufklärerische universalhistorische Denken, 1756 – 1815*, Bielefeld: transcript Verlag, 2012.

Barber, Giles, Fabian, Berhard, Hrsg, *Buch und Buchhandel in Europa im achtzehnten Jahrhundert*, Hamburg: Hauswedell, 1981.

Basker, James G. , *Tobias Smollett, Critic and Journalist*, London: Associated University Press, 1988.

Beelen, Tim Antonius Lambertus, "The Case of the Missing Universal: The British Universal History (1736 – 1766) and the Evolution of Universal History", M. A. thesis, North Carolina State University, 2020.

Beiser, Frederick, *Enlightenment Revolution, and Romanticism: The Genesis of Modern German Political Thought 1790 – 1800*, Cambridge: Harvard University Press, 1992.

—*The German Historicist Tradition*, Oxford: Oxford University Press,

2011.

Benite, Zvi Ben-Dor, *The Ten Lost Tribes*: *A World History*, Oxford: Oxford University Press, 2009.

Berger, Stefan, Peter Lambert und Peter Schumann. Hrsg. , *Historikerdialoge*: *Geschichte*, *Mythos und Gedächtnis deutsch-britischen kulturellen Austausch 1750 – 2000*, Göttingen: Vandenhoeck & Ruprecht, 2003.

Bjornstad, Hall, Helge Jordheim, and Anne Régent-Susini, eds. , *Universal History and the Making of the Global*, New York: Routledge, 2019.

Blank, Horst Walter, *Historiographiegeschichte als Historik*, Stuttgart: frommann-holzboog, 1991.

Blank, David R. and Michael Frassetto, eds. , *Western Views of Islam in Medieval and Early Modern Europe*, New York: St. Martin's Press, 1999.

Boockmann, Harmut und Hermann Wellenreuther, Hrsg. , *Geschichtswissenschaft in Göttingen*: *Eine Vorlesungsreihe*, Göttigen: Vandenhoeck & Ruprecht, 1987.

Borkenau-Pollak, Franz, "An Universal History of the World from the Earliest Account of Times etc. 1736ff", PhD diss. , Universität Leipzig, 1924.

Brechenmacher, Thomas, *Großdeutsche Geschichtsschreibung im neunzehnten Jahrhundert*, *Die erste Generation (1830 – 48)*, Berlin: Dunker & Humblot, 1996.

Buchwanld, Jed Z. and Mordechai Feingold, *Newton and the Origin of the Civilization*, New Jersey: Princeton University Press, 2013.

Burke, Peter, *Eyewitnessing*: *The Uses of Images as Historical Evidence*, London: Reaktion Books, 2001.

Butterfield, Herbert, *Man on His Past*: *The Study of the History of Historical Scholarship*, Cambridge: Cambridge University Press, 1955.

Bödeker, Hans Erich, Georg Iggers, Jonathan Knudsen, und Peter Reill,

Hrsg, *Aufklärung und Geschichte*, *Studien zur deutschen Geschichtswissenschaft im 18. Jahrhundert*, Göttingen: Vandenhoeck & Rupecht, 1986.

Cañizares-Esguerra, Jorge, *How to Write the History of the New World*: *Histories, Epistemologies, and Identities in the Eighteenth-Century Atlantic World*, Stanford: Stanford University Press, 2001.

Conrad, Marcus, *Geschichte (n) und Geschäfte*: *Die Publikation der "Allgemeinen Welthistorie" im Verlag Gebauer in Halle (1744 – 1814)*, Wiesbaden: Harrassowitz Verlag, 2010.

Davies, David W. , *The World of the Elseviers, 1580 – 1712*, The Hague, 1954.

Deliyannis, Deborah Mauskopf, eds. , *Historiography in the Middle Age*, Leiden and Boston: Brill, 2003.

Dilthey, Wilhelm, *Studien zur Geschichte des deutschen Geistes*, Leipzig: B. G. Teubner, 1976.

—*Vom Aufgang des geschichtlischen Bewusstseins*, *Judendaufsätze und Erinnerungen*, Göttingen: Vandenhoeck & Ruprecht, 1988.

Dupré, Sven and Christoph Herbert Lüthy, eds. , *Silent Messengers*: *The Circulation of Material Objects of Knowledge in the Early Modern Low Courtries*, Münster: LIT Verlag, 2011.

Endres, Johannes, Hrsg. , *Friedrich Schlegel Handbuch*: *Leben-Werk-Wirkung*, Stuttgart: J. B. Matzler, 2017.

Findlen, Paula, ed. , *Athanasius Kricher*, *The Last Man Who Knew Everything*, New York and London: Routledge, 2004.

Flashar, Hellmut, Karlfried Gründer, und Axel Horstmann, Hrsg. , *Philologie und Hermeneutik im 19*, *Jahrhundert*, *Zur Geschichte und Methodologie der Geisteswissenschaften*, Göttingen: Vamdemhoeck & Rupecht, 1979.

Force, James E. and Richard H. Popkin, eds. , *The Books of Nature and*

Scripture: *Recent Essays on Natural Philosophy*, *Theology*, *and Biblical Criticism in the Netherlands of Spinoza's Time and the British Isles of Newton's Time*, Springer Science & Business MediaDordrecht, 1994.

Fox, Levi, ed. , *English Historical Scholarship in the Sixteenth and Seventeenth Centuries*, Oxford: Oxford University Press, 1956.

Fueter, Eduard, *Geschichte der neueren Historiographie*, Berlin: Druck und Verlag von R. Oldenbourg, 1911.

Gierl, Martin, *Geschichte als präzisierte Wissenschaft*, *Johann Christoph Gatterer und die Historiographie des 18. Jahrhunderts im ganzen Umfang*, Stuttgart-Bad Cannstatt: fromman-holzboog, 2012.

Goet, Werner, *Translatio Imperii*, *Ein Beitrag zur Geschichte des Geschichtsdenkens und der politischen Theorien im Mittelalter und in der frühen Neuzeit*, Tübingen: J. C. B. Mohr Verlag, 1958.

Gottlob, Michael, *Geschichtsschreibung zwischen Aufklärung und Historismus*, *Johannes von Müller und Friedrich Christoph Schlosser*, Frankfurt am Main: Peter Lang, 1989.

Grafton, Anthony, *Joseph Scaliger*: *A Study in the History of Classical Scholarship*, *Textual Criticism and Exegesis*, Vol. I. Oxford: Clarendon Press, 1983.

—*New World*, *Ancient Texts*: *The Power of Tradition and the Shock of Discovery*, Cambridge: The Belknap Press of Harvard University Press, 1995.

—*Joseph Scaliger*: *A Study in the History of Classical Scholarship*, *Historical Chronology*, Vol. II. Oxford: Clarendon Press, 1994.

—*Defenders of the Text*: *The Traditions of Scholarship in an Age of Science*, *1450 – 1800*, Cambridge: Harvard University Press, 1994.

—*Bring Out Your Dead*: *The Past as Revelation*, Cambridge: Harvard University Press, 2001.

—*What was History?*: *The Art of History in Early Modern Europe*, Cambridge：Cambridge University Press，2006.

—*Inky Fingers*，*The Making of Books in Early Modern Europe*，Cambridge：The Belknap Press of Harvard University Press，2020.

Gransden，Antonia，*Historical Writing in England*：*c.* 1307 *to the Early Sixteenth Century*，London：Routledge，1996.

Groesen，Michiel，*The Representations of the Overseas World in the De Bry Colletion of Vayages*（*1590 – 1643*），Leiden：Brill，2008.

Hartog，François，*The Mirror of Herodotus*：*The Representation of the Other in the Writing of History*，Berkeley and Los Angeles：University of California Press，1988.

Harvey，David Allen，*The French Enlightenment and Its Others*：*The Mandarin*，*the Savage*，*and the Invention of the Human Sciences*，New York：Palgrave Macmillan，2012.

Hassinger，Erich，*Empirisch-rationaler Historismus*：*Seine Ausbildung in der Literatur Westeuropas von Guicciardini bis Saint-Evermond*，Freiburg：Rombach Verlag，1994.

Heil，Andreas，Matthias Korn，und Jochen Sauer，Hrsg.，*Noctes Sinenses*，*Festschrift für Fritz-Heiner Mutschler zum 65. Geburtstag*，Heidelberg：Universitätsverlag Winter，2011.

Hein，Dieter，Klaus Hildebrand，und Andreas Schutz，Hrsg.，*Historie und Leben*，*Der Historiker als Wissenschaftler und Zeitgenosse*，*Festschrift für Lothar Gall zum 70. Geburtstag*，München：R. Oldenbourg Verlag，2006.

Huddleston，Lee Eldridge，*Origins of the American Indians*，*European Concepts*，*1492 – 1729*，Austin：The University of Texas Press，1967.

Höltenschmidt，Edith，*Die Mittelalter-Rezeption der Brüder Schlegel*，Paderborn：Ferdinand Schönigh，2000.

Iggers，Georg，Edward. Q Wang，and Supriya Mukherjee，*A Global History of Modern Historiography*，London：Routledge，2017.

Iggers, Georg, *The University of Göttingen 1760 – 1800 and the Transformation of Historical Scholarship*, 1980.

Israel, Jonathan I. , *Radical Enlightenment, Philosophy and the Making of Modernity 1650 – 1750*, Oxford: Oxford University Press, 2001.

—*Enlightenment Contested, Philosophy, Modernity, and the Emancipation of Man 1670 – 1752*, Oxford: Oxford University Press, 2006.

—*Democratic Enlightenment, Philosophy, Revolution, and Human Rights 1750 – 1790*, Oxford: Oxford University Press, 2011.

Jaeger, Stefan, *Performative Geschichtsschreibung: Forster, Herder, Schiller, Archenholz und die Brüder Schlegel*, Berlin und Boston: Walter de Gruyter Gmb H & Co. KG. 2011.

Jordan, Stefan, *Geschichtstheorie in der ersten Hälfte des 19. Jahrhundert: Die Schwellenzeit zwischen Pragmatismus und Klassischem Historismus*, Frankfurt a. M. : Campus Verlag, 1999.

Kelley, R. Donald, *Foundation of Modern Historical Scholarship: Language, Law, and History in the French Renaissance*, New York: Columbia University Press, 1970.

—*Fortunes of History: Historical Inquiry from Herder to Huizinga*, New Haven & London: Yale University Press, 2003.

Kelley, R. Donald, Richard Popkin, eds. , *The Shapes of Knowledge from the Renaissance to the Enlightenment*, Springer: 1991.

Kemp, Anthony, *The Estrangement of the Past: A Study in the Origins of Modern Historical Consciousness*, Oxford: Oxford University Press, 1990.

Kertscher, Hans-Joachim, *Literatur und Kultur in Halle im Zeitalter der Aufklärung: Aufsätze zum geselligen Leben in einer deutschen Universitätstadt*, Hamburg: Verlag Dr. Kovac, 2007.

Klempt, Adalbert, *Die Säkularisierung der universalhistorischen Auffassung: Zum Wandel des Geschichtsdenkens im 16. und 17. Jahrhundert*, Göttingen: Musterschmidt Verlag, 1960.

Koning, Hans, *Columbus: His Enterprise*, New York: Monthly Review Press, 1976.

Koselleck, Reinhart, *Vergangene Zukunft: Zur Semantik geschichtlicher Zeiten*, Frankfurt a. M. : Suhrkamp, 1995.

Kow, Simon, *China in Early Enlightenment Political Thought*, New York: Routledge, 2017.

Krieger, Leonard, *The Meaning of History*, Chicago: The University of Chicago Press, 1997.

Lee, Thomas H. C. , ed. , *China and Europe: Images and Influences in Sixteenth to Eighteenth Centuries*, Hong Kong: Chinese University Press, 1991.

Levine, Joseph, *Humanism and History: Origins of Modern English Historiography*, Ithaca: Cornell University Press, 1987.

—. *The Battle of the Books: History and Literature in the Augustan Age*, Ithaca: Cornell University Press, 1991.

Lewis, Jack P. , *A Study of the Interpretation of Noah and the Flood in Jewish and Christian Literature*, Leiden: Brill, 1978.

Ligota, Christopher, Jean-Louis Quantin, eds. , *History of Scholarship: A Selection of Papers from the Seminar on the History of Scholarship Held Annually at the Warburg Institute*, Oxford: Oxford University Press, 2006.

Long, Pamela O. , *Artisan/Practitioners and the Rise of the New Sciences, 1400 – 1600*, Corvallis: Oregon State Univeristy Press, 2011.

Lorenz, Ottokar, *Friedrich Christoph Schlosser und über einige Aufgaben und Principien der Geschichtschreibung*, Wein: Commission bei Karl Gerold's Sohn, 1878.

Marino, Luigi, *Praeceptores Germaniae*, *Göttingen 1770 – 1820*, Göttigen: Vandenhoeck & Ruprecht, 1995.

Marshall, P. J. and Glyndwr Williams, *The Great Map of Mankind: Per-*

ceptions of New Worlds in the Age of Enlightenment, Cambridge: Harvard University Press, 1982.

McLelland, Charles E. , *The German Historians and England*, *A Study in Nineteenth-Century Views*, Cambridge: Cambridge University Press, 2008.

Meer, Jiste M. van der, Scott Mandelbrote, eds. , *Nature and Scripture in the Abrahamic Religions*: *Up to 1700*, Leiden: Brill, 2008.

Metzger, Franziska, *Geschichtsschreibung und Geschichtsdenken im 19. und 20. Jahrhundert*, Bern: Haupt Verlag, 2011.

Miert, Drik von. , *The Emancipation of Biblical Philological in the Dutch Republic*, *1590 – 1670*, Oxford: Oxford University Press, 2018.

Mignolo, Walter D. , *The Darker Side of the Renaissance*: *Literacy*, *Territoriality and Colonization*, Ann Arbor: The University of Michigan Press, 1995.

Momigliamo, Arnaldo, "Ancient History and the Antiquarian", *Journal of the Warburg and Courtauld Institudes*, Vol. 13, No. 3/4, 1950.

—*The Classical Foundations of Modern Historiography*, Berkeley: University of California Press, 1990.

—*Essay in Ancient and Modern Historiography*, Chicago: University of Chicago Press, 2012.

Mommsen, Wolfgang. Hrsg. , *Leopold von Ranke und die moderne Geschichtswissenschaft*, Stuttgart: Klett-Cotta, 1988.

Muhlack, Ulrich, *Geschichtswissenschaft im Humanismus und in der Aufklärung*: *die Vergangenheit des Historismus*, München: C. H. Beck, 1991.

Mulsow, Martin und Jan Assmann, Hrsg, *Sintflut und Gedächtnis*: *Erinnern und Vergessen des Ursprungs*, München: Wilhelm Fink Verlag, 2006.

Müller, Philipp, *Geschichte machen*, *Historisches Forschen und die Politik der Archive*, Göttingen：Wallstein Verlag, 2019.

Neddermeyer, Uwe, *Das Mittelalter in der deutschen Historiographie vom 15. Bis zum 18. Jahrhundert*：*Geschichtsgliederung und Epochenverständnis in der frühen Neuziet*, Köhn：Böhlau Verlag, 1988.

Nivala, Asko, *The Romantic Idea of the Golden Age in Friedrich Schlegel's Philosophy of History*, New York：Routledge, 2017.

O'Gorman, Edmundo, *The Invention of America*, *An Inquiry into the Historical Nature of the New World and the Meaning of its History*, Connecticut：Greenwood Press, 1972.

Pandel, Hans-Jürgen, *Historik und Didakrik*：*Das Problem der Distribution historiographisch erzeugten Wissens ind der deutschen Geschichtswissenschaft von der Spätaufklärung zum Frühhistorismus (1765 – 1830)*, Stuttgart：frommann-holzboog, 1990.

Paul, Herman, eds., *How to Be a Historian*：*Scholarly Personae in Historical Studies*, *1800 – 2000*, Manchester：Manchester University Press, 2019.

Pigulla, Andreas, "Zur Chinarezeption in der Europäischen Aufklä-rungshistoriographie", *Bochumer Jahrbuch zur Ostasianforschung*, Bd. 10, Bochum：Studienverlag Dr. Norbert Brockmeyer, 1987.

—*China in der deutschen Weltgeschichteschreibung vom 18. bis zum 20. Jahrhundert*, Wiesbaden：Horrassowitz, 1996.

Pocock, J. G. A., *Barbarism and Religion*：*Barbarians, Savages and Empires*, Cambridge：Cambridge University Press, 2005.

Pomata, Gianna and Nancy G. Siraisi, eds., *Historia*：*Empiricism and Erudition in Early Modern Europe*, Cambridge：The MIT Press, 2005.

Poole, William, *The World Makers*：*Scientists of the Restoration and the Search for the Origins of the Earth*, Oxford：Peter Lang, 2010.

Popkin, Richard. H., *Isaac la Peyère (1596 – 1676)*, *His Life, Work and Influence*, Leiden：Brill, 1987.

Rabasa, José, Masayuki Sato, Edoardo Tortarolo, and Daniel Woolf, eds. , *The Oxford History of Historical Writing*, Oxford: Oxford University Press, Vol. 3, 2012.

Randa, Alexander, Hrsg, *Mensch und Weltgeschichte*, *Zur Geschichte der Universalgeschichtsschreibung*, Salzburg: Universitätsverlag Anton Puster, 1969.

Rappaport, Rhoad, *When Geologists were Historians*, *1665 – 1750*, Ithaca: Cornell University Press, 1997.

Reill, Peter, *The German Enlightenment and the Rise of Historicism*, Berkeley and Los Angeles: University of California Press, 1975.

Rüsen, Jorn, *Historik: Theorie der Geschichtswissenschaft*, Köln: Böhlau, 2013.

Rüsen, Jorn und Friedrich Jaeger, *Geschichte des Historismus: Eine Einführung*, Müchen: C. H. Beck, 1992.

Saxer, Daniela, *Die Schärfung des Quellenblicks*, *Forschungspraktiken in der Geschichtswissenschaft 1840 – 1914*, München: De Gruyter, 2014.

Schulin, Ernst, *Traditionskritik und Rekonstruktionsversuch*, Göttigen: Vandenhoeck & Ruprecht, 1979.

Seifer, Arno, *Cognitio Historica. Die Geschichte als Namengeberin der frühneuzeitlichen Empirie*, Berlin: Duncker & Humblot, 1976.

Shapin, Steven, *The Scientific Revolution*, Chicago: The University of Chicago Press, 1996.

Southern, Richard William, *Western Views of Islam in the Middle Ages*, Cambridge: Harvard University Press, 1962.

Spence, Jonathan D. , *The Search for Modern China*, New York: W. W. Norton & Company, 1999.

Stuchtey, Benedikt and Peter Wende, eds. , *British and German Historiography*, *1750 – 1950: Traditions*, *Perceptions*, *and Transfers*, Oxford: Oxford University Press, 2000.

Swann Marjorie, *Curiosities and Texts: The Culture of Collecting in Early Modern England*, Philadelphia: University of Pennsylvania Press, 2001.

Vermeulen, Hans F. , *Before Boas: The Genesis of Ethnography and Ethnology in the German Enlightenment*, Lincoln: University of Nebraska Press, 2015.

Wachler, Ludwig, *Geschichte der historischen Forschung und Kunst, seit der Wiederberstellung der litterärischen Cultur in Europa*, Göttingen: Johann Friedrich Römer, 1813.

Waitz, Georg, "Deutsche Historiker der Gegenwart", W. Adolf Schmidt, Hrsg, *Allgemeine Zeitschrift für Geschichte*, Bd. 5, Berlin: Verlag von Veit und Comp, 1846.

Weber, Georg, *Fredrich Christoph Schlosser der Historiker, Erinnerungsblätter aus seinem Leben und Wilken*, Leipzig: Verlag von Wilhelm Engelmann, 1876.

Wegele, Franz von, *Geschichte der Deutschen Historiographie*, München und Leipzig: R. Dldenbourg, 1885.

Wehler, Hans-Ulrich, *Deutsche Gesellschaftsgeschichte*, Bd. 1. München: C. H. Beck, 1987.

Wolff, Larry and Marco Cipolloni, eds. , *The Anthropology of the Enlightenment*, Stanford: Stanford University Press.

Woolf, Daniel, *Reading History in Early Modern England*, New York: Cambridge University Press, 2000.

Yeo, Richard, *Encyclopaedic Visions, Scientific Dictionaries and Enlightenment Culture*, Cambridge: Cambridge University Press, 2001.

(二) 外文研究论文

Abbattista, Guido, "The English Universal History: Publishing, Authorship and Historiography in an European Project (1736 – 1790)", *Storia della Storiografia*, Vol. 39, 2001.

Araujo, André de Melo, "Translated Images: The Universal History and its European Translations in the Eighteenth-Century", *Historia da Historiografia*, *No.* 26, 2018.

Blank, Horst Walter, "Verfassungen, die nicht rechtlich, aber wirklich sind A. H. L. Heeren und das Ende der Auflärungshistorie", *Berichte zur Wissenschaftsgeschichte*, Bd. 6, 1983.

Braude, Benjamin, "The Sons of Noah and the Construction of Ethnic and Geographical Identities in the Medieval and Early Modern Periods", *The William and Mary Quarterly*, Vol. 54, No. 1, Jan. , 1997.

Burke, Peter, "Images as Evidence in Seventeenth-Century Europe", *Journal of the History of Ideas*, Vol. 64, No. 2, Apr. , 2003.

Dalberg-Acton, John, "German Schools of History", *The English Historical Review*, Vol. 1, No. 1, Jan. , 1886.

Eskildsen, Kasper Risbjerb, "Leopold Ranke's Archival Turn: Location and Evidence in Modern Historiography", *Modern Intellectual History*, Vol. 5, No. 3, 2008.

Harbsmeier, Michael, "World Histories Before Domestication, The Writing of Universal Histories, Histories of Mankind and World Histories in Late Eighteenth Century Germany", *Culture and History*, Vol. 5, 1989.

Holt, Peter Malcolm, "The Study of Islam in Seventeenth and Eighteenth-Century England", *Journal of Early Modern History*, No. 2, 1998.

Iggers, Georg, "Reflections on the Historiography of the Twentieth Century from the Perspective of the Twenty-first Century", *Historein*, Vol. 16, 2017.

Israel, Jonathan I. , "Admiration of China and Classical Chinese Thought in the Radical Enlightenment (1685 – 1740)", *Taiwan Journal of East Asian Studies*, Vol. 4, No. 1, Jun. 2007.

Joliat, Eugène, "Smollett, Editor of Valtarie", *Modern Language Notes*, Vol. 54, No. 6, Jun. , 1939.

Kesell, Eberhard, "Rankes Idee der Universalhistorie", *Historische*

Zeitschrift, Bd. 178, 1849.

Link, Anne-Marie, "Engraved Images, the Visualization of the Past, and Eighteenth-Century Universal History", *Lumen*, Vol. 25, 2006.

Martz, Louis, L., "Tobias Smollett and the Universal History", *Modern Language Notes*, Vol. 56, No. 1, Jan., 1941.

Meyer-Zwiffelhoffer, Eckhard, "Alte Geschichte in der Universalge-schichtsschreibung der Frühen Neuzeit", *Saeculum*, Vol. 46, No. 2, Dec. 1995.

Miller, Peter, N., "The 'Antiquarianization' of Biblical Scholarship and the London Polyglot Bible (1653 –57)", *Journal of the History of Ideas*, Vol. 62, No. 3, Jul., 2001.

Momigliamo, Arnaldo, "Ancient History and the Antiquarian", *Journal of the Warburg and Courtauld Institudes*, Vol. 13, No. 3/4, 1950.

Nadal, George H., "Philosophy of History before Historicism", *History and Theory*, Vol. 3, No. 3, 1964.

Pigulla, Andreas, "Zur Chinarezeption in der Europäischen Aufklärung-shistoriographie", *Bochumer Jahrbuch zur Ostasianforschung*, Bd. 10, Bochum: Studienverlag Dr. Norbert Brockmeyer, 1987.

Ramsey, Rachel, "China and the Ideal of Order in John Webb's *An Historical Essay⋯*", *Journal of the History of Ideas*, Vol. 62, No. 3, Jul., 2001.

Regazzoni, Lisa, "Unintentional Monuments, or the Materializing of an Open Past", *History and Theory*, No. 2, June 2022.

Rubiés, Joan-Pau, "Hugo Grotius's Dissertation on the Origins of the American Peoples and the Use of Comparative Methods", *Journal of the History of Ideas*, Vol. 52, No. 2, Apr. – Jun., 1991.

Seifer, Arno, "Von der heiligen zur philosophischen Geschichte, Die Rationalisierung der universalhistorischen Erkenntnis im Zeitalter der Aufklärung", *Archiv für Kulturgeschichte*, Vol. 68, No. 1, Jun., 1986.

Sheehan, Jonathan, "From Philology to Fossils: The Biblical Encyclope-dia in Early Modern Europe", *Journal of the History of Ideas*, Vol. 64, No. 1, Jan., 2003.

Tamara, Griggs, "Universal History from Counter-Reformation to Enlight-enment", *Modern Intellectual History*, Vol. 4, No. 2, Aug. 2007.

Van Kley, Edwin J., "Europe's 'Discovery' of China and the Writing of World History", *The American Historical Review*, Vol. 79, No. 2, Apr., 1971.

Wright, Herbert F., "Origin of American Aborigines: A Famous Contro-versy", *The Catholic Historical Review*, Vol. 3, No. 3, Oct., 1917.

（三）历史词典

Adelung, Johann Christoph, *Grammatisch-kritisches Wörterbuch der hoch-deutschen Mundart mit beständiger Vergleichung der überigen*, Wien: Bauer, 1811.

Biographia Britannica: or, the Lives of the Most Eminent Persins Who Have Flourished in Great Britain and Ireland, Vol. 3. London, 1778.

Oxford: Oxford University Press, 2004.

Oxford Dictionary of National Biography, Vol. 6, Vol. 9, Vol. 48, Vol. 53.

R. Plomer, Henry, *A Dictionary of the Printers and Booksellers, Who Were at Work in England, Scotland and Ireland from 1688 to 1725*, Oxford: Oxford University Press, 1922.

（四）中文译著

［美］安东尼·格拉夫顿：《脚注趣史》，张弢、王春华译，北京大学出版社 2016 年版。

［法］安田朴：《中国文化西传欧洲史》，耿昇译，商务印书馆 2000 年版。

［法］安托万·基扬：《近代德国及其历史学家》，黄艳红译，北京大学出版社 2010 年版。

［法］保罗·阿扎尔：《欧洲思想的危机（1680—1715）》，方颂华

译，商务印书馆 2019 年版。

［英］彼得·伯克：《知识社会史（上）》，陈志宏、王婉旎译，浙江大学出版社 2016 年版。

［美］彼得·盖伊：《启蒙时代：自由的科学》，王皖强译，上海人民出版社 2016 年版。

［澳］彼得·哈里森：《科学与宗教的领地》，张卜天译，商务印书馆 2016 年版。

［澳］彼得·哈里森：《圣经、新教与自然科学的兴起》，张卜天译，商务印书馆 2019 年版。

［法］毕诺：《中国对法国哲学思想形成的影响》，耿昇译，商务印书馆 2000 年版。

［德］E. 卡西勒：《启蒙哲学》，顾伟铭、杨光仲、郑楚宣译，山东人民出版社 1988 年版。

［法］弗朗斯瓦·魁奈：《中华帝国的专制制度》，谈敏译，商务印书馆 2018 年版。

［德］弗里德利希·梅尼克：《世界主义与民族国家》，孟钟捷译，上海三联书店 2012 年版。

［德］弗里德利希·梅尼克：《历史主义的兴起》，陆月宏译，译林出版社 2010 年版。

［法］伏尔泰：《风俗论：论各民族的精神与风俗以及自查理曼至路易十三的历史》（上册），梁守锵译，商务印书馆 2000 年版。

［英］赫伯特·巴特菲尔德：《辉格党式的历史阐释》，李晋译，生活·读书·新知三联书店 2013 年版。

［德］黑格尔：《历史哲学》，王造时译，上海世纪出版集团 2006 年版。

［美］J. W. 汤普森：《历史著作史》，孙秉莹、谢德风译，商务印书馆 1992 年版。

［美］卡尔·贝克尔：《十八世纪哲学家的天城》，何兆武译，北京大学出版社 2013 年版。

［德］卡尔·洛维特：《世界历史与救赎历史》，李秋零译，商务印书馆 2016 年版。

［意］克里斯托弗·哥伦布：《哥伦布〈航行日记〉》，孙家堃译，上海外语教育出版社 1987 年版。

［英］昆廷·斯金纳：《国家与自由：昆廷·斯金纳访华讲演录》，李强主编，北京大学出版社 2018 年版。

［法］蓝莉：《请中国作证：杜赫德的〈中华帝国全志〉》，许明龙译，商务印书馆 2015 年版。

［德］利奥波德·冯·兰克：《近代史家批判》，孙立新译，北京大学出版社 2016 年版。

刘小枫主编：《从普遍历史到历史主义》，华夏出版社 2017 年版。

［意］马可·波罗、鲁思梯谦：《马可波罗游记》，曼纽尔·科姆洛夫英译，陈开俊、戴树英、刘贞琼、林健译，福建科学技术出版社 1981 年版。

［德］马克斯·霍克海默、西奥多·阿道尔诺：《启蒙辩证法》，渠敬东、曹卫东译，上海人民出版社 2006 年版。

［美］娜塔莉·泽蒙·戴维斯：《行者诡道：一个 16 世纪文人的双重世界》，周兵译，北京大学出版社 2018 年版。

［英］乔治·皮博迪·古奇：《十九世纪历史学与历史学家》，耿淡如译，商务印书馆 1998 年版。

［法］乔治·撒马纳扎：《福尔摩沙变形记》，薛绚译，台北：大块文化出版股份有限公司 2005 年版。

［德］S. 康拉德：《全球史导论》，陈浩译，商务印书馆 2018 年版。

［美］唐纳德·凯利：《多面的历史：从希罗多德到赫尔德的历史》，陈恒、宋立宏译，生活·读书·新知三联书店 2003 年版。

［美］托马斯·库恩：《科学革命的结构》，金吾伦、胡新和译，北京大学出版社 2012 年版。

［瑞士］雅各布·布克哈特：《意大利文艺复兴时期的文化》，何新译，商务印书馆 1983 年版。

［英］亚历山大·布罗迪：《剑桥指南：苏格兰启蒙运动》，贾宁译，
　　浙江大学出版社 2010 年版。

［德］于尔根·奥斯特哈默：《亚洲的去魔化：18 世纪欧洲与亚洲帝
　　国》，刘兴华译，社会科学文献出版社 2016 年版。

（五）中文论著

陈喆、丁妍：《从年代学到通史：17—18 世纪耶稣会士的中国史撰
　　述》，《世界历史评论》2019 年第 4 期。

葛兆光：《中国思想史》第二卷，复旦大学出版社 2001 年版。

何涛：《跨民族史：全球史在德国史学界的回应》，《首都师范大学
　　学报》（社会科学版）2008 年第 6 期。

黄进兴：《从普遍史到世界史和全球史：以兰克史学为分析始点》，
　　《北京大学学报》（哲学社会科学版）2017 年第 2 期。

景德祥：《兰克的世界史理念及实践》，《光明日报》2017 年 10 月 30
　　日第 14 版。

李宏图：《18 世纪苏格兰启蒙运动的"商业社会"理论——以亚
　　当·斯密为中心的考察》，《世界历史》2017 年第 4 期。

刘文明：《跨国史：概念、方法和研究实践》，《贵州社会科学》
　　2018 年第 8 期。

刘小枫：《兰克的〈世界史〉为何没有中国》，《中国文化》2016 年
　　第 43 期。

刘招静：《〈曼德维尔游记〉里的中国——"普遍史"视角的考察》，
　　《世界历史》2019 年第 1 期。

吕和应：《兰克〈罗曼与日耳曼民族史·第一版序言〉的思想史解
　　读》，《世界历史评论·当代史学主流：主题与结构》，上海人民
　　出版社 2017 年版。

吕和应：《19 世纪德国史学中的"研究"概念》，《浙江大学史学理
　　论前沿论坛会议论文集》，2017 年。

吕和应：《德罗伊森时代的学科之争——兼论德国近现代史学的诞
　　生》，《历史研究》2015 年第 3 期。

庞冠群：《后现代之后重审法国启蒙运动》，《上海师范大学学报》（哲学社会科学版）2019 年第 1 期。

汪丽红：《〈双城史〉和弗赖辛主教奥托的历史哲学》，《史学理论研究》2020 年第 5 期。

王立新：《跨国史的兴起与 20 世纪世界史的重新书写》，《世界历史》2016 年第 2 期。

王立新：《在国家之外发现历史：美国史研究的国际化与跨国史的兴起》，《历史研究》2014 年第 1 期。

王晴佳：《西方的历史观念》，北京师范大学出版社 2013 年版。

王晴佳：《西方史学如何完成其近代转型？四个方面的考察》，《北京大学学报》（哲学社会科学版）2016 年第 4 期。

王晴佳、李隆国：《外国史学史》，北京大学出版社 2017 年版。

王晓德：《布丰的"美洲退化论"及其影响》，《历史研究》2013 年第 6 期。

王晓德：《"雷纳尔之问"与美洲"发现"及其后果之争》，《世界历史》2018 年第 5 期。

王晓德：《雷纳尔美洲退化思想与启蒙时代欧洲的"他者"想象》，《历史研究》2019 年第 5 期。

尉佩云：《弥合现代与后近现代史学理论的可能途径——以约恩·吕森的学科范型论为中心》，《史学理论研究》2014 年第 4 期。

吴莉苇：《当诺亚方舟遭遇伏羲神农：启蒙时代欧洲的中国上古史论争》，中国人民大学出版社 2005 年版。

吴树博：《近代早期欧洲历史观念的内涵及其形态转变》，《世界历史》2016 年第 2 期。

吴树博：《阅读与解释：论斯宾诺莎的历史观念及其效用》，上海三联出版社 2015 年版。

吴晓群：《论希罗多德的"探究"是何以成为"历史"的》，《世界历史》2013 年第 3 期。

徐波：《传统事例史的兴衰与近代早期西方史学的转变》，《史学史研究》2019 年第 1 期。

徐前进：《启蒙全球史的起源与方法：兼论哲学家的启蒙和历史学家
　　的启蒙》，《世界历史评论》2019 年第 4 期、上海人民出版社 2019
　　年版。

易兰：《西方史学通史》第五卷，复旦大学出版社 2011 年版。

张国刚、吴莉苇：《启蒙时代欧洲的中国观：一个历史的巡礼与反
　　思》，上海古籍出版社 2006 年版。

张国刚、吴莉苇：《中西文化关系史》，高等教育出版社 2006 年版。

张巍：《希罗多德的"探究"——〈历史〉序言的思想史释读》，
　　《世界历史》2011 年第 5 期。

张文涛：《一种关于世界史观念的历史考察》，《北京师范大学学报》
　　（哲学社会版）2010 年第 2 期。

庄超然：《国势学与历史书写——论内曼的东亚历史研究》，博士学
　　位论文，北京外国语大学，2019 年。

索　引

致　　谢

　　致谢，或许是一部著作中最重要也是最不重要的部分。说其重要，通过致谢可以感受到作者的心路历程，可以描绘出作者的人际网络，也许还可以从中钩沉一段浪漫的故事。从这一点上讲，致谢使得这部作品有了温度，是研究文本生成史的重要史料。说其不重要，则是因为致谢与正文往往并没什么关系，有的致谢千篇一律，只能算作正文的一个阑尾（appendix）。每当拿到一本书，我总忍不住先看看致谢，既曾为那些感人至深、文采飞扬的致谢而击节称叹，也曾被那些程式化的致谢搞得兴趣索然。因此也曾无数次想象自己将来如何写致谢，但真正写致谢的时候，却不知该从何说起，一路走来，要感谢的人真的太多太多。

　　这本小书是根据我的博士学位论文改编而成，如果没有在北大历史学系六年的愉快生活，这本小书自然也不可能诞生。燕园六载，转瞬即逝，仿佛昨天还是那个刚刚进入校门经常迷路的迷糊小伙，今天就已经毕业三年有余。能够进入北大读书，首先要感谢我的本科老师孙琇老师。正是她的鼓励让我得以鼓起勇气考北大，开启了这段曾经不敢奢望的奇妙旅程。她不仅鼓励我考北大，而且认真修改我的渣文，把我介绍给王晴佳老师。每当遇到困难给她打电话，她都会鼓励安慰我，并且想办法来帮助我。我仍然记得2014年5月的那个下午，我鼓起勇气第一次去找她，希望她能指导我的学年论文。如果那个下午我犹豫了，没有去找她，可能也不会有机会去听王老师的讲座，更不会有勇气去考北大，也许就是另一种人生了。

　　回顾这些年的学习生活，我最想感谢的是王晴佳老师。早在进入北大之前，通过孙老师的介绍便得以有幸认识王老师。正是在王老师、孙老师的鼓励下，我考入了北大。2015 年 8 月份，王老师来济南参加国际历史科学大会，临行前和我做了一次长谈。他询问了我未来的研究兴趣，问了我的读书情况，并且为我列了一个详细的书单，告诫我要通过广泛的阅读为今后的学术发展打下基础，不仅要读史学史著作，也要读相关的中西经典。进入北大后，虽然由于王老师旅居海外并不能经常见面，但借助微信等社交软件，我们之间的联系并不比国内师生的联系少。在王老师的指导下，我开始系统阅读西方史学经典，一月写一篇读书报告，也会经常和王老师通话汇报自己的学习情况和读书过程中产生的一些困惑。每次王老师都会非常及时地对我的读书报告作出反馈，耐心地解答我的疑惑，并且针对这些问题给我推荐一些相关论著。由于我自身文学底子薄弱，且深受国内译著行文风格影响，文章往往写得冗长晦涩，既没有思想也不流畅。针对这一问题，王老师建议我多读多模仿，学习如何写文章。王老师曾多次告诫我，写论文就像登山，要从熟悉内容出发慢慢展开。论文写作需要两个"she"，一个是摄，即要摄取大量史料，积累丰富知识；一个是设，即学会如何去提出问题，削尖论点，建构一个漂亮的叙事。不仅如此，王老师每次都逐字逐句地帮我修改文章。在王老师的帮助下，我在读书期间也有幸发表几篇小文。疫情期间，大家受困于家无法见面，王老师组织我们每隔一周举办一次论文讨论会，鼓励大家把自己的习作拿出来讨论。在讨论会上，大家不再拘泥于长幼尊卑，各抒己见，时常碰撞出思想的火花。我的论文也曾放在讨论会上供大家批评，并且获得了很多中肯的意见。虽然目前来看，自己的文章仍然存在很多问题，无论行文布局还是问题意识都与老师的期待相距甚远，但是经过这几年的学习，自认与之前的文章相比还是有一些微小的进步。工作之后，王老师仍然非常关心我的工作与生活，每当看到与我的研究方向有关的文章，王老师都会第一时间转发给我。每次与王老师交谈都会有新的收获。

这篇小文也是在王老师的悉心指导下才得以完成。记得研一暑假，当时正在阅读唐纳德·凯利的《多面的历史》，里面提到近代早期西方人借助古典知识资源理解异域知识，感觉这个题目很有意思，就和王老师商议是否可以深挖一下。王老师建议我可以看一下近代早期英国人编纂的这部普遍史，在简要了解了这部书后发现这部书值得进一步研究，后来决定将其定为我的博士学位论文的重要研究对象。虽然早早就确立了研究方向，但是由于我生性懒惰不能专一，故并未能细致地研读文本，只是做了一些表面工作。王老师借助我的名字，多次批评我"博"有余而"一"不足，让我集中于"萨尔《普遍史》"这部书，集中时间写博论。正是在王老师的鞭策下，我才能按时写完论文。虽然当时的文章从表面上看似有模有样，像个论文的样子，但是无论解释框架还是行文布局都还有所欠缺。在答辩的时候，答辩老师们提出了许多中肯的意见，也是王老师结合这些意见帮助我进一步修改文章，才有了今天这本小书。

我同样深深感谢李隆国老师。求学期间每隔一段时间，我便会去叨扰李老师，和李老师聊一些自己的读书心得和论文想法。李老师并没有嫌弃我那些幼稚甚至不切实际的脑洞，而是循循善诱，让我学会如何去找材料做研究。有时李老师的一些问题和观点一语惊醒梦中人，帮助我打开了新的思路。从李老师身上，我学习到了北大历史系的"家法"，了解了治学的津梁。不仅如此，李老师会通中西的研究理路更是时刻激励着我。虽然直到今天，我也并未能掌握历史学研究的"四把钥匙"，写文章也未能做到"出乎意料之外，又在情理之中"，更没能从研究中很好地展现历史的细腻感，但这些将成为我未来去学习和追求的目标。

我还要感谢徐健老师，正是徐老师的课堂使我对近代德国思想史有所了解，也是在徐老师的课堂上，我才开始去思考有关历史主义史学的相关问题。感谢徐老师在我的中期考试、开题、预答辩和答辩过程中提出的中肯建议。承蒙徐老师不弃，带我参加了北大德国研究中心的浪漫主义项目。由于这一项目组由哲学系、历史系和德语系老师组成，因此打破了学科的藩篱，不同的学科思维可以互相交流，碰撞出思想的火花。使我对德意志浪漫主义思潮有了更深入的认识，正是浪漫主义项目促使我开始思考浪漫主义史学与历史主义史学的关系，开始去反思传统史学史的辉格叙事，而这些也是我博士学位论文中重要内容。在此我也要感谢这一友爱的学术共同体的其他老师们，感谢韩水法老师、黄燎宇老师、谷裕老师、胡蔚老师、王歌老师、方博老师、卢白羽老师和毛明超老师。感谢他们对我论文部分内容的批评和建议。工作后因为各种原因，与德国研究中心的各位老师见面的机会不多，但每次无论线上交流还是线下见面都能收获满满。

我同样感谢朱孝远老师，在我研一的时候，朱老师曾经把他整理的近 20 年来《历史与理论》上的文章给我，让我去复印，而且还把 Ernst Breisach 的《史学史》借给我。在朱老师的建议下，我不再只关注理论，开始去关注历史书写背后的语境，关注国别史的研究。同样感谢朱老师在我中期考试、开题和预答辩以及答辩时提出的中肯建议，让我的论文框架更加清晰。工作后朱老师每次见我也都在督促我好好修改博论，朱老师的督促也给了我修改论文的信心。

北大历史系的其他诸位老师也曾给予我很大的鼓励和帮助。王希老师"美国宪政史"让我在研一便真正领略到美国式的"seminar"，每周的英文阅读和读书报告也提高了我的阅读能力。不过当时由于我刚来北大不久，并未能真正适应北大的生活。面对其他优秀的同学，作为非名校出身的我心里不免有些自卑。正是王希老师当时的鼓励和对我一些幼稚观点的积极评价，使得我在后来有了更大的自信。在彭小瑜老师的课堂上，我了解到了基督教的相关知识，这些知识冲击了我之前对于宗教与现代性的刻板印象，而彭老师在我硕转博面试时的建议则让我进一步思考如何展现"萨尔《普遍史》"的研究意义。钱乘旦老师的外国文献阅读课则提高了我的英文阅读水平，"现代化理论与进程"促使我进一步思考现代性的相关问题。在高岱老师的英国史课程上，我第一次了解到"博学好古派"，这也为我博士学位论文讨论英国背景打下了基础。包茂红老师的亚非拉专题研究推动我去反思二元论，昝涛老师的民族主义文献选读则使得我对民族主义与国家建构有了更深的了解，对认识近代德国史学专业化提供了一个民族主义的维度。陆扬老师的西方当代史学思潮使我对西方理论在中国的在地化有了更深刻的认识。郭津嵩老师的知识史和科学史课程，让我对"科学革命"有了更全面的了解。郭老师给我推荐的有关的德·布里家族的研究也为我第一章讨论百科全书传统提供了一些新的材料和思路。感谢陈莹雪老师帮助我翻译了文章中涉及到的一些古希腊语。虽然我没有选修过李维老师的课程，但是他在预答辩时的点评，给了我很大的帮助。

我同样感谢中国社会科学院的张旭鹏老师，感谢他在中期、开题、预答辩和答辩中所提出的中肯建议，这些建议也促使我更好地修改论文。毕业后有幸与张老师成为同事，每次与张老师交流都能有新的思考。感谢四川大学的吕和应老师，感谢他曾多次提供给我有关近代德国史学史的相关史料和研究，同样感谢他不远千里来参加我的答辩。感谢四川大学的石芳老师，感谢她提供给我关于启蒙运动的相关研究信息。感谢我的本科老师们，感谢毛锐老师、邢佳佳老师、孙超老师等诸位老师们，正是他们把我领入了史学研究的大门。在毛老师的课上，我知道了学术史的重要性，邢老师的课让我第一次了解到西方史学史，孙老师的课程则教会了我如何读原著、写报告。感谢哥廷根大学的夏德明（Dominic Sachsenmaier）教授，虽然德国之行因为疫情未能成行，但夏德明教授的热情仍让我感动，希望今后能有机会去哥廷根访学，当面向夏老师请教。同时感谢博士学位论文和国家社科基金匿名评审老师们所提出的中肯的修改建议。

工作之后，进入了新的环境，也从学生成为了一名"青椒"。正是因为吴英老师的指点和帮助使得我能够很快适应新的环境，每次与吴老师交流都使我对论文写作有了新的感悟。同样感谢杨艳秋老师、左玉河老师、夏春涛老师对我各种申请工作的大力支持，同时也感谢综合处的各位老师的帮助。这部小书中的部分章节也曾以论文的形式发表，在此我也衷心地感谢北京师范大学的董立河老师、复旦大学的吴晓群老师、江苏社会科学院的潘清老师、河南大学的李恒老师、中国社会科学院世界历史研究所的宁凡老师以及各位外审专家们，正是在他们的修改下使得我的文章有了更明确的问题意识。

　　在求学路上，除了良师指导，亦有益友相伴。我首先要感谢"看电影专用群"的小伙伴们，虽然这个群名叫看电影，但似乎并没有一起看过几次电影。感谢佛罗里达大学的邓哲远同学多次帮我寻找相关文献，帮我理清思路、修改论文和英文摘要。如果没有哲远同学帮我下载文献，也许我的博论并不能顺利写完。感谢马麟贺同学帮我翻译法文相关专有名词，论文中的许多思路也是在与麟贺同学交流中得以成型，读书期间与麟贺同学听讲座、看展览、约饭闲聊也成为我紧张的学习生活中的调节剂。感谢邢益波同学对我论文的帮助，与益波同学的无数次夜宵漫谈所碰撞出的思维火花，让我对思想史的写法有了新的认识。同时要感谢师门的小伙伴们，感谢修毅同学在我中期、开题、预答辩期间担任我的答辩秘书，并且提供给我有关书籍史的相关信息。这本小书得以出版也多亏了修毅不厌其烦地帮我校对初稿。感谢远在德国的杨晶晶同学多次帮助我扫描材料，尤其是在疫情期间还帮助我借书扫描，如果没有他的帮助，也许"萨尔《普遍史》"在德意志地区传播这部分将会有很大的缺失。感谢李玥彤同学提供给我有关《历史杂志》的相关史料和研究。同时感谢在无数次的论文讨论会中提出中肯意见的杨力老师、林漫师姐、屠含章同学、刘泽辉同学、蔡霁安同学、李楚楚同学和刘洁同学。感谢洪堡大学的江唯同学多次帮我扫描下载相关论著。感谢吴愁学姐帮我在哥廷根扫描有关近代早期史学史的相关书籍。感谢姚念达同学和陈希同学在美国学习期间帮我扫描相关材料。感谢剑桥大学的温心怡同学提供给我有关近代早期古物学和释经学的相关研究信息。感谢清华大学刘颖洁学姐在德国交换期间帮我扫描相关论著。特别感谢复旦大学的刘雨君同学，正是雨君同学多次帮我寻找相关材料，在自己课业繁重的同时帮我润色文章，校对注释和参考文献。如果没有雨君同学的帮助，也许这篇论文不可能那么顺利的完成。感谢李小雨同学多次帮我在北大图书馆扫描书籍，使我虽然离开了北大，但仍然能享受到北大图书馆丰富的学术资源。感谢我的语伴 Patricia 多次帮我修改德语文章。同时感谢我的本科好友曹长霄同学、岳忠豪同学、魏洪震同学给我繁重的学习生活带来了一些乐趣。另外荆腾学长、项浩男同学、伍智东同学、刘欣然同学、马广路同学、孙晓斌同学等诸位同学也曾多次在学业和生活上帮助过我，在此一并致谢。

工作之后，在新的环境中结识了新的朋友，小书中的一些内容也曾受到他们的指点，在此对中国社会科学院近代史研究所的卢华、任雯婧，世界历史研究所的时伟通，历史理论研究所的黄畅等诸位好友表示感谢，感谢他们对小书的部分内容提出的中肯建议。

同时感谢北大图书馆提供给我的丰富的图书资源和便捷的馆际互借服务。特别感谢馆际互借部的诸位老师，无论我提交多么冷门古怪的书籍申请，他们都会尽最大可能帮我借到，甚至是上个世纪的微缩胶片，通过他们的努力也从莱比锡送到了我的手上，并且帮我找到了免费将微缩电子化的途径，这份上个世纪的微缩成为我博士学位论文中的重要史料。在此也要感谢特藏部的老师，正是有了她的帮助，我才能免费阅读这份微缩胶片。

这本小书能够面世得益于国家社科基金优秀博士论文出版资助以及中国社会科学出版社范晨星老师和其他编辑老师的高质量高效的工作，在此也对出版社的各位老师表示感谢。

最后我要感谢我的家人们，感谢玉函的陪伴，正是由于玉函对家庭的付出和对我各种任性行为的宽容，才使得我能够从各种繁琐事情中摆脱出来，静下心来读书写作。感谢我的表弟王之鼎多次帮我修改论文格式。感谢我的父母多年来对我的理解和宽容，能够让我无忧无虑地做自己喜欢的事情。尤其是在当今社会，做学术成为一件奢侈的事情，多年高投入低回报的生活使得许多人陷入了迷茫和焦虑之中。正是你们的支持使我不曾迷茫，得以开心快乐地度过每一天。

虽然小书即将付梓，但这只是开始，书中仍有许多不成熟的地方，今后所要做的工作还很多很多。惟愿今后能更加努力，真正做到"博观约取，惟精惟一"，才能够不辜负上述诸位家人、师友对我的关爱。

附识：

本书的写作是在以下论文的基础上删改扩充而成：

《浪漫主义思潮下施莱格尔的普遍史书写》，《史学史研究》2023 年第 4 期。

《德意志地区新史学观念的形成与百科全书式世界史书写的衰落》，《世界历史》2023 年第 4 期。

《"萨尔普遍史"的出版史——一个知识史的视角》，《西方史学史研究》第 2 辑，商务印书馆 2023 年版。

《美洲人起源研究与近代历史意识变迁》，《史学月刊》2022 年第 9 期。

《"萨尔普遍史"的中国历史建构与欧洲近代学术转型》，《江海学刊》2022 年第 2 期。

《近代德国史学的"南北之分"：以兰克和施洛塞尔的世界史书写为例》，《史学理论研究》2022 年第 2 期。

"The Decline of a Tradition：The Changing Fate of Sale's Universal History and the Transformation of Modern European Historiography"，*Chinese Studies in History*，Vol. 53，No. 2，2020.

谨对这些刊物、编辑老师和匿名评审专家致以衷心的感谢！